云南省普通高等学校"十二五"规划教材

# 现代汉语导论学习指导

主编 周芸 邓瑶 崔梅

北京大学出版社
PEKING UNIVERSITY PRESS

#### 图书在版编目（CIP）数据

现代汉语导论学习指导/周芸，邓瑶，崔梅主编. —北京：北京大学出版社，2012.8
（云南省普通高等学校"十二五"规划教材）
ISBN 978-7-301-21029-1

Ⅰ. 现⋯　Ⅱ. ①周⋯②邓⋯③崔⋯　Ⅲ. 现代汉语—高等学校—教学参考资料　Ⅳ. H109.4

中国版本图书馆 CIP 数据核字（2012）第 170135 号

| | |
|---|---|
| 书　　　　名： | 现代汉语导论学习指导 |
| 著作责任者： | 周　芸　邓　瑶　崔　梅　主编 |
| 责 任 编 辑： | 孙　娴 |
| 标 准 书 号： | ISBN 978-7-301-21029-1/H·3110 |
| 出 版 发 行： | 北京大学出版社 |
| 地　　　　址： | 北京市海淀区成府路 205 号　100871 |
| 电　　　　话： | 邮购部 62752015　发行部 62750672　编辑部 62754144　出版部 62754962 |
| 网　　　　址： | http://www.pup.cn |
| 电 子 信 箱： | zpup@pup.pku.edu.cn |
| 印　刷　者： | 三河市博文印刷有限公司 |
| 经　销　者： | 新华书店 |
| | 787 毫米×1092 毫米　16 开本　16 印张　389 千字 |
| | 2012 年 8 月第 1 版　2021 年 8 月第 4 次印刷 |
| 定　　　　价： | 32.00 元 |

未经许可，不得以任何方式复制或抄袭本书之部分或全部内容。
**版权所有，侵权必究**
举报电话：010-62752024　电子信箱：fd@pup.pku.edu.cn

# 目 录

前言 ················································································································· 1

课程教学大纲 ································································································· 3

第一章　绪论 ·································································································· 1
  【学习导论】································································································ 1
  【难点探究】································································································ 2
  【思考与练习参考答案】················································································ 3
  【自测题及参考答案】··················································································· 7
  【实践与研究平台】···················································································· 11

第二章　现代汉语语音 ···················································································· 14
  【学习导论】······························································································ 14
  【难点探究】······························································································ 15
  【思考与练习参考答案】·············································································· 24
  【自测题及参考答案】················································································· 32
  【实践与研究平台】···················································································· 56

第三章　现代汉语词汇 ···················································································· 62
  【学习导论】······························································································ 62
  【难点探究】······························································································ 63
  【思考与练习参考答案】·············································································· 74
  【自测题及参考答案】················································································· 79
  【实践与研究平台】···················································································· 97

第四章　现代汉语语法 ··················································································· 103
  【学习导论】····························································································· 103
  【难点探究】····························································································· 105
  【思考与练习参考答案】············································································· 117
  【自测题及参考答案】················································································ 123
  【实践与研究平台】··················································································· 160

第五章　现代汉语语用 ··················································································· 168
  【学习导论】····························································································· 168

【难点探究】…………………………………………………………… 169
【思考与练习参考答案】………………………………………………… 181
【自测题及参考答案】…………………………………………………… 183
【实践与研究平台】……………………………………………………… 207

## 第六章　现代汉语书写符号 …………………………………………… 213
【学习导论】……………………………………………………………… 213
【难点探究】……………………………………………………………… 214
【思考与练习参考答案】………………………………………………… 218
【自测题及参考答案】…………………………………………………… 223
【实践与研究平台】……………………………………………………… 237

## 参考文献 ……………………………………………………………………… 240

# 前　言

本书是配合云南省普通高等学校"十二五"规划教材、云南省精品教材《现代汉语导论》（周芸、邓瑶、周春林主编）的学习指导书和教学参考书。本书服务于学习主体，从知识目标、能力素养两个维度出发，按照"绪论"、"现代汉语语音"、"现代汉语词汇"、"现代汉语语法"、"现代汉语语用"、"现代汉语书写符号"的章节顺序编排，每章由"学习导论"、"难点探究"、"思考与练习参考答案"、"自测题及参考答案"、"实践与研究平台"五个部分构成。"学习导论"在对本章知识重点进行梳理的基础上，提出了学习本章所应具备的能力素养；"难点探究"针对本章中的难点问题进行引导，并加以深入探究；"思考与练习参考答案"提供本章"思考与练习"部分题目的参考答案；"自测题及参考答案"针对本章的知识点，提供了难易度适中的自测题目，题型包括单项选择题、多项选择题、判断改错题、术语解释题、分析运用题、简述题等，除术语解释题和简述题外，均配有相应的参考答案；"实践与研究平台"针对本章的教学内容，提出了3—6个研究或实践项目，引导学生在掌握现代汉语基本理论和基础知识的前提下对相关课题进行理论探索或实践运用，每个项目均配有目的和要求、知识原理、研究方法、注意事项、参考文献等内容。

本书的主要特点是：第一，以主教材为依据，在夯实学生的现代汉语基本理论和基础知识的同时，兼顾不同专业、不同层次学生的学习需求，方便教师引导学生进行系统性的学习和重点性的实践。使用者可根据自己"教"或"学"的实际，适当融会贯通。第二，"难点探究"、"思考与练习参考答案"、"自测题及参考答案"注重结合学界研究前沿，博取众家之长，吸取最新成果，因此所提供的答案仅供参考；鼓励使用者积极思考，从不同的角度来看待相关问题，甚至展开争论。第三，"实践与研究平台"提供的项目，有的涉及相关理论问题的进一步研究，有的涉及语言生活的实践和调查。使用者可根据自己的实际，各取所需。第四，与云南师范大学精品课程"现代汉语网络课程"配合使用，免费提供授课录像、电子教案、多媒体课件、立体化资源等网络资源，为使用者提供了一个互动性强、立体直观、资源丰富的现代化远程教育和学习平台。

本书由周芸教授提出总体构想，于2010年11月在昆明召开第一次编写会议，2011年9月在昆明召开第二次编写会议。2012年1月，书稿由主编统一修改、整理和定稿。各章节的编写分工及撰稿人具体如下：

课程教学大纲：周芸、崔梅、周春林。

第一章【学习导论】崔梅，【难点探究】黄夏娇，【思考与练习参考答案】黄夏娇，【自测题及参考答案】崔梅，【实践与研究平台】崔梅、朱腾。

第二章【学习导论】周芸，【难点探究】陈永波、李增芳，【思考与练习参考答案】陈永波、李增芳，【自测题及参考答案】周芸、牛凌燕，【实践与研究平台】周芸。

第三章【学习导论】崔梅，【难点探究】张超、李增芳、李红营，【思考与练习参考答案】李增芳、张超、李红营,【自测题及参考答案】崔梅,【实践与研究平台】崔梅、朱腾。

第四章【学习导论】周芸,【难点探究】杨怡玲,【思考与练习参考答案】杨怡玲,【自测题及参考答案】周芸、牛凌燕,【实践与研究平台】周芸。

第五章【学习导论】周春林,【难点探究】杨红艳,【思考与练习参考答案】杨红艳,【自测题及参考答案】邓瑶,【实践与研究平台】邓瑶。

第六章【学习导论】周春林,【难点探究】陈永波,【思考与练习参考答案】陈永波,【自测题及参考答案】邓瑶,【实践与研究平台】邓瑶。

本教材篇幅较大,涉及的问题又非常具体,难免会出现一些疏漏,真诚希望读者能够提出宝贵的意见和建议,以便教材再版时得以进一步完善。

教材在编写过程中,参阅了前辈时贤的论著,从中汲取了丰富的营养,在此表示衷心感谢。教材的出版,得到了云南省教育厅高教处、云南师范大学教务处刘超群老师、北京大学出版社领导及编辑同志、评审专家的大力支持,在此表示最诚挚的谢意。

# 课程教学大纲

【课程性质、目标和要求】

《现代汉语》是高等院校汉语言文学、对外汉语教学、广播电视新闻学等专业关于现代汉语方面的一门专业必修课程。

《现代汉语》的教学目标是：通过系统学习和研究绪论、现代汉语语音、现代汉语词汇、现代汉语语法、现代汉语语用、现代汉语书写符号等知识和理论，比较全面地了解和掌握现代汉语的基本观点、基本知识和理论，并能运用所学理论和方法去观察、研究具体的语言现象，为学生将来从事语言文字及相关工作奠定坚实的基础。

《现代汉语》课程的基本要求如下：

1. 了解汉民族共同语的历史、现代汉语方言的基本情况，理解现代汉语的特点、现代汉语课程的性质、任务和内容，熟悉国家的语言文字政策，掌握现代汉语及其相关的基本概念。

2. 了解现代汉语语音的特点，掌握普通话声母、韵母和声调的发音原理，以及普通话音节结构的分析方法，培养分析普通话和汉语方言语音的基本能力。

3. 了解词汇发展变化的基本规律，理解现代汉语词汇的特点及构成系统，掌握分析现代汉语词汇单位的基本方法，形成规范使用现代汉语词汇的能力。

4. 了解语法学的分类，掌握现代汉语词、短语、句子的分类、特点和用法，以及纠正各类语法错误的方法，培养运用相关知识正确分析现代汉语语法现象的能力。

5. 了解现代汉语语用的特点，理解现代汉语的语用原则，熟悉各类修辞格的构成要素、基本类型和修辞功能，提高阅读、鉴赏言语作品的能力和规范使用各种语用方法进行语言表达的能力。

6. 了解汉字的字体、汉字与文化的关系，理解汉字的性质和特点、标点符号的具体用法，能正确分析汉字的笔画、部件、偏旁和部首，提高规范使用汉字和标点符号的水平。

7. 根据教学内容，适时安排学生进行语音、词汇、语法、语用、书写符号等方面的实践活动，培养学生基本的学术素养。

【教学时间安排】

本课程的学时安排可根据各专业课程的设置自行调整。建议各章的学时分配如下：

| 章次 | 课程内容 | 课时 | 备注（教学方法） |
|---|---|---|---|
| 1 | 绪论 | 3 | 一般讲授+重点提示+作业 |
| 2 | 现代汉语语音 | 21 | 重点讲授+课堂讨论+作业 |
| 3 | 现代汉语词汇 | 24 | 重点讲授+课堂讨论+作业 |
| 4 | 现代汉语语法 | 27 | 重点讲授+课堂讨论+作业 |
| 5 | 现代汉语语用 | 21 | 重点讲授+课堂讨论+作业 |
| 6 | 现代汉语书写符号 | 6 | 一般讲授+重点提示+作业 |
| 合计 | | | 102 |

【教学内容要点】

**第一章 绪论**

**一、学习目的要求**

通过本章的学习，了解汉语的历史和地位、现代汉语方言的概况，理清现代汉民族共同语形成的脉络；理解现代汉语的特点和现代汉语规范化的具体内容，以及现代汉语课程的性质、任务、内容和学习方法等问题，熟悉国家的语言文字政策；掌握"语言"、"汉语"、"现代汉语"、"现代汉民族共同语"、"普通话"、"方言"等概念及其相互关系。

**二、主要教学内容**

1. 语言及汉语（次重点）

（1）语言

（2）中国的语言

（3）汉语

2. 现代汉语（重点）

（1）现代汉民族共同语

（2）现代汉语方言

（3）现代汉语的特点

3. 现代汉语规范化（重点）

（1）语言的规范和规范化

（2）现代汉语规范化的内容

（3）普通话的推广

4. 现代汉语课程（一般）

（1）课程性质

（2）课程的任务和内容

（3）课程的学习方法

## 第二章 现代汉语语音

### 一、学习目的要求

通过本章的学习，了解普通话的音位系统；理解现代汉语语音的特点和普通话语音规范化的具体内容，能正确分析普通话的音节结构；掌握"语音"、"音素"、"元音"、"辅音"、"音节"、"声母"、"韵母"、"声调"等概念及其相互关系；能准确运用汉语拼音和国际音标记录现代汉语语音，逐步形成分析现代汉语语音现象的能力。

### 二、主要教学内容

1. 语音与现代汉语语音（次重点）
（1）语音和语音的性质
（2）现代汉语语音单位
（3）现代汉语记音符号
（4）现代汉语语音的特点

2. 声母（重点）
（1）声母的定义
（2）声母的发音及分类
（3）零声母

3. 韵母（重点）
（1）韵母的定义
（2）韵母的发音及分类

4. 声调（重点）
（1）声调的定义
（2）调值与调类
（3）普通话的声调
（4）普通话声调的标记

5. 音节（重点）
（1）普通话的音节结构
（2）普通话的声韵调配合规律
（3）普通话音节的拼读和拼写

6. 音位（次重点）
（1）音位和音位的归纳
（2）音位变体
（3）普通话的音位系统
（4）普通话音位辨正

7. 音变与语调（次重点）
（1）音变
（2）语调

8. 普通话语音的规范化（一般）
（1）普通话语音规范化的内容

（2）现代汉语语音变异与普通话语音的规范化

## 第三章　现代汉语词汇

### 一、学习目的要求

通过本章的学习，了解词汇发展演变的基本规律、现代汉语词汇规范化的内容；理解现代汉语词汇的特点及系统构成，能够正确辨析同义词；掌握"词汇"、"语素"、"词"、"固定语"、"单纯词"、"合成词"、"基本词"、"一般词"等概念及其相互关系；关注并思考当前语言生活中新兴的一些词汇现象，培养规范运用现代汉语词汇的能力。

### 二、主要教学内容

1. 词汇与现代汉语词汇（次重点）
（1）词汇和词汇学
（2）现代汉语词汇单位
（3）现代汉语词汇的特点

2. 词与词的结构（重点）
（1）语素
（2）词
（3）构词类型

3. 词汇的构成（次重点）
（1）基本词汇和一般词汇
（2）古语词和新造词
（3）标准语词和方言词
（4）本族语词和外来词
（5）专有名称
（6）熟语
（7）缩略语

4. 词义的类聚（次重点）
（1）词义和词义的分析
（2）单义词和多义词
（3）同义词和反义词
（4）上下义词和类义词

5. 词音的类聚（一般）
（1）单音节词和多音节词
（2）同音词和多音词

6. 词汇的规范化（一般）
（1）词汇的发展变化
（2）现代汉语词汇规范化的内容

## 第四章 现代汉语语法

### 一、学习目的要求

通过本章的学习，了解语法学的分类；理解现代汉语语法的特点，熟悉现代汉语的语法单位及其相互关系；掌握"语法"、"词类"、"实词"、"虚词"、"短语"、"单句"、"复句"等概念及其相互关系，掌握现代汉语各类词的特点和用法、短语和句子的类型、单复句的分析方法，以及纠正语法错误的方法；培养运用现代汉语语法知识正确分析各类语法现象和进行话语交际的能力。

### 二、主要教学内容

1. 语法与现代汉语语法（次重点）
 (1) 语法和语法学
 (2) 现代汉语语法单位
 (3) 现代汉语语法的特点

2. 词类（重点）
 (1) 词类的划分
 (2) 实词
 (3) 虚词
 (4) 词的兼类
 (5) 词类常见错误的识别和修改

3. 短语与短语分析（重点）
 (1) 短语
 (2) 短语的类型
 (3) 短语的层次分析
 (4) 多义短语及其分析

4. 单句与单句分析（重点）
 (1) 单句
 (2) 单句的句法分析
 (3) 单句的句型
 (4) 单句的句类
 (5) 单句常见错误的识别和修改

5. 复句与复句分析（次重点）
 (1) 复句
 (2) 复句的类型
 (3) 多重复句及其分析
 (4) 紧缩复句
 (5) 复句常见错误的识别和修改

6. 现代汉语语法的规范化（一般）
 (1) 现代汉语语法规范化的内容
 (2) 现代汉语语法的变异

## 第五章 现代汉语语用

**一、学习目的要求**

通过本章的学习，了解现代汉语语用的特点和方法；理解现代汉语的语用原则、现代汉语语体的分类及其语用特点，熟悉各类修辞格的构成要素、基本类型和修辞功能；掌握"语用"、"语境"、"语用原则"、"修辞格"、"深层修辞"、"表层修辞"等概念及其相互关系，能够辨析容易混淆的修辞格；提高阅读、鉴赏言语作品的水平，规范使用各种语用方法进行语言表达。

**二、主要教学内容**

1. 语用与现代汉语语用（次重点）
 （1）语用和语用学
 （2）语境
 （3）现代汉语语用的特点

2. 语用原则（次重点）
 （1）得体原则
 （2）和谐原则

3. 语用含义（一般）
 （1）语用含义的定义
 （2）语用含义的类别
 （3）语用含义的特点

4. 语用方法及其选择（重点）
 （1）词语的选择
 （2）句式的选择
 （3）语篇的选择
 （4）修辞格的选择

5. 语体（一般）
 （1）语体及其特点
 （2）语体的类型及其风格基调
 （3）语体的交叉和渗透

## 第六章 现代汉语书写符号

**一、学习目的要求**

通过本章的学习，了解汉字的字体、汉字与文化的关系，以及现代汉字信息处理的基本情况；理解汉字的性质和特点、汉字的造字法，熟悉现代汉语标点符号的用法；掌握"文字"、"汉字"、"笔画"、"偏旁"、"标点符号"等概念及其相互关系，正确分析汉字的笔画、部件、偏旁和部首；提高规范使用汉字和标点符号的水平。

**二、主要教学内容**

1. 文字及汉字（次重点）
 （1）文字

（2）汉字和汉字学
（3）汉字的特点

2. 汉字的结构（重点）
（1）汉字的造字法
（2）汉字的结构单位
（3）汉字的结构格式

3. 汉字的字体（一般）
（1）现代汉字常用形体
（2）印刷体和手写体

4. 汉字与文化（一般）
（1）汉字的文化功能
（2）汉字和汉字文化的传播

5. 汉字的规范化（次重点）
（1）汉字规范化的内容
（2）汉字的信息处理

6. 标点符号（重点）
（1）标点符号及其类型
（2）标点符号的正确使用
（3）标点符号的变异使用

【有关说明】

1. 本课程是一门理论性很强的课程，学习时应注意联系语言生活的实际，培养分析和解决现代汉语问题的能力。

2. 结合现代汉语学科发展动态，采用设置疑问、课堂讨论、语料分析等方法，深化学生对所学知识的理解和把握，激发学生学习的积极性和主动性。

3. 合理安排实践性教学环节，根据教学内容组织学生调查现实生活中的语言现象，并指导学生查阅相关文献，进行专题性的研究。

4. 课堂讨论、课后作业可结合教学内容自行设计安排。

# 第一章 绪 论

## 【学 习 导 论】

### 一、知识梳理

语言是音义结合的符号系统，是人类最重要的交际工具，是一种特殊的社会现象，它有口语和书面语两种表现形式。汉语是汉民族使用的语言，它经历了上古汉语、中古汉语、近代汉语、现代汉语四个发展时期。对于中华民族来说，汉语不仅是重要的交际工具，也是文明传承的纽带，同时还是联合国使用的六种法定工作语言之一。狭义的现代汉语指现代汉民族共同语，即普通话。普通话以北京语音为标准音，以北方话为基础方言，以典范的现代白话文著作为语法规范。普通话是现代汉民族最重要的交际工具，也是国家法定的全国通用语言。广义的现代汉语包括现代汉民族共同语和现代汉语方言。方言是一种语言的地域变体。现代汉语方言分为七大方言区，即北方方言、吴方言、湘方言、粤方言、闽方言、客家方言、赣方言。现代汉语方言与现代汉民族共同语之间是同源异流的关系。推广现代汉民族共同语是为了消除跨方言交际的隔阂，而不是要消灭现代汉语方言。现代汉语在语音、词汇、语法、语用等方面都有自己的特点。

语言的规范，指的是某一语言在语音、词汇、语法、语用、书写符号等方面的规则和标准，包括语言本体规范和语言运用规范两方面的内容。语言的规范化，是根据语言自身的发展规律，研究、制定并颁布某一语言在语音、词汇、语法、语用、书写符号等方面的规则和标准，并通过宣传、提倡等途径来引导人们自觉遵照国家颁布的语言使用规则和标准来使用语言。现代汉语规范化包括现代汉语本体规范化和现代汉语运用规范化两方面的内容。本体规范化涉及语音、词汇、语法、书写符号等几个方面。现代汉语语音的规范是"以北京语音为标准音"；词汇的规范是"以北方话为基础方言"；语法是"以典范的现代白话文著作为语法规范"；书写符号的规范包括汉字和标点符号的规范：汉字的规范要做到"字有定量、字有定形、字有定音、字有定序"，标点符号的规范则依照《标点符号用法》执行。在新的历史时期，推广普通话具有重要的意义。

现代汉语属于语言学的分支学科。从学科的角度来看，它属于个别语言学和共时语言学。个别语言学是研究某一种语言客观规律的语言学。共时语言学是分析和描写某一时期状况及其内部规律的语言学。

### 二、能力素养

（一）掌握学习现代汉语的正确方法

学习现代汉语要注意课程学习内容的关联性，理论学习和技能训练相结合，注意语言之间的比较和对比，以及共时研究和历时研究相统一。

（二）逐步形成运用现代汉语基础知识和基本原理于实践的能力

在学习现代汉语时，要养成一种对语言现象的敏感性，灵活运用所学知识和原理来分析各种各样的语言现象。同时，要把现代汉语的知识和原理运用到提高自身正确运用语言文字的实践活动中，不断提高分析与运用语言的能力。

# 【难点探究】

### 一、怎样理解语言的符号性？

符号是用以代表某种事物的约定标记，由特定的物质实体和约定俗成的意义构成。语言也是一种符号，它由能指和所指构成，能指是特定的声音，所指是特定声音所代表的意义。语言的符号性主要表现为：

第一，标记性。语言的能指和所指之间是一种标记与被标记的关系。例如：汉语用"hěn"（很）标记"程度相当高"的意义，用"xūwěi"（虚伪）标记"不真实，不实在，做假"的意义等。

第二，统一性。语言是由能指和所指构成的有机整体。例如：汉语用"zhǎo"（爪）表示"动物的脚趾甲"，当我们听到"zhǎo"（爪）这个声音时，就知道它代表"动物的脚趾甲"。但如果"zhǎo"（爪）与"动物的脚趾甲"没有任何联系，它就不是语言符号的能指了。

第三，任意性。语言的能指和所指之间并不存在自然或必然的联系。为什么"lán"（蓝）代表"像晴天天空的颜色"、"nù"（怒）代表"愤怒"，这里面没有什么道理可讲。

第四，强制性。语言符号对于使用它的所有社会成员来说，都是固定的、不自由的。例如：同样都是"用虚假的言语或行动来掩盖事实真相，使人上当"的意思，但汉语用"qīpiàn"表示，英语用"deceive"表示，这是由使用汉语和英语的全体社会成员约定俗成的，个人不能随意更改能指和所指之间的标记与被标记的关系。

第五，复杂性。语言是人类所特有的一种结构复杂的符号系统。在语言中，若干大大小小的语言单位不但可以逐级组装起来，而且还可以自由拆卸，重复使用。这就使语言的表达方式和表达手段极其丰富灵活，容量很大。

第六，发展性。语言符号自产生之日起，就按照一定的规律，既稳固地保持着自己的特点，又不断地发展变化着。一般的符号则不同，一旦某一物质实体被人们约定用来代表某种事物，它一般就不会有什么变化；即使发生变化，那也是没有任何规律可言的。

语言的符号性，使语言成为人类最重要的交际工具。这不仅是因为语言没有重量，没有体积，任何具有正常生物结构机制的人只要张开嘴，即可方便快捷、淋漓尽致地使用语言传递信息、交流感情、传承文化，而不再需要其他设备。这是一般的符号所不具备的。

### 二、如何理解语言规范化的动态性？

语言的规范化，是指根据语言自身的发展规律，研究、制定并颁布某一语言在语音、词汇、语法、语用、书写符号等方面的规则和标准。其目的是通过宣传、提倡等途径，引导人们自觉遵照国家颁布的语言使用规则和标准来规范地使用语言。

然而，就其本质而言，语言总是在运用的过程中表现出各种规则和标准。语言随着社会的产生而产生，随着社会的发展而发展。社会的发展和社会关系的变化以及人类思维的发展和认识的不断深化，均要求语言呈现出相应的发展和变化。因此，语言系统内部的语音、词汇、语法等构成要素总是处在不停的矛盾运动之中。它们使语言系统内部的相对均衡状态不断被打破，又不断形成新的结构关系和结构规则。这就使语言内部的构成要素和语言书写符号以及口语和书面语的运用呈现出了显著的动态性，而语言的规范化也就随着语言的发展变化而体现为一种动态性的调整过程。

因此，语言规范化的动态性，要求人们必须充分认识语言自身的存在状态和现实生活中实际语用状况，本着尊重不同言语风格、关注特殊言语现象、重视语言表达效果等原则，不断完善和充实语言本体规范和语言运用规范。在当前交际渠道多样化、语用主体多层次化、语用创新意识明显增强的时代背景下，如果仅仅只是根据已有的语言本体规范和语言运用规范来对待现实语言生活中的各种言语现象，就有可能出现简单否定新兴言语现象、个性化言语风格和语用创新意识，混淆规范言语现象和非规范言语现象等问题。

正确理解语言规范化的动态性，有助于了解语言国情、开展语言规划工作、保护和开发语言资源，促进语言文字的规范、丰富和发展，从而构建和谐、健康的语言环境。

# 【思考与练习参考答案】

## 思考与练习一

**二、怎样理解"语言是音义结合的符号系统"？**

第一，符号是约定俗成的用以代表某种事物的标记。任何符号都包括能指和所指两个方面。能指是特定的物质实体，所指是约定俗成的意义。语言也是一种符号，它的能指是声音，所指即声音所表达的意义。因此，语言是用一定的声音来表示一定的意义的符号，是由能指和所指构成的统一整体。

第二，语言符号的语音形式和意义之间没有必然的联系，由使用语言的全体社会成员约定俗成。例如：汉语把"从云层中降落的水滴"叫做 yǔ（雨），而英语却用 rain[rein]这个语音表示"雨"的含义，其中不存在自然或必然的联系。但是，语言的语音形式和意义之间的关系一经确定，使用它的所有社会成员都必须遵守，不能随意改变。

第三，语言符号在使用过程中总是按照时间的先后顺序依次出现的，它们不但可以逐级组装起来，而且还可以自由拆卸，重复使用，因此广泛地运用于人类生活的一切领域。

第四，语言包括语音、词汇、语法等几个要素，这些要素使语言构成一个完整的系统，各个不同民族的语言的特点都体现在语音、词汇、语法等方面。这是语言符号的系统性。

**三、为什么说"语言是人类最重要的交际工具"？**

第一，人类的交际可以分为语言交际和非语言交际两大类：语言交际是以语言文字为工具的交际活动；非语言交际是以语言文字以外的媒介为工具的交际活动。它们共同为人类的交际发挥着不同的作用。

第二，人类的交际以语言交际为主，以非语言交际为辅。人们的话语交际活动是一种运用多种表达手段和全部感觉器官去分析、理解话语含义的综合性的思想感情交流活动。非语言交际是人们在话语交际活动中为了弥补语言交际的不足而采取的一种辅助性交际手段，只具备加强语言交际的传输、扩散和储存的功能，不能取代人类的语言交际。

第三，交际是语言最基本的职能。语言有口语和书面语两种存在形式。口语方便灵活，能够直接、快捷地反映社会的发展和变化。书面语是在口语的基础上锤炼和推敲的结果。与口语相比，书面语具有用词精当、结构严谨、逻辑性强等特点。这就使语言符号在传递信息、交流感情等方面产生了非语言符号所不具备的诸多优势。

第四，社会的进步、生产力的发展决定了语言交际功能的发挥。通常，标志先进生产力和生产关系的语言，其生命力会越来越强大；反之，其生命力会出现衰竭，甚至濒危的情况。

总之，语言是人类最重要的交际工具。人类社会所拥有的非语言交际工具都是在语言的基础上制定的，没有语言基础，这些工具也就失去了存在的价值和意义。

**四、举例说明语言和社会之间的关系。**

语言是一种特殊的社会现象，它与社会相互依存——语言存在于社会之中，社会不能没有语言。

第一，语言的产生和发展都离不开社会。语言随着社会的产生而产生，随着社会的发展而发展，语言是为了满足人类社会交流、协调与合作的需要而在集体生产劳动中产生的，并且自产生之日起，就始终活跃在人类社会的一切领域之中。社会生活发生渐变特别是发生突变，语言也必然会发生相应的变化。例如：社会现实生活中只要是出现了新观念、新事物，或者是原有事物发生了变化，陈旧事物消失，以及人们对固有事物的认识不断提高等，都会及时地通过词汇体现出来。像"一国两制"、"实名制"、"白领"等词语的出现，都是现实生活中的新观念、新事物、新认识在语言中的反映。

第二，社会也离不开语言。远古时期，由于劳动和语言的推动，促进了类人猿的大脑向人脑的转化，使形成中的人的意识及其思维能力越来越发达，最终把人从动物界分化出来，组成了社会。在此过程中，语言是极为重要的条件之一。可以说，语言是社会存在的必要条件。它以手段或途径的方式，传承了千百年来人类创造的各种社会文化成果。如果没有语言，人们就无法接受前人的经验、知识和文化，并把它们传给下一代；人类的经济生产、政治活动、文化生活和日常生活都将日益萎缩甚至停滞，社会就不能前进、发展，人类就不再拥有今天高度发达的物质文明和精神文明。人类的社会也就不能存在了。

当前，人类社会除了面对面的语言交流外，还有远距离的邮电通信、地空通信、星际通信、深水通信等，它们都要求运用语言迅速、清晰、准确、经济地传递信息。因此，语言在社会中的作用范围越来越宽广，功能也越来越完善。

## 思考与练习二

**二、什么是现代汉民族共同语？现代汉民族共同语是怎样形成的？**

现代汉民族共同语是现代汉民族通用的语言，是以北京语音为标准音，以北方话为基础方言，以典范的现代白话文著作为语法规范的普通话。

现代汉民族共同语的形成先后经历了雅言、通语、官话、白话、国语、普通话等漫长的发展历程。春秋战国时期，与方言同时并存的共同语，叫做"雅言"。到了汉代，共同语称为"通语"。明清两代的共同语是官话。官话是在全国使用范围最广的北方话的基础上产生并发展起来的，它原本是通行于官吏之间的官场"雅语"，后来发展为官民之间的交际用语，之后又被社会公众用来沟通不同地区之间的语言隔阂，从而逐渐发展成为民族共同语。由于官话大体上是在书面语的基础上使家乡话尽量向以京音为中心的北方话靠拢，所以北京话便成为了公认的"标准官话"。与此同时，唐宋时期出现了一种与北方话口语密切相关的新的书面语——白话。从此，白话和官话便一起成为了现代汉民族共同语口语和书面语的直接来源。1909年，清政府资政院议员江谦正式提出把官话定名为"国语"。1912年，中华民国临时教育会议肯定了"国语"这一用名。1955年，全国文字改革会议、现代汉语规范化学术会议先后举行，决定将全国通用语定名为"普通话"。

**七、有人说：普通话和方言之间的差异很大，学好普通话就必须禁止使用方言。你同意这种看法吗？为什么？**

普通话与方言之间存在较大的差异，这种差异在语音上表现得较为突出。但是，学习或推广普通话并不需要，也不能禁止或消灭方言。因为，普通话与方言不是对立的。现代汉民族共同语是在北方方言的基础上形成的，它与现代汉语方言是同源异流的关系。在新的历史时期，现代汉民族共同语和现代汉语方言共同发展，呈现出"同中有异、异中有同"的特点。

第一，普通话以北方方言为基础方言，同时又不断地从现代汉语其他方言中吸收有益的成分，从而不断地丰富和完善自己的结构系统。

第二，现代汉语方言也会从现代汉民族共同语中吸取有益的成分来丰富自己的表达。

第三，推广普通话是为了消除现代汉语各方言之间的隔阂，而不是要消灭现代汉语方言。当前，普通话作为现代汉民族共同语，在各个方言区越来越受到重视，影响也在不断扩大。推广普通话的目的是促使现代汉语规范化，从而使之更加符合语言的历史发展规律，符合现代社会发展的交际需要。植根于地方文化土壤中的现代汉语方言，对于生活在特定地区的人们来说，仍然是传递地方文化信息的重要交际工具，对沟通和协调社区内部的各种关系具有一定的作用。

**八、与英语、古代汉语相比，现代汉语具有哪些特点？**

与英语相比，现代汉语的特点是：第一，语音方面：一是元音在现代汉语中占据优势，现代汉语的音节可以没有辅音，但不能没有元音。二是两个或三个元音相连的复元音数量较多，但没有两个或三个辅音相连的复辅音。三是现代汉语的音节都有声调的高低变化，即阴平、阳平、上声和去声的变化。第二，词汇方面：一是单音节语素在现代汉语中占绝大多数，且构词能力很强。二是现代汉语由两个或两个以上的词根组合在一起构成的复合法最发达，由此构成的复合式合成词是现代汉语词汇的主体部分。第三，语法方面：一是现代汉语不用严格意义上的形态变化来表示语法关系和语法意义，而是以语序和虚词为主要的语法手段。例如："发展迅速"是主谓关系，"迅速发展"就是偏正关系。"我爱妈妈"和"妈妈爱我"的主宾位置不同，语法意义也就发生了变化。二是现代汉语的词、短语和句子的结构基本一致，词类和语法成分之间的关系比较复杂。在现代汉语中，一种词类可以做多种句子成分，一种句子成分也可以由多种词类充当，往往形成一对多或多对一的关系；三是现代汉语具有丰富的量词。

与古代汉语相比，现代汉语的特点是：第一，语音方面：古代汉语有入声，现代汉语没有。第二，词汇方面：从音节的数量上来看，单音节词在古代汉语中占多数，而现代汉语的词具有明显的双音节化的发展趋势。第三，语法方面：一是现代汉语的量词十分丰富，数词和名词之间必须有量词，数词一般不能直接修饰名词，而古代汉语的量词并不发达，数词可以直接修饰名词，如"一言以蔽之"（《论语·为政》）、"三人行，必有我师焉"（《论语·述而》）等。二是现汉语词类活用的现象比较少，但在古代汉语中，形容词常常可以活用为一般动词，如"老吾老，以及人之老；幼吾幼，以及人之幼"（《孟子·梁惠王上》）。三是现代汉语中有省略的形式，而在古汉语中这种现象更为多见和复杂。例如："竖子不足与谋"（《鸿门宴》）省略了介词"与"的宾语"之"。四是现代汉语和古代汉语的语序基本一致，但也有不一致的地方。例如：古代汉语中否定句的代词做宾语和疑问句的代词做宾语，一般都采用宾语前置的形式，如"狂屈中欲告我，而不我告"（《庄子·知北游》）。

## 思考与练习三

**五、现阶段推广普通话应做好哪些方面的工作？**

第一，各级各类学校使用普通话教学，使普通话成为教学语言。例如：倡导教师和学生在课堂教学过程中使用标准的普通话进行交流、学校定期举办普通话演讲或朗诵比赛等，都可以调动广大师生学习普通话的积极性和热情，从而营造一个良好的普通话学习环境。

第二，国家机关工作人员和公共服务行业人员工作时使用普通话，使普通话成为工作语言。例如：扩大普通话在公众场合的使用范围、在公众场合和机关单位张贴普通话推广宣传海报等，创造相关工作岗位人员使用标准普通话开展工作的良好氛围。

第三，大众传媒等宣传渠道广泛使用普通话，使普通话成为宣传语言。例如：利用广播、电视、电影等泛宣传推广普通话的重要性、组织有影响力的公众人物作为代言宣传人、举办相关的推广普通话的全民性活动等，让全社会成员积极学习和使用普通话。

第四，不同方言区及国内不同民族的人员交往时使用普通话，促使人们养成学习和使用普通话的良好习惯，使普通话成为全国的通用语言。

为了更加有效地推广普通话，加大普及力度，不断提高全社会成员的普通话水平，国家对一定范围内的在岗人员进行普通话水平测试，并从20世纪90年代起，逐步实行根据普通话水平测试成绩颁发普通话水平测试等级证书的制度。普通话水平测试是推广普通话工作的重要组成部分,是使推广普通话工作逐步走上科学化、规范化和制度化的重要举措。

**六、结合实际,谈谈推广普通话的必要性和重要性。**

第一,推广普通话是关系到国家统一、民族团结、经济发展、社会进步的全民族的大事,学习和推广普通话有助于消除方言隔阂,能促进各民族间的交流。我国是一个幅员辽阔、民族众多的国家。推广普通话,能使各族人民拥有共同的语言交流纽带,能消除地域间语言使用上的陌生感,凝聚全国人民的语言文化感情,从而使全体社会成员产生一种中华民族的归属感。

第二,推广普通话也是树立我国国际形象的一件大事。在当前范围内出现汉语学习热潮的背景下,普通话既是中国通往国际社会的交流桥梁,也是世界了解中国的重要工具。使用标准的普通话,不仅是一个人自身语言素质的体现,而且还能在对外交流中反映出国家良好的政治、文化、经济、生活的形象。

第三,现代社会信息往来日益频繁,对信息高效率传播的要求也在逐步提高,推广普通话,不但有助于普及文化教育,提高公民文化素质,而且还能促进科学技术的发展,提高中文信息处理的水平。

总之,推广普通话是每个公民的责任和义务。推广普通话不仅是民族发展的要求,也是我国现代化发展的要求。

# 【自测题及参考答案】

**一、单项选择题**(在每小题的四个备选答案中,选出一个正确答案,并将其字母写在题干后的括号内。本大题共 15 小题)

1. 下面关于语言的说法不正确的是　　　　　　　　　　　　　　　　　(　　)
   A. 语言是人类唯一的交际工具　　　　B. 语言是一种特殊的社会现象
   C. 语言为人类所特有　　　　　　　　D. 语言是音义结合的符号系统

2. 语言最基本的职能是　　　　　　　　　　　　　　　　　　　　　　(　　)
   A. 记录　　　　B. 传播　　　　C. 交际　　　　D. 表达

3. 春秋时期的共同语称为　　　　　　　　　　　　　　　　　　　　　(　　)
   A. 通语　　　　B. 雅言　　　　C. 官话　　　　D. 国语

4. 明清两代的共同语称为　　　　　　　　　　　　　　　　　　　　　(　　)
   A. 通语　　　　B. 雅言　　　　C. 官话　　　　D. 普通话

5. 共同语正式定名为"普通话"是在　　　　　　　　　　　　　　　　(　　)
   A. 辛亥革命后　　　　　　　　　　　B. 明清两代
   C. 五四运动后　　　　　　　　　　　D. 新中国成立后

6. 粤方言的代表话是　　　　　　　　　　　　　　　　　　　　　　　(　　)
   A. 湛江话　　　B. 海南话　　　C. 广州话　　　D. 南宁话

7. 闽东方言的代表话是 （  ）
   A. 福州话　　　B. 莆田话　　　C. 永安话　　　D. 台山话

8. 客家话的代表话是 （  ）
   A. 福建话　　　B. 广西话　　　C. 海南话　　　D. 广东梅县话

9. 现代汉语方言中使用人口最少的一种方言是 （  ）
   A. 粤方言　　　B. 客家方言　　C. 闽方言　　　D. 赣方言

10. 现代汉语方言中，除北方方言外，使用人口最多的方言是 （  ）
    A. 湘方言　　　B. 吴方言　　　C. 粤方言　　　D. 闽方言

11. 世界上的语言大致可以分为 （  ）
    A. 七大语系　　B. 八大语系　　C. 九大语系　　D. 十大语系

12. 下面关于普通话的说法不正确的是 （  ）
    A. 普通话是现代汉民族通用的语言
    B. 普通话是现代汉民族最重要的交际工具
    C. 普通话就是北京话
    D. 普通话的语音标准是北京语音

13. 同一种语言的各种方言，它们之间最大的差异是 （  ）
    A. 语音　　　　B. 词汇　　　　C. 语法　　　　D. 语用

14. 现代汉语方言与现代汉民族共同语的关系是 （  ）
    A. 互不干涉　　B. 各自独立　　C. 同源异流　　D. 共同作用

15. "典范的现代白话文著作"是指 （  ）
    A. 现当代流行的优秀白话文作品
    B. 现当代著名的优秀白话文作品
    C. 现当代符合语法规范的优秀白话文作品
    D. 现当代与普通话语法一致的优秀白话文作品

**答案：**

1. A　2. C　3. B　4. C　5. D　6. C　7. A　8. D　9. D　10. B
11. C　12. C　13. A　14. C　15. C

**二、多项选择题**（在每小题的五个备选答案中，选出二至五个正确答案，并将其填写在题干后的括号内，答案没有选全或选错的，该题无分。本大题共 **10** 小题）

1. 联合国使用的法定工作语言有 （  ）
   A. 汉语　　　　　　　B. 阿拉伯语　　　　　C. 西班牙语
   D. 俄语　　　　　　　E. 土耳其语

2. 语言符号最重要的特点是 （    ）
   A. 任意性　　　　　B. 必然性　　　　　C. 线条性
   D. 固定性　　　　　E. 本质性

3. 下列说法正确的是 （    ）
   A. 口语是书面语的源头
   B. 口语是书面语发展的动力
   C. 书面语是口语的提炼与升华
   D. 口语的发展比书面语快
   E. 书面语是对口语的完善

4. 关于民族共同语，下列说法正确的是 （    ）
   A. 民族共同语是一个民族全体成员通用的语言
   B. 民族共同语是在某一种方言的基础上形成的
   C. 各个时期都存在相应的民族共同语
   D. 汉民族的共同语是普通话
   E. 汉民族共同语是在民族融合的过程中逐步形成的

5. 普通话语法规范中的"典范"著作是指 （    ）
   A. 具有广泛性的著作　　　B. 具有代表性的著作　　　C. 具有实效性的著作
   D. 具有历史性的著作　　　E. 具有可读性的著作

6. 关于方言，下列说法正确的是 （    ）
   A. 方言是一种独立的语言
   B. 方言是一种语言的地域变体
   C. 方言可以分为方言区和方言片
   D. 方言具有传承地方文化的功能
   E. 方言的形成除了语言本身的原因外，还有地理条件、自然灾害、政治经济等因素

7. 下列方言片属于北方方言的是 （    ）
   A. 华北官话　　　　B. 西北官话　　　　C. 西南官话
   D. 河北官话　　　　E. 江淮官话

8. 语言规范化的工作内容包括 （    ）
   A. 标准语的确定　　　B. 正音法的制定　　　C. 术语的规范化
   D. 词典的出版　　　　E. 字符改革

9. 语言本体规范包括 （    ）
   A. 语音规范　　　　B. 词汇规范　　　　C. 语法规范
   D. 文字规范　　　　E. 标点符号规范

10. 从学科的角度看，现代汉语属于 （    ）
    A. 个别语言学　　　B. 共时语言学　　　C. 历时语言学
    D. 汉语语言学　　　E. 普通语言学

**答案：**

| 1. ABCD | 2. AC | 3. ABCD | 4. ABCE | 5. AB |
| 6. BCDE | 7. ABCE | 8. ABCDE | 9. ABCDE | 10. ABD |

**三、判断改错题（在你认为正确的题后括号内打"√"，错误的打"×"，并改正。本大题共 10 小题）**

1. 语言符号最重要的特点是任意性。（　　）

2. 汉语属于汉藏语系藏缅语族。（　　）

3. 北方语音是普通话的语音标准。（　　）

4. 普通话以北京语音为标准音是汉语历史发展的必然结果。（　　）

5. 语言的规范指语言本体即语音、词汇、语法的规范。（　　）

6. 不同语言间的接触和影响是方言形成的原因之一。（　　）

7. 推广普通话是为了消灭方言。（　　）

8. 汉语的历史可以分为上古汉语、中古汉语和现代汉语几个时期。（　　）

9. 现代汉语内部的语音、词汇、语法等各子系统及其结构要素是独立存在的。（　　）

10. 《中华人民共和国国家通用语言文字法》是新中国成立后第一部有关语言文字的专门法律。（　　）

**答案：**

1. ×（改"任意性"为"任意性和线条性"）
2. ×（改"藏缅语族"为"汉语语族"）
3. ×（改"北方"为"北京"）
4. √
5. ×（改"语言本体即语音、词汇、语法的规范"为"语言本体规范和语言运用规范"）
6. √
7. ×（改"消灭方言"为"消除跨方言交际的隔阂"）
8. ×（改"上古汉语、中古汉语和现代汉语"为"上古汉语、中古汉语、近代汉语和现代汉语"）
9. ×（改"独立存在"为"相互联系、彼此作用"）
10. √

## 四、术语解释题（本大题共 5 小题）

1. 语言　　　2. 汉语　　　3. 现代汉语　　　4. 方言　　　5. 语言规范

## 五、简述题（本大题共 5 小题）

1. 如何理解语言符号的任意性和线条性？

2. 为什么说语言是一种特殊的社会现象？

3. 举例说明现代汉语的特点。

4. 结合实际，谈谈推广普通话的意义。

5. 简述普通话与方言之间的关系。

# 【实践与研究平台】

### 项目一　汉民族共同语的发展历史

目的与要求：

通过本项目，运用民族共同语、汉语与社会的关系以及汉语史的知识，梳理汉民族共同语的发展历程，进而理解把普通话定为汉民族共同语和国家通用语言是唯一正确而且符合客观规律的选择，同时培养检索、梳理、总结文献资料的科研能力。本项目要求完成一篇学术小论文，字数为 3 000 字。

知识原理：

任何一种民族共同语的形成和发展都与本民族的历史、文化和社会的发展紧密联系。汉民族共同语是在民族融合的过程中形成的。它的形成和发展既有政治、社会、历史、地理等方面的原因，也有语言本身的原因。了解汉民族共同语的发展历史，有助于弄清共同语在各个历史时期所起的作用，对汉民族共同语有更为完整、深入的认识。

研究方法：

1. 阅读相关文献资料，为项目研究奠定理论基础；2. 根据文献资料，从历时的角度分析、梳理汉民族共同语的发展历程；3. 综合运用历史学、社会学、地理学、民族学等相关学科的知识深入剖析汉民族共同语发展变化的原因。

注意事项：

1. 除了关注汉民族共同语发展历史的脉络外，还要关注在汉民族共同语形成过程中对其产生影响的诸多因素；2. 注意对汉民族共同语的发展历史进行一定的反思；3. 注意文献资料的可靠性和权威性。

参考文献：

1. 王力. 汉语史稿. 北京：中华书局，1980

2. 马学良. 汉藏语概论. 北京：民族出版社，2003

3. 郭熙. 中国社会语言学. 杭州：浙江大学出版社，2004

4. 徐通锵. 语言论. 长春：东北师范大学出版社，1997
5. 鲍明炜. 略论汉族共同语的形成和发展. 中国语文，1955（5）
6. 周振鹤，游汝杰. 方言与中国文化. 上海：上海人民出版社，2006
7. 何九盈. 中国现代语言学史. 北京：商务印书馆，2008
8. 王力. 中国语言学史. 上海：复旦大学出版社，2006

### 项目二　普通话和方言使用情况调查

目的与要求：

通过本项目，运用现代汉民族共同语、现代汉语方言和社会语言学的相关知识，对普通话和方言的使用情况进行调查，解决普通话和方言之间的关系问题，同时培养语言调查的基本能力。本项目要求完成一篇调查报告，字数为4 000字。

知识原理：

普通话和方言是同源异流的关系，在交际中它们各自发挥着不同的作用。不同方言区的人们使用普通话进行交际，可以缩小分歧、减少差异，保证交际的顺利进行。植根于地方文化土壤中的现代汉语方言，仍然是传递地方文化信息的重要交际工具，对沟通和协调社区内部的各种关系具有一定的作用。对普通话和方言使用情况进行调查，有助于更好地理解二者的关系，能够为我国的语言规划提供一定的理论依据。

研究方法：

1. 阅读相关文献资料，为项目研究奠定理论基础；2. 根据调查的目的与要求以及相关的知识和原理，确定调查的对象和地区；3. 制定相应的调查问卷，以获得比较科学和可靠的调查结论；4. 运用SPSS软件整理和分析调查结果。

注意事项：

1. 注意调查对象和地区需具有一定的代表性，充分考虑调查对象职业、年龄、性别、民族等因素的差异性以及语用环境对普通话和方言使用情况的影响；2. 调查问卷的设计要符合项目研究的目的与要求；3. 语料收集需达到一定的量。

参考文献：

1. 詹伯慧. 汉语方言及方言调查. 湖北：湖北教育出版社，1991
2. 文秋芳，俞洪亮，周唯杰. 应用语言学研究方法与论文写作. 北京：外语教学与研究出版社，2004
3. 中国语言文字使用情况调查领导小组办公室. 中国语言文字使用情况调查员手册. 北京：语文出版社，1999
4. 陈其光. 语言调查. 北京：中央民族大学出版社，1998
5. 李宇明. 中国语言规划论. 长春：东北师范大学出版社，2005
6. 朱新均. 中国语言文字使用情况调查资料. 北京：语文出版社，2006
7. 崔梅，周芸. 云南语言生活现状调查研究. 云南：云南大学出版社，2007
8. 陈原. 社会语言学. 北京：商务印书馆，2004

**项目三 汉语方言区分区研究综述**

目的与要求：

通过本项目，运用现代汉语方言及其分类的知识，以及地理语言学、历史语言学、社会语言学等学科的相关知识，解决现代汉语方言分区的问题，同时培养撰写研究综述的基本能力。本项目要求完成一篇学术小论文，字数为4000字。

知识原理：

中国地域辽阔，自古就有方言的分歧，特别是长江以南的地区，方言差异较大，情况比较复杂。因此，对于汉语方言区的分区问题一直存在不同的意见和分歧。研究者从不同的角度提出了一些划分的理据和原则，对这些理据和原则进行分析，有助于更加全面地了解我国汉语方言的分布和使用情况以及各方言之间的差异，为今后从事汉语方言的研究工作奠定坚实的理论基础。

研究方法：

1. 阅读相关文献资料，为项目研究奠定理论基础；2. 学习和掌握研究综述的写作方法；3. 尽量完整地收集有关汉语方言区分区的相关研究成果；4. 从不同的角度对现有的研究做出归纳性的分析和总结，并尽量提出一些自己的评价和思考。

注意事项：

1. 在梳理汉语方言区分区研究成果的基础上，关注导致汉语方言区分区差异的原因；2. 思考汉语方言区分区的理据和原则；3. 了解学术界汉语方言区分区研究的新动向。

参考文献：

1. 詹伯慧. 方言分区问题再认识. 方言，2002（4）
2. 邓晓华，王士元. 中国的语言及方言的分类. 北京：中华书局，2009
3. 王临惠. 汉语方言分区的语音标准刍议. 南开语言学刊，2005（1）
4. [美]史皓元. 汉语方言分区的理论与实践. 顾黔译. 北京：中华书局，2011
5. 中国语言资源有声数据库建设领导小组办公室. 中国语言资源有声数据库调查手册：汉语方言. 北京：商务印书馆，2010
6. 袁家骅. 汉语方言概要（第二版）. 语文出版社，2001
7. 熊正辉，张振兴. 汉语方言的分区. 方言，2008（2）
8. 李小凡. 汉语方言分区方法再认识. 方言，2005（4）

# 第二章　现代汉语语音

## 【学　习　导　论】

### 一、知识梳理

语音是人的发音器官发出的具有一定意义的声音。语音是语言的物质外壳，具有物理性质、生理性质、心理性质和社会性质。社会性质是语音的本质属性。现代汉语语音的单位主要有音素、音位和音节。音素是从音质的角度划分出来的最小的语音单位，可以分为元音和辅音两大类。音位是从语音的社会性质的角度划分出来的、在一定语言或方言中能够区别意义的最小的语音单位。普通话有10个元音音位、22个辅音音位和4个调位。音节是语流中自然感知的发音单位和听感单位。记录现代汉语语音的符号，主要有汉语拼音和国际音标。

中国传统音韵学认为，汉语的音节可以分为声母、韵母和声调。普通话有21个辅音声母、39个韵母、4个调类。声母是音节开头的辅音，可以从发音部位和发音方法两方面进行分析。按照发音部位，声母可以分为双唇音（b、p、m）、唇齿音（f）、舌尖前音（z、c、s）、舌尖中音（d、t、n、l）、舌尖后音（zh、ch、sh、r）、舌面音（j、q、x）、舌根音（g、k、h）七类。按照发音方法，声母可以从三个方面进行分析：根据发音时气流在喉头、口腔和鼻腔内形成阻碍的方式，可以分为塞音（b、p、d、t、g、k）、塞擦音（z、c、zh、ch、j、q）、擦音（f、s、sh、r、x、h）、鼻音（m、n）、边音（l）五类；根据发音时声带是否振动，可以分为清音（b、p、f、z、c、s、d、t、zh、ch、sh、j、q、x、g、k、h）和浊音（m、n、l、r）两类；根据发音时呼出气流的强弱，可以分为送气音（p、c、t、ch、q、k）和不送气音（b、z、d、zh、j、g）。韵母是音节中声母后面的部分，可以从韵母中元辅音的数量、韵母开头元音的发音口形和韵尾三个方面进行分析。根据韵母中元辅音的数量，韵母可以分为单元音韵母（a、o、e、ê、i、u、ü、-i[ɿ]、-i[ʅ]、er）、复合元音韵母（ai、ei、ao、ou、ia、ie、iao、iou、ua、uo、uai、uei、üe）和鼻辅音韵母（an、en、ang、eng、ian、in、iang、ing、uan、uen、uang、ueng、ong、üan、ün、iong）三类。根据开头元音发音的口形，韵母可以分为开口呼（-i[ɿ]、-i[ʅ]、a、o、e、ê、er、ai、ei、ao、ou、an、en、ang、eng）、齐齿呼（i、ia、ie、iao、iou、ian、in、iang、ing）、合口呼（u、ua、uo、uai、uei、uan、uen、uang、ueng、ong）、撮口呼（ü、üe、üan、ün、iong）。根据韵尾的情况，韵母可以分为无韵尾韵母（-i[ɿ]、-i[ʅ]、a、o、e、ê、er、i、ia、ie、u、ua、uo、ü、üe）、元音韵尾韵母（ai、ei、ao、ou、iao、iou、uai、uei）和辅音韵尾韵母（an、en、ang、eng、ian、in、iang、ing、uan、uen、uang、ueng、ong、üan、ün、iong）三类。声调是依附在音节上的能够区别意义的相对音高的变化形式，可以从调值和调类两方面进行分析。普通话的声调共有四种调值：55、35、214、51，分别形成了四种调类：阴平、阳平、上声、去声。普通话声调的标记，主要有拼音符号法、调值数码法、五度竖标法等。

普通话音节的结构特点是：最少由1个音素构成，最多由4个音素构成；元音占优势，有复元音现象，但没有复辅音，音节中的辅音只能用于声母和韵尾，乐音成分居多；有声调，音乐性强。普通话的声母、韵母和声调的配合具有一定的规律。普通话音节的拼写必须符合《汉语拼音方案》的规定，普通话词语的拼写规则应该符合《汉语拼音正词法基本规则》。

音变是语音在语流中的变化。普通话的音变主要有轻声、变调、儿化和语气词"啊"的变读。语调是说话或朗读时，声音的停连、轻重、高低等方面的变化。普通话的语调主要有停顿、重音、句调等。

普通话语音的规范化，要求语音规范的内容和规范进程要遵循语音的发展规律。普通话语音的规范化主要包括两个方面的内容：一是确立正音标准，二是推广标准音。现代汉语语音规范化应考虑强制性和柔性的辩证关系。

**二、能力素养**

（一）现代汉语语音的记音能力

能够正确分析普通话的音节结构，掌握普通话音节的拼读和拼写规则，熟悉国际音标，逐步提高对现代汉语各类语音现象的听辨能力、发音能力和记音能力。

（二）提高普通话语音表达能力

了解普通话语音规范化的具体内容，熟悉正音标准，自觉学习、使用和推广标准音，能够自觉运用普通话的音变、语调知识和普通话音位系统理论，不断提高普通话口语表达水平。

（三）分析和研究现代汉语语音的能力

关注现实生活中的现代汉语语音现象，积极思考普通话和方言在语音方面的联系和区别，自觉运用现代汉语语音的基本知识和基础理论来剖析现代汉语语音现象。

# 【难点探究】

**一、如何理解语音的社会性质？**

语音是语言的物质外壳，是语言存在的物质形式。只有当语音负载了一定的意义时，才能传达出人们可以理解的意思。语音的社会性质表现在以下两个方面：

第一，从语言符号的构成方面看，语言符号是能指和所指构成的有机整体。能指是可以被人的感官感知并表达一定意义的形式，所指是能指表达的内容。就语言符号而言，能指是语音，所指是语义，二者之间的关系是约定俗成的。在不同的民族语言中，相同的所指可以使用不同的能指来表示。例如：在表达"能制造工具并使用工具进行劳动的高等动物"这个所指时，汉语普通话用[ʐən³⁵]来表示，英语则用[mæn]来表示，这种差异完全是由使用某一语言的特定民族造成的。然而，一旦某一个能指被全体社会成员所接受并长期使用，就会很少再改换其他的能指。正如荀子在《正名》篇中所言："名无固宜，约之以命。约定俗成谓之宜，异于约则谓之不宜。名无固实，约之以命实。约定俗成谓之实名。名有固善，径易而不拂，谓之善命。"

当然，有些能指和所指之间的关系是有理据性的。例如：模拟事物声音的拟声词"咪咪"、"刺啦"、"阿嚏"等；表示感叹、呼唤或应答的叹词"哎"、"嗯"、"啊"等。但是，这些能指和所指具有理据性的词语在语言系统中所占的比例很少，而且它们在原创阶段其能指和所指之间的关系都是通过任意性形成的。

第二，从语音系统方面看，每一种语言或方言都有自己的一套语音系统。使用不同语音系统的人，对不同的语音会有不同的感知能力。例如：普通话的声母 l 和 n 分别属于两个不同的音位/l/、/n/，具有区别意义的作用。但在云南昭通的部分地区，l 和 n 却属于同一个音位，没有区别意义的作用，如"那"和"蜡"的读音就是相同的。对于当地人来说，它们并不影响话语信息的传递。

**二、什么是音色？音色在语音中有什么作用？**

音色又叫音质，是声音的特色，它取决于音波振动的形式。决定音色的因素主要有：发音体、发音方法和共鸣器的形状。不同的人说话的音色之所以不一样，是因为人们的发音体各不相同。即使同一个人说话，由于发音方法不同或口腔、鼻腔等共鸣器的形状不同，也会造成不同的音色。

音色在语音中的主要作用是形成音素。在语音中，一个音素代表一种音色，不同的音素代表不同的音色。例如：由于发音方法的不同，造成普通话中 b、p 的音色不同，使之成为两个不同的辅音音素。由于共鸣器口腔形状的不同，造成普通话中 i、u、ü 的音色不同，使之成为三个不同的元音音素。

不同的音色具有区别意义的作用。例如：[ʂən$^{55}$]（身）和[ʂan$^{55}$]（山）的意义不同，是因为两个音节中各自包含的元音音素[ə]和[a]的音色不同造成的。

不同的音色还能够反映出发音体的特点。例如：一般说来，男性的音色比较浑厚，女性的音色比较清脆。因此，人们可以利用不同的音色特点来判断发音对象的性别。

**三、《汉语拼音方案》字母表中的字母应该怎么读？**

《汉语拼音方案》是我国法定的通用语言文字的拼写和注音工具，主要用来标记普通话的读音，不适用于标记汉语方言和古代汉语语音。《汉语拼音方案》由五部分组成：字母表、声母表、韵母表、声调符号和隔音符号。

《汉语拼音方案》中的字母，采用国际通用拉丁字母的书写形式，其读音有明确的规定：第一，元音字母均保留注音字母的读音。例如：a、i、u 分别读作[A]、[i]、[u]，不能读作拉丁字母读音[ei]、[ai]、[ju]。第二，辅音字母的读音又分为三种情况：一是字母 f、l、m、s 的读音是把元音 ê[ɛ]加在字母前面，分别拼读为 êf、êl、êm、ês；二是字母 b、c、d、g、k、n、p、t、v、z 的读音是在字母后加上元音 ê[ɛ]。例如：b、d、g 分别拼读为 bê、dê、gê；三是字母 h、j、q、r、x 拼读为 ha、jie、qiu、ar、xi。第三，隔音字母 y 和 w 分别拼读作 ya 和 wa。

《汉语拼音方案》字母表的读音具体见下表：

| 字母 | 拼音 | 字母 | 拼音 | 字母 | 拼音 | 字母 | 拼音 |
|---|---|---|---|---|---|---|---|
| Aa | a | Bb | bê | Cc | cê | Dd | dê |
| Ee | e | Ff | êf | Gg | gê | Hh | ha |
| Ii | i | Jj | jie | Kk | kê | Ll | êl |
| Mm | êm | Nn | nê | Oo | o | Pp | pê |
| Qq | qiu | Rr | ar | Ss | ês | Tt | tê |
| Uu | u | Vv | vê | Ww | wa | Xx | xi |
| Yy | ya | Zz | zê | | | | |

**四、声母和辅音有什么联系和区别？**

声母是汉语音节开头的辅音。普通话有 21 个声母：b、p、m、f、d、t、n、l、z、c、s、zh、ch、sh、r、j、q、x、g、k、h。辅音是发音时气流在口腔或鼻腔中受阻而形成的音。普通话有 22 个辅音：b、p、m、f、d、t、n、l、z、c、s、zh、ch、sh、r、j、q、x、g、k、h、ng。

声母与辅音，既有联系又有区别：

二者的联系为：第一，从普通语音学的角度来看，普通话的 21 个声母全都是辅音。第二，声母和辅音都是发音体、发音方法和共鸣器的形状共同作用的结果。辅音有的发音特点，声母也有。例如：发辅音时气流会在某一发音部位上受阻。发声母时也有这样的特点。描写辅音的方法，同样也适用于描写声母。例如：辅音 b[p]描写为双唇不送气清塞音，声母也可以这样描写。

二者的区别为：第一，划分范畴和适用范围不同。辅音是从普通语音学的角度划分出来的，和元音相对，适合于世界上所有语言的语音分析。声母是从中国传统的音韵学角度划分出来的，和韵母相对，只适用于汉语音节内部结构的分析。第二，辅音不完全等同于声母。声母由辅音充当，但不是所有的辅音都可以做声母。例如：辅音 ng[ŋ]在普通话中就不能做声母，只能做韵母的韵尾。第三，出现的位置不同。声母出现在音节的开头，而辅音除了出现在音节的开头之外，还可以出现在音节的末尾。例如：辅音 n，在"nán"（难）这个音节中，处在音节开头的 n[n]是声母，处在音节末尾的 n[n]是韵母 an 的韵尾。第四，声母和辅音的数量不同。普通话有 21 个声母，22 个辅音。

**五、什么是零声母？零声母的发音有什么特点？**

在汉语普通话中，大多数音节的开头都有辅音，但也有一些音节不是以辅音开头，而是以元音开头的，如 ài（爱）、yī（衣）、wài（外）等。这类音节的声母为"零"，通常我们把这样的声母称为零声母。含有零声母的音节就叫做零声母音节。

零声母音节虽然没有声母，但在实际的发音过程中，开头的第一个元音，通过仔细辨认可以发现往往带有一点轻微的摩擦成分，而这种摩擦成分正是辅音的重要发音特征。元音属于纯音，发音时不会有摩擦成分出现。但是，零声母音节中的这种摩擦成分并没有区别意义的作用。另外，发零声母时出现的摩擦现象是否明显，往往因人而异，有些人可以感觉到，有些人不能感觉到，即使是借助现代化语音设备，语音频谱图的反映也不是太明显。语音学上通常把这种既有元音的特点又有辅音的特点的语音现象称为半元音。例如：零声母音节 yā（压）、wǒ（我）和 yú（鱼）分别读作[jA⁵⁵]、[wo²¹⁴]、[ʯ³⁵]。

**六、如何对声母 n、l 进行辨正？**

n 和 l 是一对发音部位相同的浊辅音，它们的发音较为近似，在语流中很容易混淆。声母 n 和 l 的辨正可以从以下两方面入手：

第一，掌握正确的发音部位和发音方法。发 n 的时候，舌尖抵住上齿龈，软腭下降，打开鼻腔通道，声带颤动，气流从鼻腔通过。例如："恼怒"（nǎonù）、"呢喃"（nínán）。发 l 的时候，舌尖抵住上齿龈，软腭上升，堵塞鼻腔通道，然后声带振动，气流从舌尖两边通过。例如："流露"（liúlù）、"履历"（lǚlì）。

第二，运用多种方法进行训练。一是利用常式和变式进行交叉训练。所谓常式训练，是把相同的音放在一起进行朗读训练。例如："牛奶"（niúnǎi）、"男女"（nánnǚ）、"泥泞"（nínìng）；"理论"（lǐlùn）、"老练"（lǎoliàn）、"联络"（liánluò）。所谓变式训练，是把含有两个音的材料放在一起进行对比训练。例如："旅（lǚ）客—女（nǚ）客"、"脑（nǎo）子—老（lǎo）子"、"浓（nóng）重—隆（lóng）重"。二是通过绕口令等朗读材料来辨析二者的异同。例如："门口有四辆四轮大马车，你爱拉哪两辆来拉哪两辆。"三是利用现代语音设备矫正发音。例如：借助语音分析软件检查自己的音波图和标准发音图的异同、对比 n 和 l 的发音示意图等。四是多听多看，如收听和观看广播和电视中的标准发音、播放普通话朗读音频、观看标准发音视频等。

第三，记住代表字，依据汉字声旁进行类推。例如：声旁是"兰"的字，其声母往往是 l，如"栏、拦、烂"；声旁是"南"的字，其声母往往是 n，如"楠、喃、腩"。

**七、韵母和元音有什么联系和区别？**

韵母是汉语音节中声母、声调以外的部分。普通话共有 39 个韵母，可分为单元音韵母（10 个）、复合元音韵母（13 个）和鼻辅音韵母（16 个）三类。元音是在发音过程中气流通过口腔未受到阻碍而发出的音。普通话共有 10 个元音音位：/a/、/o/、/ɤ/、/e/、/i/、/u/、/y/、/ɚ/、/ɿ/、/ʅ/。

元音与韵母，既有区别又有联系：

二者的联系为：第一，元音构成韵母。一个韵母必须有一个元音或几个元音组成，没有元音的参与就不可能构成韵母。第二，描写元音的方法同样适用于韵母中元音的描写。例如：元音[a]可描写为舌面前、低、圆唇元音，韵母 ai 中的[a]也可以这样描写。

二者的区别为：第一，划分范畴和适用范围不同。元音是从普通语音学角度划分出来的，和辅音相对，适合于世界上所有语言的语音分析。韵母是从中国传统音韵学的角度划分出来的，和声母相对，只适用于汉语音节内部结构分析。第二，发音情况不同。元音的发音主要有三个特点：一是声带振动，气流在发音通道上不受阻碍。二是发音器官的各部位保持均衡紧张的状态。三是呼出的气流比较弱。因此，元音的发音听起来清晰而响亮。韵母的发音则相对要复杂一些。除单元音韵母的发音与元音的发音相同之外，复合元音韵母和鼻辅音韵母中的韵腹听起来最为清晰和响亮，韵头和韵尾的音响效果没有韵腹明显，而且鼻辅音韵母的发音既有元音的特点，也有辅音的特点。第三，韵母主要由元音充当，但不是所有的元音都可以做韵母。例如：元音[œ]就不能充当普通话的韵母。

### 八、怎样用国际音标记录普通话的语音？

国际音标由国际语音学会于 1888 年制定并公布，此后几经修订沿用至今。国际音标以拉丁字母的小写印刷体为基础，并用大写、草体、合体、倒排、变形、增添附加符号等方法加以补充，可以准确地记录各种语言和方言的语音。使用国际音标给语言注音时，通常要加上方括号[ ]，以区别于其他记音符号。

在使用国际音标给汉语普通话注音时，应注意以下几点：

第一，国际音标有严式和宽式之分。严式标音就是出现什么音素就记录什么音素，有什么样的语音伴随现象就记录什么样的语音伴随现象。宽式音标是使用一个符号记录几个没有区别意义的音素，实际上记录的是音位，属于音位标音法。例如：韵母 ai，严式标记为[aɪ]，宽式标记为[ai]；韵母 ao，严式标记为[ɑʊ]，宽式标记为[ɑu]。

第二，注意区分形体相似的音标。有些国际音标的形体十分相似，很容易被误认为是同一个音素。例如：[e]、[E]、[ɛ]、[ə]是四个不同的元音音素。[e]是舌面前半高不圆唇元音，[E]是舌面前中不圆唇元音，[ɛ]是舌面前半低不圆唇元音，[ə]是舌面央中元音；[tʂ]和[tʂʰ]是两个不同的辅音音素，右上角的"h"表示送气，具有区别不同音素的作用。[tʂ]是舌尖后不送气清塞擦音，[tʂʰ]是舌尖后送气清塞擦音。

第三，注意拼音字母和国际音标的区别。国际音标是音素记音法，具有"一个音素一个符号，一个符号一个音素"的特点；而汉语拼音则采用音位记音法，一个符号往往对应多个音素。例如：[a]、[ʌ]、[ɑ]、[ɛ]这四个音素在普通话中可以归并为同一个音位/a/，在实际的标音过程中，要根据音位出现的条件，采用不同的音素符号来进行标记。此外，还要注意区分同一个音素在不同的语言环境中是哪一个音位。例如："歌"（gē）和"真"（zhēn）都使用了拼音字母"e"，但国际音标要标记为[kɤ⁵⁵]和[tʂən⁵⁵]，其中的[ɤ]和[ə]就是两个不同的音素符号。

### 九、如何辨读普通话的前鼻音韵母和后鼻音韵母？

前鼻音韵母是由元音带上舌尖中浊鼻辅音[n]的韵母，普通话有 8 个前鼻音韵母 an、en、ian、in、uan、uen、üan、ün。后鼻音韵母是由元音带上舌根浊鼻音[ŋ]的韵母，普通话有 8 个后鼻音韵母 ang、eng、iang、ing、uang、ueng、ong、iong。普通话的前、后鼻音韵母发音时，位于韵腹的元音要经历一个鼻化阶段，而位于韵尾的辅音[n]和[ŋ]都要经历成阻和持阻阶段，但没有除阻阶段。辨读普通话的前鼻音韵母和后鼻音韵母，可从以下几方面入手：

第一，掌握正确的发音部位和发音方法。an[an]、en[ən]、in[in]、ün[yn]这四个前鼻音韵母，先发元音，接着软腭下降，舌尖抵住上齿龈，发不除阻的[n]。ian[iɛn]、uan[uan]、uen[uən]、üan[yɛn]这四个前鼻音韵母，先从一个元音过渡到另一个元音，接着软腭下降，舌尖抵住上齿龈，发不除阻的[n]。ang[ɑŋ]、eng[ɤŋ]、ing[iŋ]、ong[uŋ]、iong[yŋ]这五个后鼻音韵母，先发元音，接着舌面后部后缩，舌根抵住软腭，发不除阻的[ŋ]。iang[iɑŋ]、uang[uɑŋ]、ueng[uɤŋ]这三个后鼻音韵母，先从一个元音过渡到另一个元音，接着舌面后部后缩，舌根抵住软腭，发不除阻的[ŋ]。

第二，多听多练。一是多听普通话的标准发音，总结前、后鼻音韵母的发音特点，然后模仿标准发音，纠正错误读音。二是多练，找出容易念错的前、后鼻音韵母的字，可以把只有前鼻音韵母的字或只有后鼻音韵母的字放在一起练习,如"黯然"(ànrán)、"愤恨"(fènhèn)、"濒临"(bīnlín)、"均匀"(jūnyún)、"昂扬"(ángyáng)、"更生"(gēngshēng)、"影评"(yǐngpíng)等;也可以把含有前、后鼻音韵母的字放在一起练习,如"安葬"(ānzàng)、"当然"(dāngrán)、"奔腾"(bēnténg)、"成本"(chéngběn)、"金星"(jīnxīng)、"病因"(bìngyīn)、"安闲"(ānxián)、"安详"(ānxiáng)等。另外,还可以运用现代语音分析软件将普通话前、后鼻音韵母的音波图绘制出来,通过对比的方法来纠正自己的发音部位和发音方法。

第三,记住代表字,依据汉字声旁进行类推。例如:声旁是"邦"的字,其韵母往往是 ang,如"帮、梆、绑";声旁是"成"的字,其韵母往往是 eng,如"城、诚、盛"。

### 十、怎样理解调值和调类之间的关系?

调值是某一音节相对音高的具体变化形式,即声调的实际读法。调值有两个特点:一是相对音高的具体变化形式取决于频率的高低;二是构成调值的相对音高在读音上是连续的、渐变的,中间没有任何停顿。调类是把相同调值归并在一起所建立起来的声调的类别。调值与调类不同,但又密切相关,二者之间的关系具体变现为:

第一,调值和调类共同构成了声调。调类是声调的种类,调值是音节高低升降、曲直长短的变化形式。读准一个字的声调,必须同时做到调类准确、调值标准。

第二,调值和调类的确立依据不同。调值主要由相对音高及其变化形式构成,以五度标记法为例,声音高而平且基本没有升降变化的可记为 55,声音从中音升到高音的记为 35,声音从半低音降到低音,再升到高音的记为 214,声音由高降到低的记为 51。调类是根据调值所归纳的类,如把调值 214 归并在一起,可以建立普通话的上声调;把调值 51 归并在一起,可以建立普通话的去声调。

第三,调类由调值决定。在一种语言或方言中,有多少种调值,一般就有多少种调类。例如:普通话有 55、35、214、51 四种调值,可分别归为阴平、阳平、上声、去声四个调类。但由于我国地域广阔、方言众多,现代汉语方言的调值和调类的情况就显得较为复杂。例如:同一个字在不同的方言区,其调值是不一样的,如"明"字在北京话中的调值是 35,而在昆明话中的调值是 31。又如:不同方言的调类,在数量上也是不一样的,如山东的烟台话有三个调类,而广西的玉林话则有十多个调类。但不管怎样,调值的具体情况总是决定着调类的确立。

### 十一、如何辨读普通话的阳平和上声?

普通话阳平的调值是 35,发音时,从中音升到高音,也叫中升调,如"荚"(jiá)、"皮"(pí)、"博"(bó)、"直"(zhí)等。普通话上声的调值是 214,发音时,先由半低音降到低音,再升到半高音,也叫降升调或曲折调,如"骨"(gǔ)、"肯"(kěn)、"小"(xiǎo)、"煮"(zhǔ)等。阳平和上声虽然调型不同,但由于发音时都有一个音高上升的过程,所以容易发生混淆。

辨读普通话的阳平和上声可从以下几方面入手:

第一,掌握正确的发音方法。阳平发音时,起音比阴平稍低,然后升到高,因此声带要从不松不紧开始,逐步绷紧,直到最紧。上声发音时,起音半低,先降后升,因此声带从略微有些紧张开始,立刻松弛下来,稍稍延长,然后迅速绷紧,但没有绷到最紧。

第二，多听多练。一是归纳和总结普通话阳平和上声的发音特点，然后模仿标准发音，纠正错误读音。二是运用各种方法，加强普通话阳平字和上声字的练习。例如：强化单一阳平字或上声字的读音练习，如"人民"（rénmín）、"灵魂"（línghún）、"昂扬"（ángyáng）、"全权"（quánquán）等。又如：把阳平字和上声字放在一起进行交叉练习，如"扯皮"（chěpí）、"胆囊"（dǎnnáng）、"寻找"（xúnzhǎo）、"评选"（píngxuǎn）等。

第三，掌握上声的变调规律。普通话的上声，在语流中由于受到前后音的影响，调值会发生一定的变化，从而形成了[214]、[21]、[35]三个条件变体：

| 调位 | 条件变体 | 出现条件 |
| --- | --- | --- |
| /214/ | 214 | 后面没有别的音节 |
| | 21 | 位于阴平、阳平、去声之前，以及轻声音节之前 |
| | 35 | 位于上声之前，以及轻声音节之前 |

在话语交际中，只有掌握了上声变调的规律，才能正确读出上声字的调值。例如："主宰"（zhǔzǎi）、"敏感"（mǐngǎn）、"苦处"（kǔchu）、"讲解"（jiǎngjiě）等。

**十二、分析普通话的音节结构应该注意哪些问题？**

音节是语流中自然的发音单位和听感单位。音节结构是音节的构成要素及其构成方式。普通话的音节结构，可以从不同的角度进行分析。按照中国传统的声韵调分析法，普通话的音节结构可以分为声母、韵母、声调三个部分。按照语音学的分析法，普通话的音节结构可以分为音素和音高两个部分。分析普通话的音节结构，应该注意以下几个方面的问题：

第一，正确判断声母、韵母和声调。声母是音节开头的辅音，但是辅音不一定只作声母，还可作韵尾，如 n[n] 和 ng[ŋ]。有些音节开头没有辅音，而以元音开头，如 an（安）、er（耳）、yi（衣）、wu（乌）等零声母音节。韵母是音节中声母后面的部分，包括单元音韵母、复合元音韵母和鼻辅音韵母三类。声调是依附于音节上的能够区别意义的相对音高的变化形式，包括阴平、阳平、上声、去声四个调类，调值分别为 55、35、214、51。

第二，把韵母分为韵头、韵腹和韵尾三个部分。普通话的韵母可以没有韵头和韵尾，但必须有韵腹。例如：iao、ua、üe 的韵头分别是 i[i]、u[u]、ü[y]，而 ou、ang 则没有韵头；ei、ao、iang 的韵尾分别是 i[ɪ]、o[ʊ]、ng[ŋ]，而 a、o、e 则没有韵尾。

第三，注意汉语拼音方案的拼写规则。一是以 i[i]、u[u]、ü[y] 开头的零声母音节，由于使用了隔音字母 y、w，因此在分析 yin、wu、yu 等音节时，要将其还原为 in、u、ü，同时注意还原 ü 行韵母中 ü 上的两点。二是 ü 行韵母与 j、q、x 相拼时，ü 上的两点要省略，因此在分析 ju、qu、xu 等音节时，要将其还原为 jü、qü、xü。三是韵母 iou、uei、uen 与辅音声母相拼时，要分别省写为 iu、ui、un，因此在分析 liu、hui、chun 等音节时，要注意还原其韵母的全部构成要素。四是在分析 zi、ci、si、zhi、chi、shi、ri 等音节时，zi、ci、si 后的 i 要写作 -i[ɿ]，zhi、chi、shi、ri 后的 i 写作 -i[ʅ]。

第四，汉语拼音字母和国际音标同时并用。汉语拼音采用国际通用的 26 个拉丁字母作为字母形体，具有标记音位分明、使用字母经济、遵循国际习惯、继承本国传统、体现汉语特点等特点。国际音标遵循的"一个音素一个符号，一个符号一个音素"的记音原则。因此，一个汉语拼音字母往往对应的是若干个国际音标。例如：韵母 en、eng、ie、ei 中都一个字母 e，但实际上却是不同的元音音素[ə]、[ɤ]、[ɛ]、[e]。因此，为了避免混淆不同的音素，分析普通话音节结构时，要注意汉语拼音字母和国际音标同时并用。

**十三、什么是轻声？轻声与轻音是一回事吗？**

在普通话中，每一个音节都有一个固定的声调，但在话语交际中，有的音节由于受到前后音节的影响而失去了原有的声调，变成一个又轻又短的调子，这就是轻声。轻声属于现代汉语的一种音变现象，主要表现为音长变短，音强变弱，调值明显改变。轻音是指语流中那些发音变得较快、较轻、也较为模糊的音节，主要取决于人类发音器官的生理需要。轻声与轻音都属于语音的弱化现象，在声学表现上有相似之处，但二者并不是一回事。

第一，本质不同。轻声除了取决于音强和音长外，还同词汇、语法、语义等密切相关。因为轻声可以区别词义和词性。例如："人家"这个词，读"rénjia"是代词，意思是"自己或某人以外的人；某个人或某些人；我"；读"rénjiā"是名词，意思是"住户；家庭；女子未来的丈夫家"。轻音与重音相对，是一种单纯的音变现象，是否轻读轻声音节，并不会影响到原有的意义。

第二，表现形式不同。一是产生时间长短不同。轻音只出现在现实生活中，属于人类发音器官的一种生理需要，只要人们开口说话，就会产生轻音。轻声是在语言日益丰富发展之后才产生的一种语音现象，是在语言发展过程中由于语音、词汇、语法等原因而固定下来的，属于轻音的一种固定化形式。换言之，轻声源于轻音，轻声属于轻音的范畴。二是出现频率不同。轻音出现的频率比较高，并且具有较强的随意性，往往随着语境的变化而变化。轻声则不同，有些轻声同词汇、语法、语义等关系密切，具有较强的规律性，称为固定轻声，如"吗"、"啊"、"的"、"呢"等；还有一些轻声属于日常口语中所惯用的，如"丈夫"、"先生"、"朋友"、"钥匙"等。

第三，调值不同。轻声由于音长很短，必然会失去原有的调值，形成自己特有的调值，具体规律如下：

| 组合类型 | 轻声调值 |
| --- | --- |
| 阴平字 + 轻声字 | 2 |
| 阳平字 + 轻声字 | 3 |
| 上声字 + 轻声字 | 4 |
| 去声字 + 轻声字 | 1 |

而轻音一般是稍轻、稍短，可分为节奏轻音、语法轻音、逻辑轻音等，即使强调时也不会失去原有的调值，保持着原来的调型。

**十四、为什么说轻声不是一个独立的调类？**

在普通话中，有一些音节由于受到前后音节的影响而失去了原有的声调，变为一个又轻又短的调子，这就是轻声。调类是把相同的调值归并在一起建立起来的声调的类别。轻声之所以不是一个独立的调类，原因如下：

第一，阴平、阳平、上声、去声四个调类都有固定的调值，分别为55、35、214、51，但在具体的语流环境中，也会受到前后音节的相互影响而产生各种条件变体。而轻声音节的音高并不是固定的，不管原字调值如何，轻声音节都会随着前字调调值的不同而有规律地变化。例如：在阴平字之后，调值为2；在阳平字之后，调值为3；在上声字之后，调值为4；在去声字之后，调值为1。

第二，阴平、阳平、上声、去声这四个调类可以存在于单字调中，如zhī、zhí、zhǐ、zhì等。但轻声并不是独立存在的，它只能存在于多音节的词语或句子中，并总是依附于阴平、阳平、上声、去声四个调类，属于一种音变现象。例如：shēng（生）和xuésheng（学生）、bái（白）和míngbai（明白）、mén（们）和zánmen（咱们）等。轻声只是一个弱读音节，是阴平、阳平、上声、去声四声以外的一种特殊腔调。它主要是因为音长变短、音强变弱而失去了本字调，所以不应该归入调位系统并构成一个独立的调类。

第三，轻声的性质主要是音长变短，音强变弱，调值明显改变。它主要取决于音强和音长，发音时呼出的气流弱、时间短，音强就弱、音长就短。这说明，轻声跟相对音高及其变化形式关系不大，不是一个独立的调类，而是汉语声调中的一种特殊音变现象。

第四，轻声虽然具有区别词义和词性的作用，但这种功能是词语中的轻声变调所起的作用，并非单字调所具有的辨义作用。例如：单独的一个"西"（xī）字，意义十分明确："①四个主要方向之一，太阳落下去的一边；②西洋，内容或形式属于西洋的；③姓"；只有在"dōngxī"和"dōngxi"里，"西"才具有辨义的作用。

**十五、如何看待现代汉语中字母词的读音问题？**

字母词是指汉语中带有字母（主要是拉丁字母）或完全用字母表达的词。通常，字母词可以分为三类：一是单字母的字母词。这类字母词一般都跟汉字连用，如"G大调"、"T恤"、"维生素C"、"三K党"等；也有一部分带数字的，如"3G"、"16G"、"4S"等；还有一些是由希腊字母构成，如"β射线"、"γ刀"、"φ系数"等。二是双字母的字母词。在这类字母词中，有纯字母的，如"WC"、"OA"、"AM"等；有与汉字连用的，如"AA制"、"AB型"、"EB病毒"、"卡拉OK"等。三是多字母的字母词。这类字母词大多单用，有时也加汉字说明语或与汉字共同组成复合术语，如"DNA（脱氧核糖核酸）"、"UFO（不明飞行物）"、"MTV（音乐电视）"、"激光感生CVD"、"MOS工艺"、"MOS存储器"等。

目前，关于字母词读音的问题，主要是围绕着按照什么读音来读、是否需要区分重读、是否要有声调、字母是分读还是按音节拼读、带元音的字母词是否连读等方面展开。有的人认为，字母词应该按照汉字的读音或汉语拼音字母的读音来读，如"GB"读作guóbiāo，"HSK"读作hɑ-ês-kê；有的人认为，既然字母词用的是外文字母，就应该采用外文字母的读音来读；有的人认为，由汉语和外文字母或数字等构成的字母词，外文字母读本音，汉语用汉语拼音读，如"3G时代"读作sān-[dʒiː]-shídài，"维生素C"读作wéishēngsù-[siː]等。

综合各种观点，并基于语言使用的事实，关于字母词的读音问题，建议如下：

第一，纯外文字母词和纯汉语拼音字母词可采用外文字母的读音分读。因为字母词大多为英语外来词，除个别希腊字母外，很多都是人们所熟知的英语缩略语，如"CD"可读作[siː][diː]、"ATM"可读作[ei][tiː][em]等。汉语拼音字母词由于在形式上很难与外文字母区分，所以也不妨按外文字母的读音分读，如HSK读作[eitʃ][es][kei]等。

第二，由三个或三个以上的辅音和元音字母构成的字母词，可以按照音节拼读。例如："POS"可拼读为[pɔs]或[pəus]，"SIM"拼读为[sim]，"TOEFL"拼读为[toufu]等。

第三，外文字母加汉字或数字的字母词可按顺序分读。一是外文字母加汉字的字母词按照字母分读加上汉字音节的模式来读，如"ATM机"读作[ei][tiː][em]-jī，"E时代"读作[iː]-shídài，"A股"读作[ei]-gǔ等。二是外文字母加数字的字母词按照字母分读加上数字的汉语读音来读，如"3G"读作sān-[dʒiː]，"MP3"读作[em][pi]-sān等。

第四，字母词的特殊读法。一是有的字母词属于全国行业标准读法，如铁路系统中的"T"、"L"、"G"、"K"为汉语拼音字母的大写形式，应分别读作tè（特）、lín（临）、gāo（高）、kuài（快）。二是网络上的一些约定俗成的读法，如"B2B"读作[bi][tuː][bi]。

第五，由两个或两个以上的字母组成的字母词要区分重读和非重读。一是由两个字母组成的字母词重读第二个字母，如"CD"读作[siː][ˈdiː]。二是由三个字母组成的字母词重读第一个字母，如"ATM"读作[ˈei][tiː][em]。三是由三个或三个以上的字母组成的、按音节拼读的字母词重读第一个音节，如"TOEFL"读作[ˈtoufu]。

关于字母词的读音，尚有较多争议，但只要遵循语言的发展规律，在充分调查研究的基础上，是可以确定字母词的读音问题的。

# 【思考与练习参考答案】

## 思考与练习一

**四、结合实际，谈谈怎样理解语音的心理性质。**

语音是人的发音器官发出的具有一定意义的声音。语音的心理性质主要表现为：

第一，人的发音器官发出的声音，通过空气中的音波传递，必须能够被受话人的听觉器官和大脑所感知。通常，人耳接收到声波传来的信息后，便通过外耳的定向加工和放大处理，将其转化为鼓膜的机械运动，并传至中耳。经过中耳对语音信息的选择性整合后，语音信息就进入了内耳。内耳又通过相应的听觉神经，将语音信息传递送至大脑。最后，大脑才根据受到的语音信息进行分析和理解，并做出相应的回应。可以说，语言交际中的语音信息都经历了一个从生理现象向心理现象转换的过程。

第二，作为心理现象的主观听觉和语音的客观声学效果之间并不总是一一对应的。人的听觉区域，通常在20 Hz～20 000 Hz之间，但人们往往对3 000 Hz左右的频率最为敏感，大多数人一般都能够对该频率的语音现象做出积极的回应。然而，并非所有的语音信息都能对受话人产生作用。同样的语音变化，有时能被受话人感知，有时却不能被受话人所感知。

　　第三，人对语音的感知和提取具有选择性和过滤性。一般说来，人的大脑在识别和理解语音信息时，主要关注的是对语义表达有帮助的部分，其他冗余的语音信息常常会被人们所忽略。此外，在不同的语言环境中，人们对语音的识别和辨认也是不一样的。相同的语音现象，有的人能够识别，有的人不能识别。即使是同一个人，在不同的语言环境中接受相同的语音信息时，也会产生一定的主观性和选择性。因此，人们在话语交际中所拥有的语音信息并不是均衡、对等的。

　　**五、什么是音素？音素与音位、音节有什么关系？**

　　音素是从音质的角度划分出来的最小的语音单位。

　　音素与音位都是最小的语音单位，二者之间的区别为：第一，划分的角度不同。音素是从音质的角度划分出来的语音单位，体现的是语音的物理性质和生理性质。音位是从语音的社会性质划分出来的语音单位，反映的是语音的社会性质。例如：普通话的元音音位/e/有两个条件变体[e]、[ɛ]，这两个变体就是由具体的元音音素构成的，它们代表了能够区别意义的音位/e/在不同语言环境中的具体发音情况。第二，构成要素不同。音素根据不同的发音特点，可分为元音和辅音两大类，它们是由发音体、发音方法和共鸣器形状的不同所造成的。音位可以分为音质音位和非音质音位两大类，由音素构成的是音质音位，由音高、音强和音长构成的是非音质音位。一个音质音位可能包含一个音素，也可能包含多个音素。例如：音位/t/由一个音素[t]构成，音位/a/则由四个音素[a]、[ᴀ]、[ɑ]、[ɛ]共同构成。第三，功能作用不同。音素不一定能够区别意义，但音位能够区别意义。例如：辅音[n]和[l]，在云南、四川等部分地区的汉语方言中并没有区别意义的作用，属于一个音位，但在北京等地的汉语方言中却具有区别意义的作用，属于不同的音位。第四，标记方式不同。音素的标记方式为"[ ]"，音位的标记方式为"/ /"，如辅音音素[n]和辅音音位/n/。

　　音素与音节的关系主要表现为：音素是音节的构成单位。音节是语流中自然感知的发音单位和听感单位。人们在发音时自然发出的、听觉上自然感知到的一个语音片段，就是一个音节。在普通话中，一个音节通常由1~4个音素构成。其中，元音音素占优势，有复元音现象。例如：a（啊）、hu（呼）、jun（军）、chuang（创）这四个音节，就分别由1个、2个、3个、4个音素构成。由元音（用"V"表示）和辅音（用"C"表示）构成的普通话音节主要有V、VV、VVV、CV、CVV、CVVV、VC、VVC、CVC、CVVC等类型。

　　**九、与英语进行比较，举例说明现代汉语语音的特点。**

　　第一，现代汉语属于声调语言，不同的声调表示不同的意义。例如：guo 这个音节，如果没有声调，就无法准确判断其所代表的意义。如果配上不同的声调，就会形成不同的意义，如 guō（郭）—guó（国）—guǒ（果）—guò（过）。又如：jihui 和 jianmian 这两组音节组合形式，如果标上不同的声调，其意义也就各不相同了，如 jīhuī（机徽）—jìhuì（忌讳）、jiǎnmiǎn（减免）—jiànmiàn（见面）。英语不属于声调语言，音高在英语中不具有区别意义的作用。具备区别意义作用的反而是音长、音强等。例如：desert 做名词的时候，读作['dezət]，做动词的时候，读作[di'zə:t]。

第二，现代汉语元音占优势。普通话的音节可以没有辅音（只有少数音节例外），但是一定要有元音，而且有复元音现象。有时，一个元音也可以构成一个音节，如ê（欸）、ó（哦）等。然而，在英语中，一般都是元音和辅音混合在一起构成音节，辅音的数量有时还比较多。例如：intelligible 这个单词，辅音的数量就比元音多。

第三，现代汉语没有复辅音现象。在现代汉语中，辅音大多出现在音节的开头或结尾，没有两个或两个以上的辅音连续出现的情况。普通话的 zh、ch、sh 是用两个字母表示一个辅音音素，并不属于复辅音现象。但在英语中，复辅音现象则比较明显，而且复辅音出现的位置不固定。例如：spring、yardstick、waltz 这三个英语单词，复辅音出现的位置就各不相同。

## 思考与练习二

**七、有人说：零声母也是普通话的一个声母。你同意这种看法吗？为什么？**

同意。原因如下：

中国传统的音韵学把音节分为声母、韵母和声调。声母是音节开头的部分，一般由辅音充当。但是，在普通话中，也有一些音节不以辅音开头，而是以元音开头，如 u、ao、iou、uen 等。这类音节的声母为"零"，通常把这样的声母称为零声母。

零声母虽然是一个虚位声母，但含有零声母的音节在实际发音时，开头的第一个元音往往带有一点轻微的摩擦成分，而这种摩擦成分正是辅音的重要发音特征。因为元音属于纯音，发音时不会出现摩擦成分。但是，零声母音节开头前的这种摩擦成分并没有区别意义的作用，而且这种摩擦现象是否明显往往因人而异，即使是借助现代化的语音设备，在语音频谱图上也体现得不是十分明显。语音学通常把这种既有元音的特点又有辅音的特点的语音现象称为半元音。例如：普通话中的"压"、"我"和"鱼"就分别读作 $[jA^{55}]$、$[wo^{214}]$、$[ɥ^{35}]$。从这个意义上说，零声母也是普通话的一个声母。

汉语中的零声母出现于汉魏六朝，经中古时期缓慢发展，到近古元明以后才逐渐形成。经研究者考证，零声母主要源于"三十六母"中的影母、疑母、微母、喻母三等和喻母四等。普通话零声母所具有的语音特征主要是汉语语音发展演变的结果。

## 思考与练习三

**七、有人说：ong 属于开口呼韵母，iong 属于齐齿呼韵母。你同意这种观点吗？为什么？**

不同意。原因如下：

普通话的韵母，可以按不同的标准进行分类。根据开头元音发音的口型，可以分为开口呼、齐齿呼、合口呼和撮口呼四类。开口呼指韵母不是 i、u、ü 以及不以 i、u、ü 开头的韵母，如-i（前）、-i（后）、a、o、e、ê、er、ai、ei、ao、ou、an、en、ang、eng。齐齿呼指韵母是 i 以及以 i 开头的韵母，如 i、ia、ie、iao、iou、ian、in、iang、ing。合口呼指韵母是 u 以及以 u 开头的韵母，如 u、ua、uo、uai、uei、uan、uen、uang、ueng、ong。撮口呼指韵母是 ü 以及以 ü 开头的韵母，如 ü、üe、üan、ün、iong。

把 ong 归入开口呼韵母，iong 归入齐齿呼韵母，主要是依据 ong、iong 开头的拼音字母来归类的。但是，从韵母 ong、iong 的实际发音过程来看，韵母 ong[uŋ]的发音是从元音[u]逐步过渡到辅音[ŋ]上的，其开头元音[u]的发音口形为合口呼，韵母 iong[yŋ]的发音是从元音[y]逐步过渡到辅音[ŋ]上的，其开头元音[y]的发音口形为撮口呼。因此，韵母 ong[uŋ]应该归入合口呼，韵母 iong[yŋ]应该归入合口呼。

总之，普通话韵母的分类应该从语音的实际情况出发，充分考虑到分类的科学性和系统性，以便有助于普通话语音的深入描写和分析。

## 思考与练习四

**二、怎样理解"绝对音高在语音学上并没有区别意义的作用"这句话？**

绝对音高是通过相关仪器测量出来的发音体实际振动的频率。不同的人，由于发音器官、发音体和共鸣器形状等方面的差异，所以绝对音高是各不相同的。例如：在相同的语言环境中，男生和女生分别发 yúnnán（云南）这个声音，相关仪器测量数据会显示出两人的绝对音高不同，女生的绝对音高要比男生的高一些。即使是同一个人在不同的语言环境中发同一个音，其绝对音高也是有差异的。然而，绝对音高所形成的这种差异在语音学上并没有区别意义的作用。在语音学上，具有区别意义作用的是相对音高。

相对音高是通过比较的方法确定下来的同一基调的音高变化形式。在辨析语音的高低时，声音的高低是否具有区别意义的作用，关键是看相对音高及其变化形式是否相同。例如：男生发的 yúnnán（云南）和女生发的 yúnnán（云南），虽然绝对音高不同，但都是从中音逐渐滑动到高音，其变化形式是一样的，因而相对音高就是相同的。受话人凭借这种这种相同的相对音高，便可识别出男生和女生所发出的 yúnnán 这个声音，指的都是"云南"的意思。因此，在语音学上，绝对音高不具有区别意义的作用，相对音高具有区别意义的作用。对于普通话而言，通过相对音高，便可以确定调值，音节的调值不同，其意义也就各不相同。例如：guǎnlǐ（管理）和 guànlì（惯例）这两组音节组合形式，前者表示"负责某项工作使顺利进行"等意义，后者表示"一贯的做法，常规"等意义。

## 思考与练习六

**一、什么是音位？怎样区分音位和音素？**

音位是在一定的语言或方言中能够区别意义的最小的语音单位。这个定义包含了三层意思：一是音位的归纳只能在一定的语言或方言中进行，离开了特定的语言或方言，就无法讨论音位的归纳。二是音位是能够区别意义的语音单位，这是音位和其他语音单位的根本区别。三是音位是最小的语音单位，即分析有意义的语音现象时不能继续切分下去的语音单位。

区分音位和音素可以从以下几方面进行：

第一，从划分角度看，音位是从语音的社会性质，即能否区别意义的角度划分出来的最小的语音单位，用"/ /"表示。音素是从语音的物理性质，即音质角度划分出来的最小的语音单位，用"[ ]"表示。相同的音素在不同民族或不同地区的语言或方言中，可能能够区别意义，也可能不区别意义。例如：北京人在发出和听到 zh[tʂ]和 z[ts]这两个辅音音素时，能够明显地感觉到二者之间的差别，它们在北京话中也能够区别不同的意义，因此属于两个不同的音位。但在云南的很多地区，人们在发音和听音时很难清晰地辨别出 zh[tʂ]和 z[ts]，而且在云南大部分的汉语方言中，zh[tʂ]和 z[ts]也不能区别意义，因此属于同一个音位。

第二，从构成要素看，音位可以分为音质音位和非音质音位。由音素构成的音位是音质音位，可分为辅音音位和元音音位：从辅音音素中归纳出来的音位叫辅音音位，如/p/、/pʰ/、/m/等；从元音音素中归纳出来的音位叫元音音位，如/e/、/i/、/y/等。由音高、音强和音长构成的音位是非音质音位：由音高构成的音位叫调位，如普通话有四个调位/55/、/35/、/214/、/51/；由音强构成的音位叫重位，如英语的 concert[ˈkɔnsət]（音乐会）和 concert[kənˈsəːt]（协商）；由音长构成的音位叫时位，如德语 kam[kaːm]（来了）和 Kamm[kam]（梳子）。音素则不同，它是在分析语音现象时，把语音的社会因素剥离出去且不考虑音高、音强和音长的区别所得到的结果。只要发音体、发音方法和共鸣腔的形状不同，就会产生不同的音素。例如：huà（话）这个音节，撇开它的声调，从音质的角度可以切分出[x]、[u]、[A]这三个音素。

第三，从对应关系看，音位和音素并非一一对应的关系。音素是从具体的发音部位和发音方法的角度来确定，具有不同发音部位和发音方法的音就属于不同的音素。音位除了要考虑发音特点之外，还要考虑是否具有区别意义的作用。因此，仅就音质音位而言，音位可能表现为一个具体的音素，如普通话的辅音音位/tɕ/只包含一个音素[tɕ]，也可能表现为几个发音特点相近的音素所构成的集合，如普通话的元音音位/u/就包含了[u]、[ʊ]、[w]三个音素。

第四，从适用范围看，研究音素可以超出具体的语言或方言，着重从语音的物理性质和生理性质方面进行研究。研究音位必须在一定的语言或方言中，需要综合考虑音高、音长、音强、音色等要素才能进行音位的归纳。

**二、什么是音位变体？音位变体和音位有什么关系？**

音位变体是音位的具体发音形式，可分为自由变体和条件变体两类。在某一语言或方言中，如果一组音素能够出现在相同的语音环境中，但不具有辨义功能，则属于同一个音位的自由变体。例如：在某些地区的汉语方言中，[n]和[ŋ]能够出现在相同的语音环境中，且彼此之间相互进行替换后不会引起意义的变化，这说明[n]和[ŋ]属于同一音位的自由变体。在某一语言或方言中，如果一组音素不能出现在相同的语音环境中，不具有辨义功能，且语音相似，那么它们属于同一音位的条件变体。例如：普通话的元音音素[ɤ]、[ə]不能出现在相同的语音环境中，且发音相似，就属于音位/ɤ/的两个条件变体。不管是音质音位还是非音质音位，都有自己的音位变体。

音位和音位变体之间的关系具体表现为：

第一，音位和音位变体是类别和成员、上位和下位的关系。首先，音位是类别，音位变体是成员。类别由成员组成，成员的数目可以不相等，如元音音位/e/有两个音位变体[e]、[ɛ]，而辅音音位/k/就只有一个变体[k]。其次，音位是音位变体的上位概念，音位变体是音位的下位概念。语音学通常把音位变体中最有影响、能力最强的那个音作为这个音位的代表，如元音音位/a/。

第二，音位和音位变体属于抽象和具体的关系。音位是从各种语音现象中抽象出来的最小的能够区别意义的语音单位，它在具体的音节形式中总是表现为一个个具体的音位变体。音位变体是音位的具体发音形式，离开了音位变体，音位也就不复存在了。例如：元音音位/i/是从音位变体[i]、[ɪ]、[j]中抽象出来的，在"辅音声母_"这个语音环境中表现为[i]这个变体，在"_#"这个语音环境中表现为[ɪ]这个变体，在"#_"这个语音环境中则表现为[j]这个变体。

**三、举例说明普通话音位系统及其特点。**

音位系统是将某一语言或方言的各种音素归并为不同的音位后所显示出的整齐而严谨的系统，是某一语言或方言的全部音位及其结构规则的总和。普通话音位系统由元音音位系统、辅音音位系统和声调音位系统组成。

普通话的元音音位系统，由/a/、/o/、/ɤ/、/e/、/i/、/u/、/y/、/ɚ/、/ɿ/、/ʅ/等10个元音音位构成。每一个元音音位均有各自的音位变体。普通话元音音位系统的特点是：第一，音位数量适中，没有元音的长和短、松和紧、口音和鼻化音等的对立。第二，各元音音位发音清晰、排列整齐，以"前：后"、"圆唇：不圆唇"、"＋高：－高"、"卷舌：不卷舌"为主要的区别特征。例如：/y/和/u/、/e/和/ɤ/具有"前：后"的区别特征；/y/和/i/、/o/和/ɤ/具有"圆唇：不圆唇"的区别特征；/i/和/a/、/u/和/ɑ/具有"＋高：－高"的区别特征；/ɚ/和/ɤ/具有"卷舌：不卷舌"的区别特征。

普通话的辅音音位系统，由/p/、/pʰ/、/m/、/f/、/ts/、/tsʰ/、/s/、/t/、/tʰ/、/n/、/l/、/tʂ/、/tʂʰ/、/ʂ/、/ʐ/、/tɕ/、/tɕʰ/、/ɕ/、/k/、/kʰ/、/x/、/ŋ/等22个辅音音位构成。普通话辅音音位，除了受前后元音的影响，有时清音会变为浊音，有的辅音稍有唇化、腭化外，一般没有明显的条件变体。普通话辅音音位系统的特点是：第一，音位总的数量较少，清音音位占绝大多数，没有浊塞音和舌叶音。第二，各辅音音位以"送气：不送气"、"舌尖前音：舌尖后音"、"舌尖浊鼻音：舌尖浊边音"等的对立为主要的区别特征，其中以"送气：不送气"的对立最为显著，如/p：/pʰ/、/ts：/tsʰ/、/t：/tʰ/、/tʂ：/tʂʰ/、/tɕ：/tɕʰ/、/k：/kʰ/。第三，从发音方法上看，塞音音位有相对应的鼻音音位，如/p/、/pʰ/对/m/，/t/、/tʰ/对/n/，/k/、/kʰ/对/ŋ/；清塞擦音音位有相对的清擦音音位，如/ts/、/tsʰ/对/s/，/tʂ/、/tʂʰ/对/ʂ/，/tɕ/、/tɕʰ/对/ɕ/。第四，从发音部位上看，以"双唇：舌尖：舌根"平行对立的辅音音位有/p：/t/：/k/，/pʰ：/tʰ：/kʰ/，/m/：/n/：/ŋ/；以"舌尖前：舌尖后"对立的辅音音位有/ts/：/tʂ/，/tsʰ/：/tʂʰ/，/s/：/ʂ/。

普通话的元音音位系统、辅音音位系统共同组成了普通话的音质音位系统。普通话的非音质音位主要表现为声调音位，简称声调或调位。普通话的声调音位主要由/55/、/35/、/214/、/51/四个调位构成，每个调位根据语音环境的不同又有其各自的条件变体。普通话声调音位系统的特点是：声调数量适中；声调音位高低升降区分明显，起伏较大；声音高扬转降，具有很强的音乐感。

**九、[i]、[ɿ]、[ʅ]这三个音素，有人归纳为一个音位/i/，有人归纳为三个音位/i/、/ɿ/、/ʅ/。请谈谈你的看法。**

音位是在一定的语言或方言中能区别意义的最小的语音单位，是语音的社会性质的反映和表现。归纳音位的目的，是把一定的语言或方言里数目繁多的音素归并为一套数目有限、完整严谨的音位系统。通常，音位的归纳主要采用辨义功能、互补分布和音感差异这三个标准，其中辨义功能是最重要的标准。在某种语言或方言中，如果一组音素在相同的语音环境中可以表示不同的意义，这组音素就形成了音位的对立，属于不同的音位，这就是归纳音位的辨义功能。在某种语言或方言中，如果一组音素不能出现在相同的语音环境中，且不具有辨义功能，这组音素就满足互补分布条件，属于相同的音位，这就是互补分布标准。在某一语言或方言中，如果一组音素处于互补分布中，但使用该语言的人听起来语音差异较大，这组音素就属于不同的音位，这就是音感差异标准。

把[i]、[ɿ]、[ʅ]这三个音素归纳为一个音位/i/，其理由是：第一，[i]、[ɿ]、[ʅ]不出现在相同的语音环境中，满足互补分布的条件——[i]出现的语音环境为"辅音声母_，#_，_#"，[ɿ]出现的语音环境为"ts_，tsʰ_，s_"，[ʅ]出现的语音环境为"tʂ_，tʂʰ_，ʂ_"。第二，[i]、[ɿ]、[ʅ]同出一源，主要来源于中古汉语止、蟹两摄的开口三等韵，直到很晚的时候才具体分化出来。第三，[i]、[ɿ]、[ʅ]的音感差异不是很明显，听感十分相似。

把[i]、[ɿ]、[ʅ]这三个音素归纳为三个音位/i/、/ɿ/、/ʅ/，其理由是：第一，互补分布只是归纳音位的必要条件，而不是充分条件，不能因为某些音是互补分布，就把它们归为同一音位。例如：/m/只出现在音节的开头，/ŋ/只出现在音节的末尾，但没有人把它们归为同一个音位。第二，语言是发展变化的，虽然[i]、[ɿ]、[ʅ]同出一源，但毕竟现在已经分化，音位归纳更应该关注共时的语音现象，而不是历时的语音现象。第三，从音感上看，[i]是前高不圆唇舌面元音，[ɿ]是舌尖前元音，[ʅ]是舌尖后元音，它们具有明显的音感差异。

比较上述两种观点及其理由，把[i]、[ɿ]、[ʅ]归纳为三个音位/i/、/ɿ/、/ʅ/更为科学和合理。原因如下：第一，随着普通话的推广，人们的音感越来越细腻，很容易识别出[i]、[ɿ]、[ʅ]这三个音素的音感差异。第二，[i]、[ɿ]、[ʅ]不出现在相同的语音环境中，且具备辨义的功能，如果把它们归纳为同一个音位，不但违背了音位归纳的重要标准，而且也不符合普通话声韵配合规律——/ɿ/、/ʅ/与开口呼相配合，而/i/与齐齿呼相配合。第三，现代汉语的很多方言中存在着/ɿ/、/ʅ/不分或有/ɿ/而没有/ʅ/等现象，如果把[i]、[ɿ]、[ʅ]归纳为同一个音位，就会淡化这三个音素之间的区别，不利于普通话正音标准的推广。

## 思考与练习七

**十一、有人说：轻声属于一种变调现象。你同意这个观点吗？为什么？**

普通话的每个音节都有一个固定的声调。但在话语交际中，有的音节由于受到前后音节的影响而失去了原有的声调，变为一个又轻又短的调子，这就是轻声。轻声是普通话声调中的一种特殊音变现象，主要表现为是音长变短，音强变弱，调值明显改变。

轻声是多种因素综合作用的结果：第一，汉语语音系统的简化、双音节词的大量增加，为轻声的产生奠定了基础。第二，轻声是由于意义的虚化而形成的，具有区别词义和词类的作用，可以避免话语交际中因同音现象而引起的歧义和误解。例如：非轻声词"自然"（zìrán）兼属名词、形容词、副词、连词，分别表示不同的语义——做名词时，意为"自然界"；做形容词时，意为"自由发展"；做副词时，意为"理所当然"；做连词时，用于连接分句或句子，表示语义转折或追加说明。但轻声词"自然"（zìran）则为形容词，意思是"不勉强，不局促，不呆板"。第三，不同民族语言直接的相互接触和影响也是轻声产生的原因之一。例如：从满语里借来的"格格"一词，由于受到满语轻重音格式的影响，在普通话里也就成了轻声词。第四，轻声具有平衡语音轻重格律的语用功能，能够使语音显得抑扬顿挫、和谐悦耳，从而被人们广泛使用。第五，类推作用的影响也是产生轻声的一个因素。例如：以"子"为词缀，即可类推出一系列的轻声词"桌子"、"椅子"、"凳子"等。

在语流中，一些音节的声调与原调值相比有了明显的变化，这就叫变调。普通话的变调主要有上声变调、"一"和"不"的变调、去声变调、重叠式形容词变调等等。究其实质，变调主要是由于音高的高低升降变化所产生的。音高是变调产生的决定因素。

综上所述，轻声的性质以及产生的原因跟变调完全不同，导致轻声和变调产生的因素完全不同，所以轻声并不是一种变调现象。

## 思考与练习八

**四、查阅相关资料，对比 1963 年公布的《普通话异读词三次审音总表初稿》和 1985 年公布的《普通话异读词审音表》的异同，并思考制定《普通话异读词审音表》的重要性。**

1963 年公布的《普通话异读词三次审音总表初稿》（简称《初稿》）的主要特点是：第一，不受旧读、破读的拘束，大胆采用广用读法和一般读法。第二，意义相同的字、词或语素，尽可能地统一读音。例如："供销"和"提供"，原审为 gòngxiāo 和 tígòng，改审为 gōngxiāo 和 tígōng，把属于"供给"意义一类的"供"一律统读为 gōng，既合理，又简便。第三，尽量减少一字异读的现象，原来属于一字异读的某些词，尽可能采用不同的汉字写法来分化。第四，非常通行而又不符合语音发展规律的读音，仍然采用，不受旧读的约束。例如："嫩"原审为 nùn，改审为 nèn。第五，旧入声字凡是有异读的，尽可能归并为一种读法。例如："甲鱼"，原审为 jiàyú，改审为 jiǎyú，因为"甲"念去声只限于"甲鱼"，没有必要为了一个词而让"甲"字变为多音字。第六，慎重处理轻声，除固定的轻声字外，不宜多标。例如：原审标轻声的词"生疏"、"容易"、"疏忽"等，改审都不取轻声。当然，《初稿》也有不足之处。例如：有些字的读音跟它的意义不符合；有些旧入声字，在不同的词里读作不同的声调，而意义上并没有差别；有些词的读音不怎么通行，或不如另一种读法更容易让人接受。

1985 年公布的《普通话异读词审音表》（简称《审音表》）在《初稿》的基础上有所发展和变化。第一，该表所审的主要是普通话有异读的词和有异读的作为"语素"的字，不列出多音多义字的全部读音和全部义项。例如："和"字有多种义项和读音，而该表只列出原有异读的八条词语,分别列于 hè 和 huo 这两种读音之下,其余无异读的音、义都不涉及。第二,在字后注明"统读"的,表示这个字不论用于任何词语只读一个音(轻声变读不受此限),该表不再举出词例。第三,在字后不注"统读"的,表示此字有几种读音,本表只审订其中有异读的词语的读音。第四,有些字有文白两种读法,该表以"文"和"语"作注,这种情况在必要时各举词语为例。第五,有些字除了附举词例以外,稍加简单说明,以便读者分辨。说明或者按具体字义,或者按"动作义"、"名物义"等区分。第六,有些字的几种读音中,某个音所用范围较窄,另外的音所用范围较宽,就注明"除××(较少的词)念乙音外,其他都念甲音",以避免列举词条繁而未尽、挂一漏万的缺点。第七,除《初稿》涉及的部分轻声词之外,该表不予审订,并删去部分原审的轻声词,如"容易(yi)"等。第八,删掉了部分的词条。《审音表》使用至今,也存在着一些问题,有待修订和完善。

《审音表》与《初稿》相比,有了一些新的变化。第一,原多音多义字现统读为单音字,这类字共计 18 个。例如:把表示"朝、向"意义的"往"(wàng)统读为 wǎng;把表示"期年"意义的"期"(jī)统读为 qī。第二,原单音字分化为多音字,如"颈"(jǐng, gěng)、"辑"(jí, qī)等。第三,把原单音字改为另一读音,如"拎"、"琶"、"杷"等。第四,原多音多义字音义分布的变化,如"骨"、"秘"、"擂"等。第五,《审音表》对《初稿》纳入审理的土语词,采取了三种处理方式:一是定为"统读",否定土语词读音;二是作肯定处理;三是不予审理。

制定《普通话异读词审音表》是普通话语音规范工作的一件大事。大众传媒的传播、字典辞书的编纂、普通话语音的教学等,都要以此为标准进行正音。制定《普通话异读词审音表》的重要性主要表现为:第一,可以规范普通话的语音,促进普通话的普及和推广。第二,可以提高计算机语言文字信息处理的效能。目前,我国语言文字规范化的水平距离计算机语言文字信息处理的要求还有相当大的距离。第三,规范普通话异读词的读音,避免话语交际的障碍。例如:把"说服"(shuōfú)念作 shuìfú,就有可能使受话人产生误解。

# 【自测题及参考答案】

一、单项选择题(在每小题的四个备选答案中,选出一个正确答案,并将其字母写在题干后的括号内。本大题共 40 小题)

1. 语言的物质外壳是 ( )
   A. 语法　　　B. 语音　　　C. 语用　　　D. 词汇

2. 决定普通话声调的物理要素是 ( )
   A. 音强　　　B. 音长　　　C. 音高　　　D. 音色

3. 语音的本质属性是 ( )
   A. 社会性质　　B. 心理性质　　C. 生理性质　　D. 物理性质

4. 从音质的角度划分出来的最小的语音单位是　　　　　　　　　　　（　　）
    A. 音位　　　　　B. 音节　　　　　C. 音标　　　　　D. 音素

5. 下列关于现代汉语语音特点的说法，不正确的是　　　　　　　　（　　）
    A. 元音在现代汉语中占有一定的优势
    B. 现代汉语的音节都有声调
    C. 没有两个或三个辅音相连的复辅音现象
    D. 所有的音节都具备四个声调，音节数量比较多

6. 元音和辅音的根本区别是　　　　　　　　　　　　　　　　　　（　　）
    A. 元音发音时气流在声道内没有受到阻碍，辅音发音时气流受到了阻碍
    B. 元音发音时声带振动，辅音发音时声带不振动
    C. 元音的声音比较响亮，辅音的声音不响亮
    D. 元音发音时呼出的气流较弱，辅音发音时呼出的气流较强

7. 下列声母属于舌根音的是　　　　　　　　　　　　　　　　　　（　　）
    A. g、k、h　　　B. j、q、x　　　C. zh、ch、sh　　　D. zh、ch、r

8. 下列声母属于塞擦音的是　　　　　　　　　　　　　　　　　　（　　）
    A. z、c、s、r　　B. z、c、d、t　　C. c、ch、q、f　　D. z、c、j、q

9. 下列声母属于浊音的是　　　　　　　　　　　　　　　　　　　（　　）
    A. sh、r、m、n　B. m、n、l、r　　C. zh、ch、n、l　　D. b、p、l、r

10. 发音时呼出气流比较强的音是　　　　　　　　　　　　　　　（　　）
    A. 清音　　　　　B. 送气音　　　　C. 浊音　　　　　D. 不送气音

11. 下列声母属于不送气音的是　　　　　　　　　　　　　　　　（　　）
    A. b、z、p、c　　B. d、t、j、q　　C. b、d、g、z　　D. g、k、zh、ch

12. 下列声母属于清擦音的是　　　　　　　　　　　　　　　　　（　　）
    A. j、q、x、h　　B. f、s、x、h　　C. sh、r、j、x　　D. sh、x、k、h

13. 下列声母属于送气清塞音的是　　　　　　　　　　　　　　　（　　）
    A. g、d、b　　　B. d、t、k　　　C. b、g、k　　　D. k、t、p

14. 下列韵母属于舌面单元音韵母的是　　　　　　　　　　　　　（　　）
    A. a、o、e、ê　　　　　　　　　　B. i、u、ü、er
    C. o、ê、u、-i（前）　　　　　　　D. a、e、ü、-i（后）

15. 下列韵母属于后响复韵母的是　　　　　　　　　　　　　　　（　　）
    A. ie、ao、ua、uo　　　　　　　　B. uo、üe、ai、ei
    C. ia、ou、uo、ei　　　　　　　　D. üe、ua、ia、ie

16. 下列汉字的韵母属于后鼻音韵母的是　　　　　　　　　　　　（　　）
    A. 尘、放、崇　　B. 帮、梗、赢　　C. 瓮、苯、幢　　D. 瞪、档、痕

17. 四呼的分类依据是 ( )
    A. 韵母中元辅音的数量　　　　B. 韵母韵尾的具体情况
    C. 韵母开头元音的发音口形　　D. 韵母的内部结构情况

18. 下列汉字的韵母没有韵头的是 ( )
    A. 昭、蝎、缪　　B. 绢、勋、竞　　C. 济、掰、瞅　　D. 恍、啐、仁

19. 下列汉字的韵母没有韵尾的是 ( )
    A. 饵、垮、倔　　B. 涵、缴、橘　　C. 酿、盅、赐　　D. 禹、绺、簧

20. 调值取决于 ( )
    A. 发音体　　B. 相对音高　　C. 共鸣器的形状　　D. 绝对音高

21. 下列汉字调值不同的是 ( )
    A. 演、朗、惩　　B. 凹、端、光　　C. 券、秤、遂　　D. 棚、翱、责

22. 下列汉字声韵调相同的是 ( )
    A. 夙、溯、漱　　B. 恼、老、瑙　　C. 权、泉、醛　　D. 臣、陈、成

23. 下列汉字声韵相同但调值不同的是 ( )
    A. 泰、代、玳　　B. 挤、脊、麂　　C. 眨、苲、炸　　D. 志、檀、探

24. 下列词语中没有上声字的是 ( )
    A. 众寡悬殊　　B. 潜移默化　　C. 畅所欲言　　D. 脍炙人口

25. 从语音学的角度看，普通话的音节结构可以分为 ( )
    A. 元音、辅音和音高　　　　B. 声母、韵母和声调
    C. 元音和辅音　　　　　　　D. 音素和音位

26. 能够跟四呼韵母搭配的声母是 ( )
    A. d、t　　B. k、h　　C. b、p　　D. n、l

27. 能够跟撮口呼韵母搭配的声母是 ( )
    A. b、p、m　　B. j、q、x　　C. z、c、s　　D. g、k、h

28. 拼写下列词语时，需要使用隔音符号的是 ( )
    A. 海岸、实拍、岁暮　　　　B. 马鞍、盘踞、佳偶
    C. 备案、火热、失色　　　　D. 情爱、女儿、海鸥

29. 下列词语音节的拼写，正确是 ( )
    A. wénxiāng（蚊香）、yōuyù（优裕）　　B. wěiqū（委曲）、yuèiè（月夜）
    C. uāyiǒng（蛙泳）、yīnàn（阴暗）　　D. ǔhuèi（舞会）、yuèěr（悦耳）

30. 从语音的社会性质划分出来的最小语音单位是 ( )
    A. 音素　　B. 元音　　C. 音位　　D. 辅音

31. 普通话元音音位/a/的音位变体是 ( )
   A. [a][A][ɑ][ɜ]  B. [a][ə][ɑ][ɛ]
   C. [a][A][ɑ][ɛ]  D. [A][ɑ][E][ɛ]

32. 普通话的浊辅音有 ( )
   A. 4个  B. 5个  C. 6个  D. 7个

33. 普通话声调音位/51/的音位变体是 ( )
   A. [51]  B. [51][53]  C. [51][21]  D. [53][21]

34. 下列各组词全都是轻声词的是 ( )
   A. 清楚、笑话、是非  B. 消息、骆驼、悠闲
   C. 厚道、小炒、点心  D. 耽误、思量、吓唬

35. 下列各组词语中，"一"的变调不同的是 ( )
   A. 一鼓作气、一差二错  B. 一笔抹杀、一朝一夕
   C. 一门心思、一蹴而就  D. 一得之功、一孔之见

36. 下列各组词语中，"不"的变调不同的是 ( )
   A. 不以为意、不折不扣  B. 不落窠臼、不容置喙
   C. 不识之无、不偏不倚  D. 不亦乐乎、不近人情

37. 下列各组词语中，儿化韵发音规律相同的是 ( )
   A. 垫底儿、小曲儿、瓜子儿  B. 小瓮儿、脖颈儿、把门儿
   C. 墨汁儿、记事儿、药方儿  D. 名牌儿、老伴儿、一块儿

38. 下列句子中，语气词"啊"变读为[uA]的是 ( )
   A. 快读啊！  B. 这是谁啊？  C. 别撕啊！  D. 真行啊！

39. 普通话异读词的读音标准是 ( )
   A.《普通话水平测试大纲》  B.《汉语拼音方案》
   C.《普通话异读词审音表》  D.《汉语拼音正词法基本规则》

40. 现代汉语语音的变异包括 ( )
   A. 共时语音变异和地域语音变异  B. 共时语音变异和历时语音变异
   C. 历时语音变异和阶层语音变异  D. 地域语音变异和阶层语音变异

**答案：**

1. B   2. C   3. A   4. D   5. D   6. A   7. A   8. D   9. B   10. B
11. C  12. B  13. D  14. A  15. D  16. B  17. C  18. C  19. A  20. B
21. A  22. C  23. D  24. B  25. A  26. D  27. C  28. B  29. A  30. C
31. C  32. B  33. B  34. D  35. C  36. B  37. D  38. A  39. C  40. B

**二、多项选择题**（在每小题的五个备选答案中，选出二至五个正确答案，并将其填写在题干后的括号内，答案没有选全或选错的，该题无分。本大题共 20 小题）

1. 决定音色的要素有　　　　　　　　　　　　　　　　　　　　　　　（　　）
   A. 发音体　　　　　　B. 肺部产生的气流　　　　C. 口腔的形状
   D. 发音方法　　　　　E. 喉腔的形状

2. 《汉语拼音方案》的内容是　　　　　　　　　　　　　　　　　　　（　　）
   A. 声母表　　　　　　B. 韵母表　　　　　　　　C. 隔音符号
   D. 字母表　　　　　　E. 声调符号

3. 下面关于声母和辅音关系的说法，正确的是　　　　　　　　　　　　（　　）
   A. 声母适用于世界上任何语言的语音分析，辅音则不能
   B. 声母是传统音韵学的概念，辅音是普通语音学的概念
   C. 声母出现在音节的开头，辅音可以出现在音节的开头和末尾
   D. 声母的数量和辅音的数量不同，声母的数量比辅音多
   E. 声母由辅音充当，辅音不一定能做声母

4. 声母的发音方法主要包括　　　　　　　　　　　　　　　　　　　　（　　）
   A. 呼出气流的强弱　　B. 舌面位置的高低　　　　C. 阻碍的方式
   D. 声带是否振动　　　E. 气流受到阻碍的位置

5. 下列属于零声母音节的是　　　　　　　　　　　　　　　　　　　　（　　）
   A. an、ou、yin、wen　　B. e、ong、ang、yue　　C. o、er、wai、yuan
   D. ê、ong、yong、wo　　E. ao、en、ying、yun

6. 下面关于韵母和元音关系的说法，正确的是　　　　　　　　　　　　（　　）
   A. 韵母只能由元音充当，数量要比元音少得多
   B. 韵母主要由元音充当，元音不一定能做韵母
   C. 韵母是传统音韵学的概念，元音是普通语音学的概念
   D. 韵母可以由 1—3 个元音组成，也可以由元音和辅音组成
   E. 韵母适合于世界上任何语言的语音分析，元音则不能

7. 下列汉字的韵母属于舌尖后高不圆唇元音的是　　　　　　　　　　　（　　）
   A. 拭、至、池　　　　B. 趾、氏、帜　　　　　　C. 嗤、炙、嗜
   D. 脂、矢、嗣　　　　E. 炽、疵、俟

8. 下列汉字的韵母属于前响韵母的是　　　　　　　　　　　　　　　　（　　）
   A. 膘、颊、崽　　　　B. 篓、涡、剐　　　　　　C. 肘、寨、靴
   D. 邹、鳌、胚　　　　E. 氖、裴、缫

9. 下列词语中调值完全相同的是　　　　　　　　　　　　　　　　　　（　　）
   A. 邦交、切磋、殷勤　　B. 上臂、谩骂、亢奋　　C. 长城、佛学、强求
   D. 处置、哄骗、影响　　E. 席卷、横扫、稳妥

10. 普通话音节结构的特点是 （    ）
    A. 普通话的音节具有声调
    B. 普通话的音节可以没有元音，但必须有辅音
    C. 普通话的音节最少由 1 个音节构成，最多由 4 个音节构成
    D. 元音在普通话中占有优势
    E. 普通话的音节有复元音，但没有复辅音

11. 下列说法不正确的是 （    ）
    A. 舌尖后音能够跟开口呼、合口呼的韵母相拼
    B. 唇齿音 f 能够跟合口呼的韵母相拼
    C. 舌面音 j、q、x 能够跟开口呼、齐齿呼、撮口呼的韵母相拼
    D. 能够跟齐齿呼韵母相拼的声母有双唇音、舌尖前音、舌根音
    E. 除了舌面音之外，其余声母都能够跟开口呼的韵母相拼

12. 下列词语的拼写正确的是 （    ）
    A. Fùhuó Jié（复活节）
    B. juéduì gāodù（绝对高度）
    C. Sānchā-shénjīng（三叉神经）
    D. liúshuǐ zuòyè（流水作业）
    E. Hóngshízìhuì（红十字会）

13. 下列说法正确的是 （    ）
    A. 一个音位可能只包含 1 个音素，也可能包含多个音素
    B. 音位都是由元音音素和辅音音素构成的
    C. 非音质音位是由音高、音强、音长构成的音位
    D. 音位变体是音位的具体发音形式，二者之间是类别和成员的关系
    E. 音素可以构成音位，音位和音素的数量是一样的

14. 普通话元音音位 /i/ 出现的条件有 （    ）
    A. [ɥ] 出现在音节的开头
    B. [ɿ] 出现在辅音声母之后
    C. [ɪ] 出现在音节末尾
    D. [j] 出现在音节的开头
    E. [i] 出现在辅音声母之后

15. 下列词语中，上声 /214/ 变读为 [35] 的是 （    ）
    A. 古典、懒散    B. 减少、粉笔    C. 耳朵、导游
    D. 稿件、考察    E. 百般、尾巴

16. 下列词语中，上声 /214/ 变读为 [21] 的是 （    ）
    A. 简短、手指    B. 母语、海岛    C. 警钟、斧子
    D. 角膜、脊髓    E. 口袋、省心

17. 普通话儿化的作用有 （　　）
    A. 区别词义　　　　　B. 表示细微的意思　　　C. 区分词性
    D. 表示亲切的感情色彩　E. 使语音抑扬顿挫

18. 普通话的停顿可以分为 （　　）
    A. 标点符号停顿　　　B. 语气停顿　　　　　　C. 感情停顿
    D. 生理停顿　　　　　E. 语法停顿

19. 普通话的重音可以分为 （　　）
    A. 词法重音　　　　　B. 强调重音　　　　　　C. 句法重音
    D. 标点重音　　　　　E. 语气重音

20. 普通话语音规范化的内容是 （　　）
    A. 遵循语音发展规律　　　B. 推广标准音　　　　C. 确立正音标准
    D. 消灭北京口语的土音成分　E. 弹性处理语音变异现象

### 答案：

| | | | | |
|---|---|---|---|---|
| 1. ACDE | 2. ABCDE | 3. BCE | 4. ACD | 5. ACE |
| 6. BCD | 7. ABC | 8. DE | 9. BC | 10. ACDE |
| 11. BCD | 12. ABDE | 13. ACD | 14. CDE | 15. AB |
| 16. CE | 17. ABCD | 18. CDE | 19. ABC | 20. BC |

三、判断改错题（在你认为正确的题后括号内打"√"，错误的打"×"，并改正。本大题共 30 小题）

1. 人的发音器官发出的声音就是语音。（　　）

2. 在现代汉语中，只有声音的强弱才能够区别意义。（　　）

3. 一个汉字就是一个音节，一个音节也必定是一个汉字。（　　）

4. 声母 d 和 t 的区别是发音部位不同，发音方法相同。（　　）

5. 普通话的声母中只有 1 个边音。（　　）

6. "自"和"机"的声母发音方法不同，发音部位相同。（　　）

7. 零声母音节是音节开头部分没有声母而只有韵母的音节。（　　）

8. 在普通话中，所有的元音都可以做韵母。（　　）

9. "安"的韵母中的元音是舌面央低不圆唇元音。（　　）

10. 普通话中，不能跟声母 d、t 相拼的是合口呼韵母。（　　）

11. 普通话有 3 个三合复元音韵母，分别是 iao、uai、uei。（　　）

12. 在普通话中，所有的音节都有韵腹。（　　）

13. 所谓调值相同，是指绝对音高及其变化形式相同。（    ）

14. 在普通话中，相同的音高形式必然表达同样的意义。（    ）

15. "瓜子儿"这个词语由 3 个音节构成。（    ）

16. "血液"的正确拼写形式是 xiě'iè。（    ）

17. 普通话有 5 个浊辅音 m、n、l、r、-ng。（    ）

18. 在普通话中，辅音只能出现在音节的开头。（    ）

19. zhì（治）、sì（四）、rì（日）这三个音节的韵母均是齐齿呼。（    ）

20. 从物理属性上看，普通话的轻声主要跟音强有关。（    ）

21. 在普通话中，[n]和[l]是同一个音位的两个自由变体。（    ）

22. "鞋底儿"的儿化韵发音方法是直接加卷舌动作。（    ）

23. "天亮了。"这个句子中需要重读的是"天"。（    ）

24. 声母和辅音是一回事。（    ）

25. 普通话有 10 个单元音韵母，其中舌面元音 7 个，舌尖元音 3 个。（    ）

26. 不同方言中，调类名称相同的，调值不一定相同。（    ）

27. "学"和"培"韵母中的拼音字母"e"代表同一个元音。（    ）

28. "一幅画"和"不用"中"一"和"不"的实际调值都是 35。（    ）

29. zhuang（庄）这个音节由 z-h-u-a-n-g 六个音素构成。（    ）

30. ie、ei、üe 三个韵母的韵腹相同，都是 e。（    ）

**答案：**

1. ×（改"发出的声音"为"发出的有意义的声音"）

2. ×（改"只有声音的强弱才能够区别意义"为"声音的高低、强弱等都具有区别意义的作用"）

3. ×（改"一个音节也必定是一个汉字"为"一个音节不一定是一个汉字，如儿化就是两个汉字一个音节"）

4. ×（改"发音部位不同，发音方法相同"为"发音部位相同，发音方法不同"）

5. √

6. ×（改"发音方法不同，发音部位相同"为"发音方法相同，发音部位不同"）

7. √

8. ×（改"所有的元音都可以做韵母"为"不是所有的元音都可以做韵母，如元音[æ]"）

9. ×（改"舌面央低不圆唇元音"为"舌面前低不圆唇元音[a]"）

10. ×（改"合口呼"为"撮口呼"）

11. ×（改"3个三合复元音韵母，分别是iao、uai、ue"为"4个三合复元音韵母，分别是iao、iou、uai、uei"）

12. √

13. ×（改"绝对音高"为"相对音高"）

14. ×（改"必然表达同样的意义"为"也可以表达不同的意义，如yī可以表示'一'、'衣'等意义"）

15. ×（改"3个"为"2个"）

16. ×（改"xiě'iè"为"xuèyè"）

17. √

18. ×（改"音节的开头"为"音节的开头，或出现在韵尾的位置"）

19. ×（改"齐齿呼"为"开口呼"）

20. ×（改"音强"为"音长和音强"）

21. ×（改"同一个音位的两个自由变体"为"两个不同的音位"）

22. ×（改"直接加卷舌动作"为"在韵腹后增加[ə]再卷舌"）

23. ×（改"天"为"亮"）

24. ×（改"是一回事"为"不能等同。辅音可以充当声母或者韵尾，但是声母不全是辅音"）

25. ×（改"舌面元音7个，舌尖元音3个"为"舌面元音7个，舌尖元音2个，卷舌元音1个"）

26. √

27. ×（改"代表同一个元音"为"代表不同的元音，前者代表[ɛ]，后者代表[e]"）

28. ×（改"'一'和'不'的实际调值都是35"为"'一'的实际调值是51，'不'的实际调值是35"）

29. ×（改"z-h-u-a-n-g六个音素"为"zh-u-a-ng四个音素"）

30. ×（改"韵腹相同，都是e"为"韵腹不同，ei的韵腹是[e]，ie、üe的韵腹是[ɛ]"）

**四、术语解释题（本大题共15小题）**

1. 语音  2. 音素  3. 元音  4. 辅音  5. 音位

6. 音节  7. 声母  8. 零声母  9. 韵母  10. 四呼

11. 声调  12. 调值  13. 调类  14. 轻声  15. 儿化

**五、分析运用题（本大题共35小题）**

1. 根据音节中音素的数量，将下列汉字填在相应的表格内。

驰  航  回  疚  讧  描  祁  攸
欤  紫  养  莞  蕃  望  帆  屑

| 音节类型 | 汉　字 |
|---|---|
| 一个音素的音节 | |
| 两个音素的音节 | |
| 三个音素的音节 | |
| 四个音素的音节 | |

2. 分析下列句子中有几个音节，每一个音节又由几个音素构成。
   （1）遇事要冷静，不可浮躁盲动。
   （2）这场及时雨缓解了旱情。
   （3）钱要花在刀口上。
   （4）春节是贺岁片的最佳放映档期。
   （5）极度的忧伤摧毁了她的健康。

3. 分析下面句子中每一个汉字的声母，并按照发音部位进行归类。
   （1）我没有接到他的电话。
   （2）这部电影以同名小说为蓝本改编而成。
   （3）他把拳头握得紧紧的。
   （4）绚丽的热带风光照十分养眼。
   （5）他的演说引起了不同的反应。

4. 分析下面句子中每一个汉字的声母，并按照发音方法进行归类。
   （1）他把说过的话又重复了一遍。
   （2）到会的人穿的都是清一色的中山装。
   （3）胸襟上带着一朵大红花。
   （4）诸如此类，不胜枚举。
   （5）语言这东西不是随便可以学好的。

5. 分析下列表格中声母的发音部位和发音方法，并在相应的空格中画"＋"。

| 发音\声母 | 舌尖中音 | 舌尖后音 | 舌根音 | 送气 | 清音 | 浊音 | 塞音 | 擦音 | 鼻音 |
|---|---|---|---|---|---|---|---|---|---|
| ch | | | | | | | | | |
| k | | | | | | | | | |
| m | | | | | | | | | |
| p | | | | | | | | | |
| r | | | | | | | | | |
| t | | | | | | | | | |
| f | | | | | | | | | |
| h | | | | | | | | | |

6. 找出下列句子中的零声母字,并写出它的国际音标。
   (1) 工作人员正在用地震仪测算地震震级。
   (2) 苦日子好不容易挨过来了。
   (3) 因困难而畏惧的人不会有任何成就。
   (4) 他经常写小说,偶尔也写诗。
   (5) 维护妇女儿童的合法权益。

7. 指出下列各组声母的区别。
   (1) d—t    (2) k—h    (3) b—g    (4) q—c
   (5) f—s    (6) m—n    (7) zh—r   (8) j—q

8. 指出下列各组元音发音的异同。
   (1) [i]—[e]    (2) [ɛ]—[E]    (3) [e]—[ɤ]    (4) [a]—[ɑ]
   (5) [u]—[o]    (6) [ɤ]—[o]    (7) [ɿ]—[ʅ]    (8) [ʌ]—[ə]

9. 分析下面句子中每一个汉字的韵母,并按照元辅音的数量进行归类。
   (1) 我们两人看法一致完全是偶合。
   (2) 爸爸帮我到车站去提取行李。
   (3) 屋子里窗明几净,一尘不染。
   (4) 二十万元这个数目也就很可观了。
   (5) 他刚才说的简直就是天方夜谭。

10. 分析下面句子中每一个汉字的韵母,并按照四呼进行归类。
    (1) 胸怀祖国,放眼世界。
    (2) 开车可不能走神儿。
    (3) 政府部门是执行国家专政职能的机关。
    (4) 儿女都出国了,她感到很孤独。
    (5) 洪水经过闸门,流势稳定。

11. 分析下面句子中每一个汉字的韵母,并按照韵尾的情况进行归类。
    (1) 实在不忍心再去伤害她。
    (2) 只伤了点皮毛,没动根本。
    (3) 垂暮之时,炊烟四起。
    (4) 工人们分成两拨儿干活儿。
    (5) 远处传来报晓的钟声。

12. 分析下列汉字的韵母,并按照复合元音韵母的类型进行归类。
    讴  会  酒  化  迈  镖  蒿  悖
    皆  揣  沸  袈  掠  筛  藕  倒

13. 分析下列表格中韵母的类型，并在相应的空格中画"+"。

| 类型 \ 韵母 | iong | ao | er | ing | uei | eng | ê | üan | ie | ü |
|---|---|---|---|---|---|---|---|---|---|---|
| 单元音韵母 | | | | | | | | | | |
| 复合元音韵母 | | | | | | | | | | |
| 开口呼 | | | | | | | | | | |
| 齐齿呼 | | | | | | | | | | |
| 合口呼 | | | | | | | | | | |
| 无韵尾韵母 | | | | | | | | | | |
| 辅音韵尾韵母 | | | | | | | | | | |

14. 分析下列成语中每一个字的调值和调类。
   疾首蹙额　　下车伊始　　端倪可察　　苟合取容　　随声附和
   安常处顺　　遐迩闻名　　与虎添翼　　价值连城　　心满意足

15. 给下列音节标上声调，并写出汉字。
   （1）hengpoumian　　（2）leizhenyu　　（3）niupizhi　　（4）xiapolu
   （5）zhongtouxi　　（6）chumoping　　（7）fubiaoti　　（8）dazhekou
   （9）tianjiaji　　（10）luyouqi　　（11）huitouke　　（12）zhengwuyuan

16. 给下列轻声词注上拼音，并说明轻声的调值。
   戒指　骨头　福气　利索　折腾　巴掌　嗓子　称呼
   码头　冒失　拨弄　棒槌　叫唤　溜达　脑子　迷糊

17. 分析下列汉字的音节结构。

| 汉字 \ 结构 | 声母 | 韵母 | | | | 声调 | | 四呼 |
|---|---|---|---|---|---|---|---|---|
| | | 韵头 | 韵腹 | 韵尾 | | 调类 | 调值 | |
| | | | | 元音 | 辅音 | | | |
| 酥 | | | | | | | | |
| 柔 | | | | | | | | |
| 懊 | | | | | | | | |
| 馄 | | | | | | | | |
| 榷 | | | | | | | | |
| 馈 | | | | | | | | |
| 蓊 | | | | | | | | |
| 鳄 | | | | | | | | |
| 觑 | | | | | | | | |
| 伴 | | | | | | | | |

18. 根据声母和韵母的配合规律，在相应的空格中画"+"。

| 声母＼韵母 | a | ou | er | ie | ian | in | uai | uen | üe | iong |
|---|---|---|---|---|---|---|---|---|---|---|
| b | | | | | | | | | | |
| s | | | | | | | | | | |
| j | | | | | | | | | | |
| g | | | | | | | | | | |
| zh | | | | | | | | | | |
| n | | | | | | | | | | |
| d | | | | | | | | | | |
| f | | | | | | | | | | |

19. 根据普通话的声韵配合规律，说明下列音节为什么是错误的。
    （1）pua　　　（2）lui　　　（3）xong　　　（4）fai
    （5）chiu　　　（6）din　　　（7）kiao　　　（8）bia

20. 改正下列词语的拼写错误。
    （1）dùài（笃爱）　　（2）beìuōer（被窝儿）　　（3）hūahūagōngzi（花花公子）
    （4）qiúǒu（求偶）　　（5）qüánjīafú（全家福）　　（6）ùuénnòngmò（舞文弄墨）
    （7）duānǔ（端午）　　（8）dǎióuji（打游击）　　（9）yǔanchéngjiaòyǜ（远程教育）

21. 按照词语的拼写规则，给词语注上拼音。
    （1）十三经　　（2）布依族　　（3）教育改造　　（4）龙马精神
    （5）费手脚　　（6）教师节　　（7）西安事变　　（8）移动电话

22. 按照词语的拼写规则，给下列句子注上拼音。
    （1）干部要置身于群众之中。
    （2）这件事早晚大家都会知道的。
    （3）为难的事岂止这一件呢？
    （4）新出土的文物先后在国内外多次展出。
    （5）大家都在看他的笑话。

23. 说明下列普通话音位的音位变体，并说明其出现条件。
    （1）/i/　　（2）/e/　　（3）/u/　　（4）/y/
    （5）/ɤ/　　（6）/ɣ/　　（7）/ts/　　（8）/51/

24. 给下面词语的声母和韵母注上国际音标。
    精粹　　边卡　　寿筵　　皴裂　　缓刑　　疑惧　　安谧　　宁可
    海蜇　　在即　　湿润　　瞠目　　重犯　　柞木　　借据　　权略

25. 根据拼音，写出相应的词。
    (1) nánsè（    ）lánsè（    ）　(2) wúnài（    ）wúlài（    ）
    (3) zhìyuàn（    ）zìyuàn（    ）　(4) bùchéng（    ）bùcéng（    ）
    (5) shànxīn（    ）sànxīn（    ）　(6) húdù（    ）fúdù（    ）
    (7) rètǔ（    ）lètǔ（    ）　(8) xīlì（    ）sīlì（    ）

26. 找出下列句子中的习惯轻声词，并用横线画出。
    (1) 这篇评论的篇幅只有一千来字。
    (2) 这里条件不好，你就将就一点儿吧。
    (3) 她走后便再也没有消息了。
    (4) 端详了半天，也没认出是谁。
    (5) 谁稀罕你那玩意儿，我们有的是。
    (6) 这位老师很厉害，学生都怕他。
    (7) 听他这样一说，我心里才感到实落。
    (8) 当年我在这个地方当过伙计。

27. 说明下列词读轻声和不读轻声有什么区别。
    本事　对头　地道　兄弟　老子　下水　大意　地下

28. 说明下列词语中上声字的实际调值。
    堵心　揣度　场馆　捞取　恼火　偏袒　少量　显影
    省亲　谷雨　把手　丑角　导语　海事　骨感　精彩

29. 根据实际发音，给下列词语中的"一"注上拼音。
    一边　一并　一总　一朝　一一　一通　一审　一律
    一团和气　一网打尽　一面之交　一来二去　一劳永逸　一门心思

30. 根据实际发音，给下列词语中的"不"注上拼音。
    不安　不对　不等　不和　不满　不宜　不周　不振
    不着边际　不一而足　不以为然　不假思索　不胫而走　不亦乐乎

31. 说明下列各组词的区别。
    (1) 皮——皮儿　(2) 腿——腿儿　(3) 嘴——嘴儿　(4) 把——把儿
    (5) 尖——尖儿　(6) 短——短儿　(7) 单——单儿　(8) 个——个儿

32. 分析下列句子末尾语气词"啊"的音变情况，并在括号内写出相应的汉字。
    (1) 你说什么？我听不清（    ）。
    (2) 天（    ），这车跑得真快（    ）！
    (3) 这么好的条件，你怎么不读书（    ）？
    (4) 你站在那儿干嘛？来吃（    ）！
    (5) 这本书你还看不看（    ）？

33. 根据下列句子中停顿的位置，说明句子所表达的意思。
    (1) 王冕死了/父亲真可怜。
    (2) 王冕死了父亲/真可怜。
    (3) 你们/五个一组。
    (4) 你们五个/一组。
    (5) 他们/说不来。
    (6) 他们说/不来。

34. 根据下列句子中重音的位置，说明句子所表达的意思。
    (1) 他昨天在操场上扭伤了脚。
    (2) 他昨天在操场上扭伤了脚。
    (3) 他昨天在操场上扭伤了脚。
    (4) 他昨天在操场上扭伤了脚。
    (5) 他昨天在操场上扭伤了脚。

35. 给下列词语中加点的字注上拼音。
    沼泽　造诣　扫帚　地壳　鎏金　薄弱　相称　嘲讽
    当地　忖度　岗楼　掺和　翻供　蛮横　貉子　间或

答案：

1.

| 音节类型 | 汉　字 |
|---|---|
| 一个音素的音节 | 欸 |
| 两个音素的音节 | 驰 祁 紫 蕃（bō） |
| 三个音素的音节 | 航 江 攸 养 莞（wǎn）蕃（fán）望 屑 帆 |
| 四个音素的音节 | 回 疚 描 莞（guǎn） |

2. (1) 11个音节，分别由1、2、3、3、3、2、2、2、3、3、3个音素构成
   (2) 10个音节，分别由2、3、2、2、1、4、3、2、3、3个音素构成
   (3) 7个音节，分别由4、3、3、3、3、3、3个音素构成
   (4) 13个音节，分别由4、3、3、4、2、4、3、3、3、3、3、3、2个音素构成
   (5) 12个音节，分别由2、2、2、3、3、4、4、2、2、2、4、3个音素构成

3. (1) 我（零声母）没（m）有（零声母）接（j）到（d）他（t）的（d）电（d）话（h）。//双唇音m，舌尖中音d、t，舌面音j，舌根音h。
   (2) 这（zh）部（b）电（d）影（零声母）以（零声母）同（t）名（m）小（x）说（sh）为（零声母）蓝（l）本（b）改（g）编（b）而（零声母）成（ch）。//双唇音b、m，舌尖中音d、t、l，舌尖后音zh、ch、sh，舌面音x，舌根音g。

(3) 他（t）把（b）拳（q）头（t）握（零声母）得（d）紧（j）紧（j）的（d）。// 双唇音 b，舌尖中音 d、t，舌面音 j、q。

(4) 绚（x）丽（l）的（d）热（r）带（d）风（f）光（g）照（zh）十（sh）分（f）养（零声母）眼（零声母）。// 唇齿音 f，舌尖中音 d、l，舌尖后音 zh、sh、r，舌根音 g。

(5) 他（t）的（d）演（零声母）说（sh）引（零声母）起（q）了（l）不（b）同（t）的（d）反（f）应（零声母）。// 双唇音 b，舌尖中音 d、t、l，唇齿音 f，舌尖后音 sh，舌面音 q。

4. (1) 他（t）把（b）说（sh）过（g）的（d）话（h）又（零声母）重（ch）复（f）了（l）一（零声母）遍（b）。// 送气清塞音 t，不送气清塞音 b、g、d，清擦音 s、h、f，送气清塞擦音 ch，浊边音 l。

(2) 到（d）会（h）的（d）人（r）穿（ch）的（d）都（d）是（sh）清（q）一（零声母）色（s）的（d）中（zh）山（sh）装（zh）。// 不送气清塞音 d，清擦音 h、s、sh，浊擦音 r，送气清塞擦音 ch、q，不送气清塞擦音 zh。

(3) 胸（x）襟（j）上（sh）带（d）着（zh）一（零声母）朵（d）大（d）红（h）花（h）。// 清擦音 x、sh、h，不送气清塞擦音 j、zh，不送气清塞音 d。

(4) 诸（zh）如（r）此（c）类（l），不（b）胜（sh）枚（m）举（j）。// 不送气清塞擦音 zh、j，浊擦音 r，送气清塞擦音 c，浊边音 l，不送气清塞音 b，清擦音 s，浊鼻音 m。

(5) 语（零声母）言（零声母）这（zh）东（d）西（x）不（b）是（sh）随（s）便（b）可（k）以（零声母）学（x）好（h）的（d）。// 不送气清塞擦音 zh，不送气清塞音 d、b，清擦音 x、sh、s、h，送气清塞音 k。

5.

| 声母 \ 发音 | 舌尖中音 | 舌尖后音 | 舌根音 | 送气 | 清音 | 浊音 | 塞音 | 擦音 | 鼻音 |
|---|---|---|---|---|---|---|---|---|---|
| ch | | + | | + | + | | | | |
| k | | | + | + | + | | + | | |
| m | | | | | | + | | | + |
| p | | | | + | + | | + | | |
| r | | + | | | | + | | + | |
| t | + | | | + | + | | + | | |
| f | | | | | + | | | + | |
| h | | | + | | + | | | + | |

6. (1) 员[yɛn³⁵]　　用[yŋ⁵¹]　　仪[i³⁵]
   (2) 易[i⁵¹]　　挨[aɪ³⁵]
   (3) 因[in⁵⁵]　　而[ɚ³⁵]　　畏[ueɪ⁵¹]　　有[iou²¹⁴]
   (4) 偶[ou²¹⁴]　　尔[ɚ²¹⁴]　　也[iE²¹⁴]
   (5) 维[ueɪ³⁵]　　儿[ɚ³⁵]　　益[i⁵¹]

7. (1) 不送气——送气　　　　(2) 塞音——擦音
   (3) 双唇音——舌根音　　　(4) 舌面音——舌尖前音
   (5) 唇齿音——舌尖前音　　(6) 双唇音——舌尖中音
   (7) 清塞擦音——浊擦音　　(8) 不送气——送气

8. (1) 异：舌面高——舌面半高　　　同：舌面前不圆唇
   (2) 异：舌面半低——舌面半高　　同：舌面前不圆唇
   (3) 异：舌面前——舌面央　　　　同：舌面半高不圆唇
   (4) 异：舌面前——舌面后　　　　同：舌面低不圆唇
   (5) 异：舌面高——舌面半高　　　同：舌面后圆唇
   (6) 异：舌面央不圆唇——舌面后圆唇　同：舌面半高
   (7) 异：舌尖前——舌尖后　　　　同：舌尖高不圆唇
   (8) 异：舌面低——舌面半高　　　同：舌面央不圆唇

9. (1) 我（uo）们（en）两（iang）人（en）看（an）法（a）一（i）致（-i[ʅ]）完（uan）全（üan）是（-i[ʅ]）偶（ou）合（e）。
   单元音韵母：a（法）i（一）-i[ʅ]（致、是）e（合）
   复合元音韵母：uo（我）ou（偶）。
   鼻辅音韵母：en（们）iang（两）en（人）an（看）uan（完）üan（全）
   (2) 爸（a）爸（a）帮（ang）我（uo）到（ao）车（e）站（an）去（ü）提（i）取（ü）行（ing）李（i）。
   单元音韵母：a（爸）o（我）e（车）ü（去、取）i（提、李）
   复合元音韵母：ao（到）
   鼻辅音韵母：ang（帮）an（站）ing（行）
   (3) 屋（u）子（-i[ʅ]）里（i）窗（uang）明（ing）几（i）净（ing），一（i）尘（en）不（u）染（an）。
   单元音韵母：u（屋、不）-i[ʅ]（子）i（里、几、一）
   鼻辅音韵母：uang（窗）ing（明、净）en（尘）an（染）
   (4) 二（er）十（-i[ʅ]）万（uan）元（üan）这（e）个（e）数（u）目（u）也（ie）就（iou）很（en）可（e）观（uan）了（e）。
   单元音韵母：er（二）-i[ʅ]（十）e（这、个、可、了）u（数、目）
   复合元音韵母：ie（也）iou（就）
   鼻辅音韵母：uan（万、观）üan（元）en（很）
   (5) 他（a）刚（ang）才（ai）说（uo）的（e）简（ian）直（-i[ʅ]）就

(iou) 是 (-i[ʅ]) 天 (ian) 方 (ang) 夜 (ie) 谭 (an)。
单元音韵母：a（他）e（的）-i[ʅ]（直、是）
复合元音韵母：ai（才）uo（说）iou（就）ie（夜）
鼻辅音韵母：ang（刚、方）ian（简、天）an（谭）

10. (1) 胸（iong）怀（uai）祖（u）国（uo），放（ang）眼（an）世（-i[ʅ]）界（ie）。

    撮口呼：iong（胸）
    合口呼：uai（怀）u（祖）uo（国）
    开口呼：ang（放）an（眼）-i[ʅ]（世）
    齐齿呼：ie（界）

    (2) 开（ai）车（e）可（e）不（u）能（eng）走（ou）神（en）儿（er）。
    开口呼：ai（开）e（车、可）eng（能）ou（走）en（神）er（儿）
    合口呼：u（不）

    (3) 政（eng）府（u）部（u）门（en）是（-i[ʅ]）执（-i[ʅ]）行（ing）国（uo）家（ia）专（uan）政（eng）职（-i[ʅ]）能（eng）的（e）机（i）关（uan）。
    开口呼：eng（政）en（门）-i[ʅ]（是、执、职）eng（政、能）e（的）
    合口呼：u（府、部）uo（国）uan（专、关）
    齐齿呼：ing（行）ia（家）i（机）

    (4) 儿（er）女（ü）都（ou）出（u）国（uo）了（e），她（a）感（an）到（ao）很（en）孤（u）独（u）。
    开口呼：er（儿）ou（都）e（了）a（她）an（感）ao（到）en（很）
    撮口呼：ü（女）
    合口呼：u（出、孤、独）uo（国）

    (5) 洪（ong）水（uei）经（ing）过（uo）闸（a）门（en），流（iou）势（-i[ʅ]）稳（en）定（ing）。
    合口呼：ong（洪）uei（水）uo（过）
    齐齿呼：ing（经、定）iou（流）
    开口呼：a（闸）en（门、稳）-i[ʅ]（势）

11. (1) 实（-i[ʅ]）在（ai）不（u）忍（en）心（in）再（ai）去（ü）伤（ang）害（ai）她（a）。
    无韵尾韵母：-i[ʅ]（实）u（不）ü（去）a（她）
    元音韵尾韵母：ai（在、再、害）
    辅音韵尾韵母：en（忍）in（心）ang（伤）

    (2) 只（-i[ʅ]）伤（ang）了（e）点（ian）皮（i）毛（ao），没（ei）动（ong）根（en）本（en）。
    无韵尾韵母：-i[ʅ]（只）e（了）i（皮）
    元音韵尾韵母：ao（毛）ei（没）

辅音韵尾韵母：ang（伤）ian（点）ong（动）en（根、本）

(3) 垂（uei）暮（u）之（-i[ʅ]）时（-i[ʅ]），炊（uei）烟（ian）四（-i[ʅ]）起（i[ʅ]）。

无韵尾韵母：u（暮）-i[ʅ]（之、时）-i[ʅ]（四）i（起）

元音韵尾韵母：uei（垂、炊）

辅音韵尾韵母：ian（烟）

(4) 工（ong）人（en）们（en）分（en）成（eng）两（iang）拨（o）儿（er）干（an）活（uo）儿（er）。

无韵尾韵母：o（拨）er（儿）

元音韵尾韵母：活（uo）

辅音韵尾韵母：ong（工）en（人、们、分）eng（成）iang（两）an（干）

(5) 远（üan）处（u）传（uan）来（ai）报（ao）晓（iao）的（e）钟（ong）声（eng）。

无韵尾韵母：e（的）u（处）

元音韵尾韵母：ai（来）ao（报）iao（晓）

辅音韵尾韵母：üan（远）uan（传）ong（钟）eng（声）

12. 讴（ou）　会（uei）　酒（iou）　化（ua）　迈（ai）　镖（iao）
    蔼（ai）　悖（ei）　皆（ie）　揣（uai）　沸（ei）　袈（ia）
    掠（üe）　筛（ai）　藕（ou）　倒（ao）

    前响复韵母：ou（讴、藕）　ai（迈、蔼、筛）　ei（悖、沸）
    中响复韵母：uei（会）　iou（酒）　iao（镖）　uai（揣）
    后响复韵母：ua（化）　ie（皆）　ia（袈）　üe（掠）　ao（倒）

13.

| 类型＼韵母 | iong | ao | er | ing | uei | eng | ê | üan | ie | ü |
|---|---|---|---|---|---|---|---|---|---|---|
| 单元音韵母 | | | + | | | | + | | | + |
| 复合元音韵母 | | + | | | + | | | + | | |
| 开口呼 | | + | + | | | + | + | | | |
| 齐齿呼 | | | | + | | | | | + | |
| 合口呼 | | | | | + | | | | | |
| 无韵尾韵母 | | | + | | | | + | | | + |
| 辅音韵尾韵母 | + | | | + | | + | | + | | |

14. 疾（阳平35）首（上声214）麽（去声51）额（阳平35）
    下（去声51）车（阴平55）伊（阴平55）始（上声214）
    端（阴平55）倪（阳平35）可（上声21）察（阳平35）
    苟（上声21）合（阳平35）取（上声21）容（阳平55）

随（阳平 35）声（阴平 55）附（去声 51）和（去声 51）
安（阴平 55）常（阳平 35）处（上声 21）顺（去声 51）
遐（阳平 35）迩（上声 214）闻（阳平 35）名（阳平 35）
与（上声 35）虎（上声 214）添（阴平 55）翼（去声 51）
价（去声 51）值（阳平 35）连（阳平 35）城（阳平 35）
心（阴平 55）满（上声 214）意（去声 51）足（阳平 35）

15. (1) héngpōumiàn 横剖面　　(2) léizhènyǔ 雷阵雨
    (3) niúpízhǐ 牛皮纸　　　(4) xiàpōlù 下坡路
    (5) zhòngtóuxì 重头戏　　(6) chùmōpíng 触摸屏
    (7) fùbiāotí 副标题　　　(8) dǎzhékòu 打折扣
    (9) tiānjiājì 添加剂　　　(10) lùyóuqì 路由器
    (11) huítóukè 回头客　　　(12) zhèngwùyuàn 政务院

16. 戒指（jièzhi）轻声调值为 1　　骨头（gǔtou）轻声调值为 4
    福气（fúqi）轻声调值为 3　　利索（lìsuo）轻声调值为 1
    折腾（zhēteng）轻声调值为 2　巴掌（bāzhang）轻声调值为 2
    嗓子（sǎngzi）轻声调值为 4　　称呼（chēnghu）轻声调值为 2
    码头（mǎtou）轻声调值为 4　　冒失（màoshi）轻声调值为 1
    拨弄（bōnong）轻声调值为 2　　棒槌（bàngchui）轻声调值为 1
    叫唤（jiàohuan）轻声调值为 1　溜达（liūda）轻声调值为 2
    脑子（nǎozi）轻声调值为 4　　迷糊（míhu）轻声调值为 3

17.

| 结构 汉字 | 声母 | 韵母 | | | | 声调 | | 四呼 |
|---|---|---|---|---|---|---|---|---|
| | | 韵头 | 韵腹 | 韵尾 | | 调类 | 调值 | |
| | | | | 元音 | 辅音 | | | |
| 酥 | s[s] | | u[u] | | | 阴平 | 55 | 合口呼 |
| 柔 | r[ʐ] | | o[o] | u[ʊ] | | 阳平 | 35 | 开口呼 |
| 懊 | | | a[ɑ] | o[ʊ] | | 去声 | 51 | 开口呼 |
| 馄 | h[x] | u[u] | e[ə] | | n[n] | 阳平 | 35 | 合口呼 |
| 榷 | q[tɕʰ] | ü[y] | e[E] | | | 去声 | 51 | 撮口呼 |
| 馈 | k[kʰ] | u[u] | e[e] | i[I] | | 去声 | 51 | 合口呼 |
| 蓊 | | u[u] | e[ɤ] | | ng[ŋ] | 上声 | 214 | 合口呼 |
| 鳄 | | | e[ɤ] | | | 去声 | 51 | 开口呼 |
| 觐 | j[tɕ] | | i[i] | | n[n] | 去声 | 51 | 齐齿呼 |
| 伴 | | i[i] | a[ɑ] | | ng[ŋ] | 阳平 | 35 | 齐齿呼 |

18.

| 声母\韵母 | a | ou | er | ie | ian | in | uai | uen | üe | iong |
|---|---|---|---|---|---|---|---|---|---|---|
| b | + | | | + | + | + | | | | |
| s | + | + | | | | | | + | | |
| j | | | | + | + | + | | | + | + |
| g | + | + | | | | | + | + | | |
| zh | + | + | | | | | + | + | | |
| n | + | + | | + | + | + | | + | | |
| d | + | + | | + | + | | | + | | |
| f | + | + | | | | | | | | |

19. （1）双唇音 p 与合口呼相拼时，只同单韵母 u 相拼，其他合口呼韵母不能与之相拼。

（2）舌尖中音 l 与合口呼相拼时，只能同韵母 u、uo、uan、un、ong 相拼，其他合口呼韵母不能与之相拼。

（3）舌面前音 x 不能与合口呼韵母相拼。

（4）唇齿音 f 与开口呼相拼时，除韵母 e、ê、er、ai、ao 外，可以和其他开口呼韵母相拼。

（5）舌尖后音 ch 不能与齐齿呼韵母相拼。

（6）舌尖中音 d 与齐齿呼相拼时，除韵母 ia、in、iang 外，可以和其他齐齿呼韵母相拼。

（7）舌面后音 k 不能与齐齿呼韵母相拼。

（8）双唇音 b 与齐齿呼相拼时，除韵母 ia、iou、iang 外，可以和其他齐齿呼韵母相拼。

20. （1）dǔ'ài　　　　（2）bèiwōr　　　　（3）huāhuā gōngzi

　　（4）qiú'ǒu　　　（5）quánjiāfú　　　（6）wǔwén-nòngmò

　　（7）Duānwǔ　　（8）dǎ yóujī　　　　（9）yuǎnchéng jiàoyù

21. （1）Shísānjīng　　　　　　　（2）Bùyīzú

　　（3）jiàoyù gǎizào　　　　　（4）lóngmǎ jīngshén

　　（5）fèi shǒujiǎo　　　　　　（6）Jiàoshī Jié

　　（7）Xī'ān Shìbiàn　　　　　（8）yídòng diànhuà

22. （1）Gànbù yào zhìshēn yú qúnzhòng zhīzhōng.

　　（2）Zhè jiàn shì zǎowǎn dàjiā dōu huì zhīdào de.

　　（3）Wéinán de shì qǐzhǐ zhè yī jiàn ne?

　　（4）Xīn chūtǔ de wénwù xiānhòu zài guónèiwài duō cì zhǎnchū.

　　（5）Dàjiā dōu zài kàn tā de xiàohua.

23.

| (1) | /i/ | [i] | 辅音声母_ |
|---|---|---|---|
| | | [ɪ] | _ # |
| | | [j] | #_ |
| (2) | /e/ | [e] | _ ɪ |
| | | [ɛ] | i_ , y_ |
| (3) | /u/ | [u] | 辅音声母_ |
| | | [ʊ] | _ # |
| | | [w] | #_ |
| (4) | /y/ | [y] | 辅音声母_ |
| | | [ɥ] | #_ |
| (5) | /ɤ/ | [ɿ] | ts_ , tsʰ_ , s_ |
| (6) | /ʅ/ | [ʅ] | tʂ_ , tʂʰ_ , ʂ_ |
| (7) | /ts/ | [ts] | #_ |
| (8) | /51/ | 51 | 后面没有别的音节 |
| | | 53 | 位于去声之前 |

24. 精：声母[tɕ]　韵母[iŋ]　　　　粹：声母[tsʰ]　韵母[ueɪ]
　　边：声母[p]　韵母[iɛn]　　　　卡：声母[tɕʰ]　韵母[iA]
　　寿：声母[ʂ]　韵母[oʊ]　　　　筵：零声母　韵母[iɛn]
　　皴：声母[tsʰ]　韵母[uən]　　　裂：声母[l]　韵母[iɛ]
　　缓：声母[x]　韵母[uan]　　　　刑：声母[ɕ]　韵母[iŋ]
　　疑：零声母　韵母[i]　　　　　　惧：声母[tɕ]　韵母[y]
　　安：零声母　韵母[an]　　　　　谧：声母[m]　韵母[i]
　　宁：声母[n]　韵母[iŋ]　　　　　可：声母[kʰ]　韵母[ɤ]
　　海：声母[x]　韵母[aɪ]　　　　　蜇：声母[tʂ]　韵母[ɤ]
　　在：声母[ts]　韵母[aɪ]　　　　即：声母[tɕ]　韵母[i]
　　湿：声母[ʂ]　韵母[ʅ]　　　　　润：声母[ʐ]　韵母[uən]
　　瞠：声母[tʂʰ]　韵母[ɤŋ]　　　　目：声母[m]　韵母[u]
　　重：声母[tʂ]　韵母[uŋ]　　　　犯：声母[f]　韵母[an]
　　柞：声母[ts]　韵母[uo]　　　　木：声母[m]　韵母[u]
　　借：声母[tɕ]　韵母[iɛ]　　　　据：声母[tɕ]　韵母[y]
　　权：声母[tɕʰ]　韵母[yɛn]　　　略：声母[l]　韵母[yɛ]

25. (1) nánsè（难色）　　lánsè（蓝色）　　(2) wúnài（无奈）　　wúlài（无赖）
　　(3) zhìyuàn（志愿）　zìyuàn（自愿）　(4) bùchéng（不成）　bùcéng（不曾）
　　(5) shànxīn（善心）　sànxīn（散心）　(6) húdù（弧度）　　fúdù（幅度）

(7) rètǔ（热土） lètǔ（乐土） (8) xīlì（犀利） sīlì（私立）

26. (1) 这篇评论的<u>篇幅</u>只有一千来字。
    (2) 这里条件不好，你就<u>将就</u>一点儿吧。
    (3) 她走后便再也没有<u>消息</u>了。
    (4) <u>端详</u>了半天，也没认出是谁。
    (5) 谁<u>稀罕</u>你那玩意儿，我们有的是。
    (6) 这位老师很<u>厉害</u>，学生都怕他。
    (7) 听他这样一说，我心里才感到<u>实落</u>。
    (8) 当年我在这个地方当过<u>伙计</u>。

27.

| 词 | 轻声 | 非轻声 |
|---|---|---|
| 本事 | 本领 | 文学作品主题所依据的故事情节 |
| 对头 | 仇敌；对手 | 正确；合适；正常；合得来 |
| 地道 | 真正是有名产地出产的；真正的；纯粹；（工作或材料的质量）实在；够标准 | 在地面下掘成的交通坑道（多用于军事） |
| 兄弟 | 弟弟；称呼年纪比自己小的男子；谦辞，男子跟辈分相同的人或对众人说话时的自称 | 哥哥和弟弟 |
| 老子 | 父亲；男性的自称 | 中国古代人名 |
| 下水 | 食用的牲畜内脏，有些地区专指肚子和肠子 | 进入水中；把某些纺织品、纤维等浸在水中使收缩；比喻做坏事；向下游航行 |
| 大意 | 疏忽 | 主要的意思 |
| 地下 | 地面上 | 地面之下；地层内部；秘密活动的；不公开的 |

28. 堵（21）心　　揣（21）度　　场（35）馆　　捞取（214）
    恼（35）火（214）　偏袒（214）　少（21）量　　显（35）影（214）
    省（21）亲　　谷（35）雨（214）　把（35）手（214）　丑（21）角
    导（35）语（214）　海（214）事　　骨（35）感（214）　精彩（214）

29. 一（yì）边　　一（yī）并　　一（yì）总　　一（yì）朝　　一（yī）一（yī）
    一（yí）通　　一（yī）审　　一（yí）律　　一（yì）团和气　一（yì）网打尽
    一（yí）面之交　一（yì）来二去　一（yì）劳永逸　一（yì）门心思

30. 不（bù）安　　不（bú）对　　不（bù）等　　不（bù）和　　不（bù）满
    不（bù）宜　　不（bù）周　　不（bú）振　　不（bù）着边际　不（bù）一而足
    不（bù）以为然　不（bù）假思索　不（bú）胫而走　不（bú）亦乐乎

31. (1) 皮：人或生物体表面的一层组织。
    皮儿：包在或围在外面的一层东西，或某些薄片状的东西。
    (2) 腿：人和动物用来支持身体和行走的部分。
    腿儿：器物下部像腿一样起支撑作用的部分。

(3) 嘴：口的通称。
　　嘴儿：形状或作用像嘴的东西。
(4) 把：可做动词、名词、量词使用。
　　把儿：名词，指把东西扎在一起的捆子；量词，指一手抓起的数量。
(5) 尖：形容词，指末端细小，或声音高而细等；动词，指使嗓音高而细。
　　尖儿：名词，指物体锐利的末端或细小的头儿，或出类拔萃的人或物品。
(6) 短：形容词，指两端之间的距离小；动词，指缺少，欠。
　　短儿：名词，指缺点。
(7) 单：区别词，一个、奇数的，跟"双"相对，或只有一层的（衣服等）。
　　单儿：名词，单子。
(8) 个：量词，用于没有专用量词的名词，或约数的前面、带宾语的动词后面等。
　　个儿：名词，指身体或者物体的大小，或一个个的人或物。

32. (1) 你说什么？我听不清（啊）。
　　(2) 天（哪），这车跑得真快（呀）！
　　(3) 这么好的条件，你怎么不读书（哇）？
　　(4) 你站在那儿干嘛？来吃（啊）！
　　(5) 这本书你还看不看（哪）？

33. (1) 王冕死了／父亲真可怜。（王冕死了，他的父亲很可怜。）
　　(2) 王冕死了父亲／真可怜。（王冕的父亲死了，他很可怜。）
　　(3) 你们／五个一组。（每个小组五个人。）
　　(4) 你们五个／一组。（这五个人是一个小组的。）
　　(5) 他们／说不来。（他们思想感情不合，谈不到一起。）
　　(6) 他们说／不来。（他们表明他们不来了。）

34. (1) 他昨天在操场上扭伤了脚。（谁昨天在操场上扭伤了脚）
　　(2) 他昨天在操场上扭伤了脚。（他什么时候扭伤了脚）
　　(3) 他昨天在操场上扭伤了脚。（他在哪里扭伤了脚）
　　(4) 他昨天在操场上扭伤了脚。（他的脚怎么了）
　　(5) 他昨天在操场上扭伤了脚。（昨天在操场上他扭伤哪儿了）

35. 沼（zhǎo）泽　　造诣（yì）　　扫（sào）帚　　地壳（qiào）
　　鎏（liú）金　　薄（bó）弱　　相称（chèn）　　嘲（cháo）讽
　　当（dāng）地　　忖度（duó）　　岗（gǎng）楼　　掺和（huo）
　　翻供（gòng）　　蛮横（hèng）　　貉（háo）子　　间（jiàn）或

## 六、简述题（本大题共 15 小题）

1. 语音由哪些物理要素构成？它们在普通话中有什么作用？

2. 什么是《汉语拼音方案》？它的主要用途是什么？

3. 什么是声母？如何区别声母和辅音？

4. 什么是韵母？如何区别韵母和元音？

5. 什么是发音部位？根据发音部位，声母可以分为哪些类型？

6. 什么是发音方法？根据发音方法，声母可以分为哪些类型？

7. 根据元辅音的数量，韵母可以分为哪些类型？

8. 根据韵尾的情况，韵母可以分为哪些类型？

9. 什么是声调？为什么说声调是汉语音节不可缺少的组成部分？

10. 举例说明普通话的调值和调类。

11. 举例说明普通话音节结构的特点。

12. 普通话声母和韵母的配合规律有哪些？

13. 举例说明普通话音节的拼写规则。

14. 举例说明音位和音位变体的关系。

15. 为什么说轻声不是一个独立的调类？

# 【实践与研究平台】

### 项目一　普通话声母与汉语方言声母的比较研究

目的与要求：

通过本项目，运用现代汉语声母、普通话辅音音位等相关知识，解决方言区的人们学习和使用普通话声母的难点问题和重点问题，同时逐步提高汉语方言声母发音的听辨能力，能够准确运用国际音标记录汉语方言的声母。本项目要求完成一篇学术小论文，字数为3000。

知识原理：

我国地域辽阔，方言众多，生活在不同汉语方言区的人们在进行交流和沟通时，都离不开现代汉民族的共同语——普通话。因此，掌握普通话声母与汉语某一方言声母之间的异同，以及正确的现代汉语辅音音位的辨正方法，有助于方言区的人们掌握普通话声母的标准发音，为普通话口语水平的提高奠定良好的基础。本项目应以普通话的声母为参照系，在熟练掌握辅音音位归纳标准的基础上，总结出汉语某一方言的声母系统，从而确定普通话声母系统与该方言声母系统的差异性。

研究方法：

1. 阅读相关文献资料，为项目研究奠定理论基础；2. 使用《汉语方言调查字表》开展田野调查；3. 认真听辨汉语某一方言声母的发音部位和发音方法，使用语音分析软件和国际音标准确分析该方言的声母；4. 运用比较法归纳普通话声母与汉语某一方言声母的异同。

注意事项：

1. 选择你所熟悉的汉语方言作为调查对象；2. 注意普通话声母与汉语方言声母在数量、发音部位和发音方法等方面的差异；3. 调查对象应为当地原住民，注意尽量排除生活经历对调查对象语音面貌的影响；4. 做好田野调查中录音资料的保存和整理工作。

参考文献：

1. 罗常培，王均. 普通语音学纲要. 北京：商务印书馆，2002
2. 林焘，王理嘉. 北京语音实验录. 北京：北京大学出版社，1985
3. 林焘，王理嘉. 语音学教程. 北京：北京大学出版社，2006
4. 石锋. 语音丛稿. 北京：北京语言学院出版社，1994
5. 金有景. 普通话语音. 北京：商务印书馆，2007
6. 周殿福. 国际音标自学手册. 北京：商务印书馆，1985
7. 唐作藩. 音韵学教程. 北京：北京大学出版社，2002
8. 陈长祚. 云南汉语方音学史. 昆明：云南大学出版社，2007

### 项目二　普通话韵母与方言韵母的比较研究

目的与要求：

通过本项目，运用现代汉语韵母、普通话元音音位和辅音音位等相关知识，解决方言区的人们学习和使用普通话韵母的难点问题和重点问题，逐步提高汉语方言韵母发音的听辨能力，能够准确运用国际音标记录汉语方言的韵母。本项目要求完成一篇学术小论文，字数为3 000。

知识原理：

我国地域辽阔，方言众多，生活在不同汉语方言区的人们在进行交流和沟通时，都离不开现代汉民族的共同语——普通话。因此，掌握普通话韵母与汉语某一方言韵母之间的异同，以及正确的现代汉语元音音位、辅音音位的辨正方法，有助于方言区的人们掌握普通话韵母的标准发音，为普通话口语水平的提高奠定良好的基础。本项目应以普通话的韵母为参照系，在熟练掌握元音音位、辅音音位归纳标准的基础上，总结出汉语某一方言的韵母系统，从而归纳普通话韵母系统与该方言韵母系统的差异性。

研究方法：

1. 阅读相关文献资料，为项目研究奠定理论基础；2. 使用《汉语方言调查字表》开展田野调查；3. 认真听辨汉语某一方言韵母的发音特点，使用语音分析软件和国际音标准确分析该方言的韵母；4. 运用比较法确定普通话韵母与汉语某一方言韵母的异同。

注意事项：

1. 选择你所熟悉的汉语方言作为调查对象；2. 注意普通话韵母与汉语方言韵母在数量、发音特点等方面的差异；3. 调查对象应为当地原住民，注意尽量排除生活经历对调查对象语音面貌的影响；4. 做好田野调查中录音资料的保存和整理工作。

参考文献：

1. 罗常培，王均. 普通语音学纲要. 北京：商务印书馆，2002
2. 林焘，王理嘉. 北京语音实验录. 北京：北京大学出版社，1985
3. 林焘，王理嘉. 语音学教程. 北京：北京大学出版社，2006
4. 石锋. 语音丛稿. 北京：北京语言学院出版社，1994
5. 金有景. 普通话语音. 北京：商务印书馆，2007
6. 周殿福. 国际音标自学手册. 北京：商务印书馆，1985
7. 唐作藩. 音韵学教程. 北京：北京大学出版社，2002
8. 陈长祚. 云南汉语方音学史. 昆明：云南大学出版社，2007

### 项目三　普通话声调与方言声调的比较研究

目的与要求：

通过本项目，运用现代汉语声调、普通话声调音位等相关知识，解决方言区的人们学习和使用普通话声调的难点问题和重点问题，逐步提高汉语方言声调发音的听辨能力，能够准确运用声调的标记方法记录汉语方言的声调。本项目要求完成一篇学术小论文，字数为3 000。

知识原理：

我国地域辽阔，方言众多，生活在不同汉语方言区的人们在进行交流和沟通时，都离不开现代汉民族的共同语——普通话。因此，掌握普通话声调与汉语某一方言声调之间的异同，以及现代汉语声调音位的辨正方法，有助于方言区的人们掌握普通话声调的标准发音，为普通话口语水平的提高奠定良好的基础。本项目应以普通话的声调为参照系，在熟练掌握声调音位归纳标准的基础上，总结出汉语某一方言的声调系统，从而确定普通话声调系统与该方言声调系统的差异性。

研究方法：

1. 阅读相关文献资料，为项目研究奠定理论基础；2. 使用《汉语方言调查字表》开展田野调查；3. 认真听辨汉语某一方言声调的调值和调类，使用语音分析软件和国际音标准确分析该方言的声调；4. 运用比较法归纳普通话声调与汉语某一方言声调的异同。

注意事项：

1. 选择你所熟悉的汉语方言作为调查对象；2. 注意普通话声调与汉语方言声调在调值和调类等方面的差异；3. 调查对象应为当地原住民，注意尽量排除生活经历对调查对象汉语方言声调的影响；4. 做好田野调查中录音资料的保存和整理工作。

参考文献：

1. 罗常培，王均. 普通语音学纲要. 北京：商务印书馆，2002
2. 林焘，王理嘉. 北京语音实验录. 北京：北京大学出版社，1985
3. 林焘，王理嘉. 语音学教程. 北京：北京大学出版社，2006
4. 石锋. 语音丛稿. 北京：北京语言学院出版社，1994
5. 金有景. 普通话语音. 北京：商务印书馆，2007

6. 周殿福. 国际音标自学手册. 北京：商务印书馆，1985
7. 唐作藩. 音韵学教程. 北京：北京大学出版社，2002
8. 陈长祚. 云南汉语方音学史. 昆明：云南大学出版社，2007

## 项目四　新闻播音员普通话语音规范化调查

目的与要求：

通过本项目，运用现代汉语语音的规范化、普通话的音位系统、普通话的音变和语调等相关知识，调查新闻播音员在普通话语音规范化方面存在的问题，树立正确的普通话语音规范化观，培养普通话标准音的听辨能力，不断提高普通话口语表达水平。本项目要求完成一篇调查报告，字数为4 000。

知识原理：

普通话语音以北京语音为标准音，推广现代汉语标准音是普通话语音规范化的重要工作内容之一。新闻播音员以普通话为工作语言，必须以规范的普通话语音为发音准则。本项目需要掌握《汉语拼音方案》、《普通话水平测试等级标准》、《中华人民共和国国家通用语言文字法》、《普通话水平测试大纲》等，以便分析和总结当前我国普通话推广工作在特定工作领域中的实施情况。

研究方法：

1. 阅读相关文献资料，为项目研究奠定理论基础；2. 根据调查的目的与要求，以及相关的知识和原理，收集近一年来的广播电视新闻节目，并以其为研究对象；3. 如条件允许，可设计"新闻播音员普通话语音规范情况调查问卷"进行调查，并根据实际情况，适当采用观察法和访谈法，以便增强调查的可信度；4. 运用SPSS软件整理和分析调查结果。

注意事项：

1. 选择受众较为熟悉的新闻节目进行调查，注意调查对象的典型性和普遍性，同时关注中央媒体和地方媒体的新闻节目；2. 问卷调查实施分层抽样的方法，充分考虑到性别、年龄、民族、专业等因素对调查结果的作用和影响；3. 问卷调查必须亲自到达调查对象所在地，在规定的地点、时间内完成问卷调查的发放和收取、填写说明和指导等工作；4. 做好调查问卷有效性的检查工作、访谈录音资料的保管工作。

参考文献：

1. 国家语委普通话培训测试中心. 普通话水平测试实施纲要. 北京：商务印书馆，2005
2. 语文出版社. 语言文字规范手册. 北京：语文出版社，2006
3. 国家语言资源监测与研究中心. 中国语言生活状况报告. 北京：商务印书馆，2009
4. 史灿方，孙曼均. 语言规范与语言应用探索. 南京：南京大学出版社，2008
5. 彭红. 现代汉语读音规范词典. 上海：上海辞书出版社，2011
6. 吴弘毅. 广播电视语言文字规范化研究. 北京：中国广播电视出版社，2007

7. 崔梅，周芸. 云南语言生活调查研究. 昆明：云南大学出版社，2007
8. 崔梅，周芸. 新闻语言学教程. 北京：北京师范大学出版社，2011

### 项目五　少数民族大学生普通话学习态度调查

目的与要求：

通过本项目，运用现代汉语语音系统的知识，以及普通心理学、社会语言学等的相关知识，解决少数民族大学生在学习和使用普通话过程中的认知、情感、行为倾向等问题，培养结合实际研究普通话语音规范化的能力。本项目要求完成一篇调查报告，字数为4 000。

知识原理：

我国历来重视普通话的推广工作。《中华人民共和国国家通用语言文字法》明确了普通话作为国家通用语言的法律地位，以及公民学习和使用国家通用语言文字的权利。学校是推广和普及普通话的重要阵地，学生的普通话学习态度与学校推普工作的成效具有十分密切的关系。本项目的研究有助于了解普通话在少数民族地区的推广情况。

研究方法：

1. 阅读相关文献资料，为项目研究奠定理论基础；2. 根据调查的目的与要求，以及相关的知识和原理，设计"少数民族大学生普通话学习态度调查问卷"，并有效开展问卷调查；3. 在田野调查的过程中，可以根据实际情况，适当采用观察法和访谈法，以便增强调查研究的信度和效度；4. 运用SPSS软件整理和分析问卷调查的结果。

注意事项：

1. 科学筛选调查对象，实施分层抽样的调查方法，充分考虑到学科、专业、年级、性别、民族等因素对调查结果的作用和影响；2. 必须亲自到达调查对象所在地，在规定的地点、时间内完成问卷调查的发放和收取、填写说明和指导等工作；3. 做好调查问卷有效性的检查工作和访谈录音资料的保管工作。

参考文献：

1. 国家语委普通话培训测试中心. 普通话水平测试实施纲要. 北京：商务印书馆，2005
2. 陈原. 社会语言学. 北京：商务印书馆，2004
3. 祝婉瑾. 社会语言学概论. 长沙：湖南教育出版社，1992
4. 戴庆厦. 社会语言学概论. 北京：商务印书馆，2004
5. 徐大明. 社会语言学实验教程. 北京：北京大学出版社，2010
6. 徐大明. 语言变异与变化. 上海：上海教育出版社，2006
7. 周成兰. 论心理因素对学习普通话的影响. 语言学研究，2002（5）
8. 李小平，郭江澜. 学习态度与学习行为的相关性研究. 心理与行为研究，2005（4）

## 项目六  现代汉语方言语音变异研究

目的与要求：

通过本项目，运用现代汉语语音系统和汉语方言语音系统的知识，以及社会语言学、应用语言学等学科的相关知识，解决汉语方言在发展过程中所产生的语音演变问题，同时培养听辨现代汉语各类语音现象的基本能力，能够准确运用国际音标记录汉语方言的各类语音现象。本项目要求完成一篇学术小论文，字数为3000。

知识原理：

语言是一种特殊的社会现象，社会性质是语音的本质属性。随着社会、政治、经济、生活的不断发展，人们的语言生活也在发生变化。现代汉语方言的语音变异，就是其中比较明显的一种语言现象。它既可以从历时语音演变的角度展开研究，也可以从共时语音演变的层面进行讨论。描写和阐释现代汉语方言的语音变异现象，有助于了解现代汉语方言的发展趋势，能够为现代汉语语音的规范化工作提供一定的理论依据。

研究方法：

1. 阅读相关文献资料，为项目研究奠定理论基础；2. 使用《汉语方言调查字表》开展田野调查；3. 认真听辨汉语某一方言声母、韵母和声调的发音，使用语音分析软件和国际音标准确描写现代汉语方言的语音变异现象；4. 运用比较法和描写法确定不同职业、不同年龄、不同性别的调查对象在使用汉语某一方言的声母、韵母和声调时的异同点。

注意事项：

1. 选择你所熟悉的汉语方言作为调查对象；2. 调查对象应为当地原住民，注意尽量排除生活经历对调查对象语音面貌的影响。3. 注意调查对象的职业、年龄、性别等因素对调查结果的影响和作用，调查对象的年龄最好在21—60岁之间，以便合理划分年龄层；4. 做好田野调查中录音资料的保存和整理工作。

参考文献：

1. 李汝龙．汉语方言学（第二版）．北京：高等教育出版社，2007
2. 徐大明．语言变异与变化．上海：上海教育出版社，2006
3. 许小颖．语言政策和社群语言．北京：中华书局，2007
4. 郭骏．方言变异与变化．北京：北京大学出版社，2009
5. 王立．城市语言生活与语言变异研究．北京：中国社会科学出版社，2009
6. 周殿福．国际音标自学手册．北京：商务印书馆，1985
7. 林焘．中国语音学史．北京：语文出版社，2010
8. 陈长祚．云南汉语方音学史．昆明：云南大学出版社，2007

# 第三章　现代汉语词汇

## 【学习导论】

### 一、知识梳理

词汇是一种语言中所有词和固定语的总和，它具有系统性、民族性和发展性。现代汉语的词汇单位有语素、词和固定语。语素是最小的音义结合的语言单位；词是最小的能够独立运用的音义结合的语言单位；固定语是结构上相当于一个短语，使用时相当于一个词的语言单位。现代汉语词汇的特点是：语素以单音节为主；双音节词占优势；合成词主要采用词根复合法。

根据音节数量，语素可分为单音节语素和多音节语素。单音节语素是只有一个音节的语素；多音节语素是具有两个或两个以上音节的语素。根据意义的虚实，语素可分为实语素和虚语素。实语素是能够表达具体、实在意义的语素；虚语素是没有具体、实在意义而只表达某些抽象的构词意义或语法意义的语素。根据能否独立成词，语素可分为成词语素和不成词语素。成词语素是能够独立成词的语素；不成词语素是不能单独成词的语素。根据分布的位置，语素可分为定位语素和不定位语素。在合成词中只有一种位置，要么在别的语素之前，要么在别的语素之后，这样的语素就叫定位语素；同别的语素组合成词时，既可以出现在别的语素之前，也可以出现在别的语素之后，这样的语素叫不定位语素。根据构成词的数量的多少，现代汉语的词可分为单纯词和合成词。单纯词是由一个语素构成的词，包括单音节单纯词和多音节单纯词两类；合成词是由两个或两个以上语素构成的词，包括复合式合成词（联合型、偏正型、补充型、述宾型、主谓型）、附加式合成词（前缀型、后缀型、中缀型）和重叠式合成词三类。

现代汉语的词，从在词汇构成中的地位和作用来看，可以划分为基本词和一般词。基本词是反映自然界和人类社会中最基本的事物、现象的概念及关系的词，具有普遍性、稳固性和基础性的特点；一般词是词汇中除基本词以外的词，具有灵活性、丰富性和局限性的特点。从出现的时间来看，可以划分为古语词和新造词。古语词是来自古代汉语词汇系统而在现代汉语中具有特殊表达功能的词，包括文言词和历史词；新造词是以原有语素为材料，按照现代汉语构词方式构成的新词，包括新词新义型、新词旧义型和旧词新义型三种。从运用的区域来看，可以划分为标准语词和方言词。标准语词是指普通话词汇系统中所有的词；方言词是在现代汉语某一方言区通行的词。从具体来源来看，可以划分为本族语词和外来词。本族语词是本民族语言所固有的词；外来词是从其他民族语言中吸收进来的词，包括全音译词、半音半意译词、音译加注汉语语素词、音意兼译词、字母词和借形词。现代汉语的固定语由专有名称、熟语和缩略语共同构成。专有名称是表达独一无二的事物或概念的固定语，包括专门用语、专业语和行业语；熟语是语言中经过长期习用而定型化的短语乃至句子,包括成语、惯用语、歇后语、谚语;缩略语是为了适应语言表达经济性的需要而经过压缩和省略的词语。

词义是词的语音形式所表示的内容,由理性义和附加意义构成。它具有客观性和主观性并存、概括性和具体性并存、明确性和模糊性并存、稳定性和发展性并存的特点。根据义项的多少,现代汉语的词可以分为单义词和多义词。单义词是只有一个义项的词;多义词是有两个或两个以上相互关联的义项的词。根据词义是否相同、相近或相反,现代汉语的词可以分为同义词和反义词。同义词是意义相同或相近的一组词,它的辨析可以从理性意义、侧重点、附加意义和语用功能等方面进行;反义词是词义相反或相对的一组词。根据词义是否具有包含与被包含的关系,现代汉语的词可以分为上下义词和类义词。在词义的外延上包含别的词的,叫上义词;在词义的外延上被包含的词,叫下义词;类义词是指具有共同上下义词的若干个下义词所形成的词义类聚。根据一个词所包含的音节的数量,现代汉语的词可以分为单音节词和多音节词。单音节词是只包含一个音节的词;多音节词是包含两个或两个以上音节的词。根据词的语音形式是否相同以及语音和语义之间的关系,现代汉语词可以分为同音词和多音词。同音词是语音形式相同而语义不同的词;多音词是语音、语义不同而书写形式相同的词。

现代汉语词汇规范化的基本原则为必要性原则、普遍性原则和明确性原则。其内容包括宏观层面的词音、词义、词形等方面的规范和微观层面的古语词、外来词和新造词等方面的规范。

**二、能力素养**

(一)根据语境规范使用现代汉语词汇

现代汉语的词汇丰富多彩,每一种词或固定语都有自己特殊的表达功能和语用效果,如古语词常用于书面语中,而歇后语、惯用语、缩略语则常用于口语中,必须依据语境的需要准确使用。

(二)培养分析现代汉语词义的能力

现代汉语词义的分析能力,主要包括确定义项、辨析同义词、识别多义词的基本义和派生义、根据语义场确定上下义词、类义词之间的语义关系等方面的能力。应注意通过相应的练习,使所学理论知识得到巩固,逐步提高分析现代汉语词义的能力。

(三)具备初步研究现代汉语词汇的能力

系统学习和掌握现代汉语词汇知识,一方面是为了在具体的语言实践中正确运用现代汉语词汇,另一方面还应该关注语言生活中出现的各种词汇现象,自觉地运用所学知识对其进行分析和研究。久而久之,发现问题和分析、解决问题的能力就会逐步得到提升。

## 【难点探究】

**一、如何理解词汇的民族性?**

词汇是一种语言中所有词和固定语的总和。从语义的角度看,词汇反映的是人们对客观事物现象的概括反映和主观评价。由于不同的民族具有不同的生存环境、文化传统、风俗习惯、心理特征、思维方式、社会心理等,他们对同一事物可能产生不同的主观感受,且对同一概念的反映和表达也不尽相同,所以一个民族文化的独特性往往会在其词汇中得到充分的体现,这就是词汇的民族性。

词汇的民族性,具体可以从以下几方面进行理解:

第一,不同民族的词汇具有不同的语音特征。具体表现为:一是在同一民族语言中,语音相同的词语可以表示不同的意义。例如:汉语的"shū"有"书(书本;书包)"、"舒(舒服;舒心)"等意义;英语的"hoot"有"猫头鹰叫"、"喊叫"、"鸟叫"、"奚落"等意义。二在是同一民族语言中,具有相同意义的词语可以用不同的语音来表示。例如:英语的"Dad"、"father"都指"爸爸";汉语的"扩音器"又叫"麦克风","电脑"又叫"计算机"。三是在不同民族语言中,具有相同意义的词语可以用不同的语音来表示。例如:表示"在学校读书的人"这个意义的词,汉语是"xuésheng"、英语则是"student"。四是在不同民族语言中,相同或相近的声音可以表示不同的意义。例如:"la"这个声音在藏语里是"衣服"的意思,而在汉语里却表示"拉"的意思。

第二,不同民族的词汇反映该民族的文化特征。具体表现为:一是词语及其义项的不对等。由于各民族文化传统、思维方式、地理环境等的不同,表示该民族所特有的事物、现象和概念的词语只会在本民族语言中出现,在其他民族语言中是不存在的。例如:汉语的"鼎"、"饺子"、"药罐子"、"三个代表"、"一国两制"等,就是英语没有的。二是词语意义切分的不对等。同一事物或概念,在某一民族语言中可能只用一个词语来表达,而在另一民族语言中可能被切分成几个或更多的词语来表达。例如:英语中的"uncle",在汉语里指伯父、叔父、舅父、姑父和姨夫;而汉语中的"跳"这个词,在英语中则要根据不同的语境,分别使用"jump"、"leap"、"skip"等来表示。三是基本词汇反映该民族的文化背景。基本词汇是民族语言词汇系统的重要组成部分,它所指称的对象或事物与该民族的宗教文化和生活习俗具有密切的联系。例如:藏族生活在地势高峻、气候寒冷的高原,基本词汇中的"gangs"(雪山)、"gangs chu"(雪水)、"mar"(酥油)、"mar me"(酥油灯)、"nas"(青稞)、"nas chang"(青稞酒)等,反映藏族的生活环境和游牧文化,而它们在汉语词汇系统中并不是基本词。四是词语的附加意义不同。在不同民族语言中,表达同一理性概念的词语,由于受到各自民族文化的影响,获得了不同的附加色彩。例如:"龙"在汉语里具有极其崇高和庄严的联想意义,象征着皇权、神力与威严,含有"龙"的词汇也大多为褒义,如"龙飞凤舞"、"龙马精神"等,而英语中的"dragon"则常常用作贬义词,有"大动物"、"凶恶的女人"、"母夜叉"之意。

第三,不同民族的词语的搭配意义不同。由于各民族思维方式、心理情态和语言习惯的不同,以及对环境、对象的适应性不同,表现在词语的搭配上,就会出现出不同的特点。例如:汉语的"胖"适用于人,动物则称为"肥",而英语的"fat"既可以与人搭配,也可以与动物搭配。

**二、缩略语的规范化应该注意哪些问题?**

缩略语是为了适应语言表达经济性的需要,对形式比较长的专有名称或经常在一起出现的词语进行压缩和省略所得到的语言单位。缩略语时时刻刻都在产生,其构成方式复杂多样,但并不是所有的专有名称或词语都可以无条件地转换为缩略语,这其中是具有一定的标准和规范的。

缩略语的规范化应该注意以下三方面的问题：

第一，词形结构合理。根据语言的经济性原则，词语的使用频率与其长度往往呈现为反比关系。因此，规范的缩略语应该具有较为合适的词形长度。例如：第二次世界大战的缩略语"二战"，就比"二世战"更符合规范化对词形的要求，也更容易为人们所接受。另外，词语之间凝固程度越高，其缩略的可能性就越大。如果几个词语经常组合在一起使用，甚至构成了一个固定结构，这个固定结构就很容易成为缩略语。例如：把"凭据和标准"缩略为"凭准"，凝固性就比较差，因为从缩略形式"凭准"上很难看出其原式，所以是不规范的缩略语。

第二，语义内容明确。规范的缩略语要能准确传递原词语的意义，避免产生歧义。如果将"美术学院"缩略成"术学"或"术院"，就无法判断其语义；如果缩略成"美学"，就容易产生歧义和误解。因此，这些缩略语都是不规范，不能成立的。又如："迎新"，既可以是"迎接新同学"的缩略，又可以是"迎接新年"的缩略，如不加以规范，就会造成歧义。

第三，使用要注意结合语境。缩略语在使用的过程中，常常涉及特定时代、范围和对象等语境因素。因此，缩略语的使用只有符合特定的时代、范围和对象，才可能正确理解和接受，也才可能是规范的。例如："肃反"、"四清"等缩略语，就具有一定的时代性，如果不了解那个特定的历史时期，就不一定知道其特定的含义。又如：现代汉语的"四呼"是"开口呼、合口呼、齐齿呼、撮口呼"的概括，具有明显的专业性，只能在特定的学科、专业范围内才能被人们所知晓和使用。此外，大学校园内还存在着诸如"马哲"（马克思主义哲学基本原理）、"科社"（科学社会主义）、"经管学院"（经济与管理学院）、"外院"（外国语学院）等缩略语，离开特定的使用范围和对象，可能就不容易被人们所理解和接受。

### 三、如何确定现代汉语语素？

语素是语言中最小的音义结合体，也是现代汉语最低一级的词汇单位。辨别一个语言单位是不是语素，首先要看它是否具有一定的语音形式，并且表示一定的意义。但是，某一语言成分是否具有一定的语音形式、表示一定的意义，需要服从于以现代汉语为母语的人们的认识和理解。这也是语言的民族性在语素上的一种体现。其次，还要看这个语言单位能否切分为更为小的音义结合体。值得注意的是，语言是不断发展的，语言的发展不可避免地会影响到语素的变化。古代汉语中有一些语素，发展到今天已经失去了"语素"的身份和地位。因此，某个语言单位能否切分为更为小的音义结合体，应根据现代汉语的实际来进行判断。通常，确定现代汉语语素可采用以下方法：

第一，比较法。例如："沙土"和"沙滩"这两个语言单位中都有一个"沙"，语音形式和语义内容完全相同，而且也不能分割成更小的音义结合体。因此，可以确定"沙土"、"沙滩"中的"沙"是同一个语素。

第二，替换法。具体可分为完全替换、完全不能替换、部分不能替换等三种情况：

一是完全替换。如果一个语言片段 XY，其中的 X 可以被其他的语素 A、B……所替换，变为有意义的 AY、BY……，Y 也可以被其他的语素 C、D……所替换，变为有意义的 XC、XD……，而 X、Y 本身不能再切分，那么 X、Y 都是语素。例如："哀痛"的"哀"可以被"悲"、"病"、"惨"等替换，变为"悲痛"、"病痛"、"惨痛"等；"痛"也可以被"愁"、"告"、"切"等语素替换，变为有意义的"哀愁"、"哀告"、"哀切"等。可见，"哀"、"痛"都可以在意义不变的情况下，分别同其他语素组合，所以它们都是语素。

二是完全不能替换。如果一个语言片段 XY，其中的 X 和 Y 都不能用别的单位所替换，则 XY 为一个语素。例如："琵琶"、"拉萨"、"巴黎"、"绰约"等语言单位，其构成要素拆开后并没有任何意义，且不能被其他语言成分所替代，所以它们是一个语素。

三是部分不能替换。具体又可分为两种情况：第一种情况是在语言片段 XY 中，只有 X 或 Y 能被替换，且整个语言片段 XY 的意义不能单独用 X 或 Y 来表示，那么 XY 就不是一个语素。例如："鲤鱼"中的"鲤"能替换成"鲫鱼"、"金鱼"、"草鱼"等，这说明"鱼"是一个意义明确的语素；"鲤"虽然不可以被替换，但它在"鲤鱼"中是必不可少的，因为"鲤鱼"之所以区别于"鲫鱼"、"金鱼"、"草鱼"等，"鲤"起了主要作用，这说明"鲤"在"鲤鱼"中是具有一定的意义的，它也是一个语素。第二种情况是在语言片段 XY 中，只有 X 或 Y 能被替代，但整个语言片段 XY 的意义可以单独用 X 或 Y 来表示，那么语言片段 XY 就是一个语素。例如："蝴蝶"中的"蝴"可以被替换成"彩蝶"、"凤蝶"、"粉蝶"等，且"蝶"可以代表"蝴蝶"的意义，如"蜂围蝶绕"，这说明"蝶"具有一定的组合能力，是一个有意义的语素，而"蝴"不仅没有组合能力，也不表达任何的意义，只能看作是一个音节，所以"蝴蝶"就只是一个语素。

**四、语素、音节、汉字、词之间有什么关系？**

在现代汉语中，语素是最小的音义结合体，音节是听觉上自然感知的最小语音片段，汉字是记录汉语的书写符号，词是能够独立运用的最小的音义结合体。语素、音节、汉字、词属于不同层面的单位，它们之间的关系十分复杂，具体可分析如下：

第一，汉字与语素、音节、词的关系。汉字与语素、音节、词有对应的一面，也有不对应的一面，具体表现为以下几种情况：一是一个汉字记录一个音节，表示同一个语素，如"年"（nián）、"喝"（hē）、"高"（gāo）、"矮"（ǎi）等。二是几个汉字记录几个音节，表示同一个语素，如"蘑菇"、"苤蓝"、"踉跄"、"派对"等。三是几个汉字记录一个音节，表示几个语素，如"花儿"（huār）、"头儿"（tóur）、"球儿"（qiúr）、"人儿"（rénr）等。四是同一个汉字、同一个音节记录的既不是语素也不是词，而是一个没有意义的音节，如"葡"、"蜈"、"忐"、"忑"等。五是同一个汉字、同一个音节记录的是不同的词或语素，如"把衣服洗了"、"一把锄头"里的"把"（bǎ），就是不同的词。六是不同的汉字记录同一个音节，表示不同的语素，如音节"yī"可以表示"衣"、"依"、"医"、"伊"等语素。七是同一个汉字记录不同的音节，表示不同的语素，如汉字"差"可表示"chā"（差别）、"chà"（差劲）、"chāi"（差事）、"cī"（参差）等语素。八是音节相同的同一个汉字在不同的语境中记录的可能是一个词，也可能是一个语素，还可能是一个没有意义的音节，如汉字"沙"在"一堆沙"中是一个词，在"沙滩"中是一个语素，在"沙发"中是一个没有意义的音节。九是音节相同的不同汉字记录的是同一个词或语素，如"搜"和"蒐"、"于"和"於"、"凭"和"憑"等。十是有些单音节词本身就是一个汉字，如"井"、"吃"、"打"、"好"等。

第二，语素和词的关系。词由语素构成，语素的基本作用是构词。语素和词的关系通常表现为：一是一个语素就是一个词，如成词语素"肉"、"饱"、"大"、"洒"等。二是两个语素按照一定的语法关系组合成词，如联合关系的"朋友"、"语言"、"东西"、"勇猛"等，偏正关系的"铁路"、"后门"、"石器"、"飞船"等，述宾关系的"安心"、"守旧"、"知己"、"鼓掌"等，陈述关系的"心疼"、"体重"、"海啸"、"眼红"等，补充关系的"看见"、"展开"、"纸张"、"人口"等。三是一个表示具体意义的语素跟一个附加成分组合成词，如"剪子"、"画儿"、"石头"、"咱们"等。四是重复语素组成一个词，如"渐渐"、"慢慢"、"爸爸"、"常常"等。

第三，语素和音节的关系。一是一个语素由一个音节构成，如"谁"（shéi）、"怎"（zěn）、"我"（wǒ）、"你"（nǐ）等。二是一个语素由两个或两个以上的音节构成，如联绵语素"叮咛"、"蟑螂"、"迷离"、"垃圾"等，叠音语素"姥姥"、"潺潺"、"惇惇"、"孜孜"等，音译语素"比基尼"、"厄尔尼诺"、"西双版纳"、"布尔什维克"等。

**五、如何区别叠音词和重叠式合成词？**

从形式上看，叠音词和重叠式合成词十分相似，都是由两个同音、同形的汉字组合而成。区别叠音词和重叠式合成词，一般可以从以下四个方面入手：

第一，从语素数量区分。叠音词是由两个相同音节重叠而成的词，由一个语素构成，属于单纯词。重叠式合成词是由相同词根重叠构成的词，由两个语素构成，属于合成词。例如："茫茫"、"淙淙"、"眈眈"等，已经是最小的音义结合体了，不能再切分，只代表一个语素，属于单纯词，因此是叠音词。但"伯伯"、"常常"、"妹妹"等可以切分为"伯、伯"，"常、常"，"妹、妹"几个语素，这些语素不但具有一定的意义，而且还能独立使用，所以属于由两个相同词根语素构成的重叠式合成词。

第二，从词类区分。一是叠音词和重叠式合成词都有名词和形容词，但单个音节不表义或单个音节在重叠式中不表意的名词和形容词，都属于叠音词，如"狒狒"、"蛐蛐"、"硁硁"、"谆谆"等。如果名词和形容词中的单个音节可以表意或单个音节可表示整个重叠形式的意义，就属于重叠式合成词，如"哥哥"、"爷爷"、"慢慢悠悠"、"花花绿绿"等。二是叠音词中没有副词，"偏偏"、"仅仅"、"刚刚"等副词都属于重叠式合成词。三是属于拟声词的叠音词比较少，如"喃喃"、"簌簌"、"辚辚"等，而属于拟声词的重叠式合成词则相对较多，如"哇哇"、"当当"、"嗡嗡"等。

第三，从语法功能区分。构成叠音词的各个成分不是语素，只是一个音节，不表示任何意义，也不能单独使用。例如："孜孜"、"猩猩"、"狒狒"中的"孜"、"猩"、"狒"，只有两个汉字重叠在一起才具有意义，也才能单独使用，并具有一定的语法功能。构成重叠式合成词的各个成分本身就是一个语素，具有一定的意义，可以分开使用，独立成词。例如："爸爸"、"叔叔"、"常常"中的"爸"、"叔"、"常"可以独立成词，单独使用时，其意义和重叠后的意义相同或相关。

第四，从附加意义进行区分。叠音词由一个语素构成，没有任何附加意义。重叠式合成词由两个相同词根语素构成，其词义与单独的词根语素的意义相同或相关，具有一定的附加意义。例如："刚刚"和"刚"、"仅仅"和"仅"、"明明"和"明"相比，前者就表示强调的语气。

**六、什么是词缀？词缀具有哪些特点？**

词缀是没有基本词汇意义而主要起构词作用的语素，如"可靠"中的"可"、"老鼠"中的"老"、"念头"中的"头"等。根据分布位置，词缀可以分为前缀、后缀和中缀三类。出现在词根之前的是前缀，出现在词根之后的是后缀，出现在词根和词根之间的是中缀。

词缀的特点主要表现为：

第一，词缀是附加式合成词的构词成分，而不是复合式合成词的构词成分，属于不成词黏着性构词成分。例如：前缀"阿"、"老"不能单独成词，而是始终附着在词根语素之前；后缀"子"、"头"也不能单独成词，始终附着在词根语素之后。

第二，词缀具有一定的构词能力，属于定位性构词成分，而非自由的不定位构词成分。例如："明"既可以出现在其他语素的前面，组成"明察"、"明处"、"明快"等词，也可以出现在其他语素的后面，组成"判明"、"鲜明"、"申明"等词，因此"明"属于不定位构词成分，不是词缀。值得注意的是，词缀的构词能力具有强弱之分，有的相对强一些，如"子"、"儿"等，有的相对要弱一些，如"么"、"尔"等。

第三，词缀没有基本的词汇意义，其意义倾向于虚化，只有依附在一定的词根语素上，才能显示出其附加性的词汇意义，如"第一"、"第二"中的"第"，"尾巴"、"结巴"中的"巴"，"古里古怪"、"糊里糊涂"中的"里"等。相反，"卧房"、"现房"、"厢房"中的"房"表示"房子"的意思，不但能够体现词的基本意义，而且还可以单独存在，因此不属于词缀。

第四，词缀具有一定的辨别词类的作用。有的时候，词缀与词类之间是一一对应的关系，如词缀"阿"（阿婆）是名词的词缀，"尔"（莞尔）是形容词后缀等；有的时候，词缀与词类之间又呈现为一对多的关系，如词缀"么"既是代词的标记（"这么"、"怎么"等），也是副词的标记（"多么"、"那么"等），同时还是连词的标记（"那么"、"要么"等）。

第五，中缀、后缀一般读轻声，但前缀不读轻声。例如："糊里糊涂"、"慌里慌张"、"骨头"、"骗子"中的"里"、"头"、"子"都读轻声。前缀因为在词的第一音节的位置，不可能读轻声。

**七、如何区别偏正型合成词和述宾型合成词？**

合成词是由两个或两个以上的语素构成的词。根据词根和词缀的组合情况，现代汉语的合成词又可分为复合式、附加式和重叠式三种类型。偏正型合成词和述宾型合成词都属于复合式合成词，是由两个词根语素组合而成的。

区分偏正型合成词和述宾型合成词，需要在正确理解词义的基础上，从词根语素和词根语素之间的语义关系、语法关系等方面入手。偏正型合成词的语义以后一个语素为主，前一个语素修饰、限制后一个语素，可分为定中式和状中式两类。定中式以名词性语素为中心，前一语素相当于后一语素的定语。定语从形式、性质、用途等方面修饰或限制名词性语素。例如："烤鸭"是指"挂在特制的炉子里烤熟的鸭子"，前一语素"烤"修饰名词性语素"鸭"。状中式以动词性或形容词性的语素为中心，前一语素相当于后一语素的状语。状语从时间、条件、范围、处所、程度等方面修饰或限制中心性语素。例如:"雪白"是指"像雪那样的洁白",用"雪"的颜色来描写"白"的程度。述宾型合成词的前一语素表示动作行为,由动词性语素充当,后一语素表示动作行为所支配、关涉的对象,由名词性语素充当,如"伤心"、"知己"、"催眠"等。

据此,偏正型合成词和述宾型合成词的区分具体可归纳为:一个合成词 AB,如果 A 语素修饰、限制 B 语素,则 AB 为偏正型语素;如果 B 语素是 A 语素支配、关涉的对象,则 AB 是述宾型合成词。例如:"围墙"是"环绕房屋、园林、场院等的拦挡用的墙"的意思,动词性词根语素"围"修饰、限制名词性词根语素"墙",因而是偏正型合成词。"围嘴"是"围在小孩子胸前使衣服保持清洁的东西"的意思,动词性词根语素"围"支配、关涉的对象为名词性词根语素"嘴",因而是述宾型合成词。

**八、怎样分析多音节合成词的内部层次?**

多音节合成词是由三个或三个以上的语素构成的,内部层次结构关系往往显得比较复杂。分析多音节合成词的内部层次,可遵循以下原则和步骤:

第一,分析多音节合成词应遵循的原则。一是被切分出来的成分必须是合理的结构体,符合合成词的构词规则。例如:"生活费"应切分为"生活/费",而不能切分为"生/活费"。因为"活费"不符合构词规则,不是合理的结构体。二是切分出来的成分在意义上要能够搭配,且不能改变原有的意义。如果切分后的成分在意义上不是合乎事理的搭配,或者改变了原有的意义,这种切分就是错误的。例如:"死心眼"应先切分出"死/心眼",然后再把"心眼"切分成"心/眼"。如果先切分成"死心/眼",再切分成"死/心",这样就很难让人明白它的意义,而这种切分也就不能成立了。三是原则上逐层二分,如有必要,可以多分。例如:

第二,分析多音节合成词的具体步骤。首先,把多音节合成词作为一个整体,准确把握其内部结构规则。其次,从大到小,逐层切分,一直切分到语素为止,同时标明同一层次不同成分之间的语法结构关系。例如:

```
北   回   归   线          物   理   学   家
|偏|   正   |            |   附   |加  |
    |偏| 正 |                |偏| 正 |
    |联| 合 |                |偏|正|
```

**九、现代汉语吸收外来词应该遵守哪些原则?**

外来词是从其他民族语言中吸收进来的词,是文化交流和融合、语言接触和发展的必然产物。汉语的外来词,历史久远,词源多样,且具有自己独特的表达方式。从西汉张骞出使西域,到东汉以后佛教传入中国,以至明朝天主教的进入、近现代时期的西学东渐等等,都有一些外来词进入到汉语的词汇系统中。就总体情况而言,现代汉语吸收外来词应遵循以下原则：

第一，必要性原则。现代汉语作为一种独立的语言，有其内在的严整性、系统性和规范性。外来词虽然有其特殊的异域色彩和表达效果，但如果现代汉语词汇系统中已有词语能够表达相同的意义，就基本上没有必要吸收或使用同一意义的外来词，尤其是在媒体语言和事务语体中，就更应该如此。如果忽略了必要性原则，就会导致外来词的滥用，从而影响到现代汉语的纯洁和健康。

第二，明确性原则。吸收外来词必须符合现代汉语的特点和民族习惯，以意译为主，同时兼顾音译。除了人名、地名、国名等需要使用音译的方式，以及不使用音译就不能准确传达词义的情况以外，凡是能够意译的外来词，都要尽量使用意译的吸收方式，以便于人们的理解和接受。例如：用"民主"而不用"德莫克拉西"，用"电话"而不用"德律风"等等。

第三，普遍性原则。在吸收外来词的过程中，常常会出现一词多译现象。这不仅容易造成概念的混淆，而且还会给话语交际造成一定的障碍，同时也违背了语言发展的经济性原则。因此，对于同一个词的几种不同的译法，要统一书写形式，选用最常见、最通行的形式。例如：用"布什"（美国前总统）而不用"布殊"、"布希"，用"撒切尔"（英国前首相）而不用"戴卓尔"、"柴契尔"等等。

**十、如何理解成语中的文化内涵？**

成语是汉语词汇的重要组成部分，它是一种相沿习用的结构凝固、意义完整的固定语，同时也是中华民族文化的结晶。成语中所蕴藏的文化内涵，主要包括以下几种类型：

第一，礼仪文化。中国自古被称为"礼仪之邦"，许多传统美德至今仍然可以从成语中体现出来。例如：夫妻之间应该"相敬如宾"、"举案齐眉"；晚辈要孝敬长辈，否则就是"不肖子孙"；宾主之间讲究"礼尚往来"，切勿"喧宾夺主"，即使诉诸武力也应"师出有名"、"先礼后兵"；为君要爱臣，应"礼贤下士"；为臣要忠君，要"鞠躬尽瘁，死而后已"等等。

第二，饮食文化。俗话说"民以食为天"，平民百姓最关心的就是温饱问题。中国的美食素以"色香味俱全"著称，早在古代就拥有自己独特的烹饪技术和饮食习俗。例如："炮（bāo）"在古代就是一种烹饪制作方法，是把禽畜涂裹上泥巴后，放入火中烧烤，烧干后去掉外裹之物，涂上米糊，再经油煎、锅蒸等工序取出，加调料食用。成语"烹龙炮凤"中的"炮"指的就是这种传统烹饪技巧。又如："鼎"是我国古代煮东西用的器物，圆形，三足两耳，也有方形四足的。成语"三足鼎立"就是着眼于这种器皿的特殊外观形状，比喻三方分立势力均衡的局面；"牛鼎烹鸡"指用煮牛的大鼎来炖鸡，比喻大材小用，也是着眼于鼎的烹煮功能。

第三，佛教文化。自西汉末年佛教传入我国以后，佛家思想也逐渐深入人心。在这种强大的宗教文化思想的渗透下，汉语产生了很多来自佛经或与佛教相关的成语，成为汉语成语中独放异彩的奇葩。例如：古人一直认为我国四周均系大海，所以习惯于用"四海"来泛指全国各地，后因佛教僧人云游各地到处化斋，因而自称以"四海为家"，由此便产生了成语"四海为家"。但"四海为家"现在一般指漂泊不定，到处都可以当做自己的存身之地。

### 十一、什么是义素分析法？使用义素分析法应该注意哪些问题？

义素分析法，也叫语义特征分析法、语义成分分析法，它通过词义间的比较，找出要比较词语的共同义素和区别义素，从而对处于同一语义场的词义进行全面、深入的分析。义素分析法是现代语义学分析词义构成成分的常用方法，它不但能较好地区别语义相近的一组词，而且还有助于研究多义词的词义发展脉络。

使用义素分析法，应该注意以下几个问题：

第一，义素分析必须在同一语义场的同一层次中进行，以便在特定的语义场内通过比较找出共同义素和区别义素。例如："上衣"、"裤子"、"裙子"这三个词同属"服装"这一语义场，可以进行义素分析，但"上衣"、"声乐"、"器乐"就不属于同一语义场，不能进行义素分析。

第二，能否提取有效义素是决定义素分析准确与否的关键所在。通常，提取有效义素的方法主要有：一是列出图表比较义项的共同点和不同点；二是考察义项出现的语境，从而确定不同义项之间的互补分配关系；三是查阅词典中有关词的义项说明，以此确定义素的共同点和差异点。其中，第三种方法普遍适用且简单有效。例如："上衣"、"裤子"、"裙子"这三个词，《现代汉语词典》的释义具体如下：

上衣：上身穿的衣服。

裤子：穿在腰部以下的衣服，有裤腰、裤裆和两条裤腿。

裙子：一种围在腰部以下的服装。

由此可见，[服装]是它们的共同义素，[上身]是"上衣"的特征，[围]是"裙子"的特征，"裤子"释义中的"有裤腰、裤裆和两条裤腿"跟其他义项不相称，进行义素分析时可不予考虑。如果采用图表法，"上衣"、"裤子"、"裙子"的义素分析结果可表达如下：

| 义素<br>词 | 服装 | 上身 | 穿 |
|---|---|---|---|
| 上衣 | + | + | + |
| 裤子 | + | − | + |
| 裙子 | + | − | − |

第三，义素分析完成之后，应对义素分析结果进行检验。以"上衣"的义素分析结果为例，我们可以把它放在包含有"服装"、"上身"、"穿"等义素的句子中进行检验：

①上衣是服装。

②上衣是用在上身的。

③上衣是穿在身上的。

④上衣是穿在上身的服装，其他东西都不是上衣。

由此可见，上述四个句子都可以成立，这表明"上衣"的义素分析结果是正确的。同样，"裤子"、"裙子"的义素分析结果也可以使用相同方法进行检验。

第四，义素分析法很难用于虚词的分析，只适用于实词中的部分词，而且这些实词的义项都是客观世界中易于认识、容易区分的实体概念。

**十二、反义词的不平衡现象主要表现在哪些方面？**

反义词是指词义相反或者相对的一组词。由于反义词彼此之间在语义范围、使用频率等方面并不相等，因而形成了反义词的不平衡现象。这种不平衡现象主要表现在以下几个方面：

第一，由于多义词包含若干个义项，每一个义项都会有一个相应的反义词，从而形成了多个反义词的情况。例如："新"表示"刚出现的或刚经历到的"时，与"老"相对；表示"性质上改变得更好"时，与"旧"相对；表示"新的人或事物"时，与"陈"相对。值得注意的是，并不是多义词中所有的义项都有相应的反义词，有的义项可能会没有反义词。例如："白"表示"像雪或霜的颜色"时，与"黑"相对；表示"丧事"时，与"红"相对（红白喜事）；而在表示"明白、弄清楚"、"没有效果、徒然"、"反动"等意义时，就没有相应的反义词。

第二，同一对反义词，可以只在一对义项上互为反义词。例如："谢"和"开"，只有在"谢"表示"（花或叶子）脱落"、"开"表示"（合拢或链接的东西）展开"时，它们才是反义词。当然，同一对反义词，也可以在若干对义项上互为反义词。例如："高"和"低"，在表示"从下向上的距离"、"在一般水平的上下"、"等级的上下"等意义上都可以互为反义词。

第三，反义词X和Y，有时X可以在外延上包含Y。例如："日"和"夜"在分别表示"白天"和"夜晚"时是一对反义词，但在"老刘好几日没合眼了"这句话中，"好几日"表示好几个白天和黑夜，而在"老刘好几夜没合眼了"这句话中，"好几夜"只能表示好几个夜晚，不能包含好几个白天的意思。换言之，在特定的语言环境中，"日"可以在外延上包含"夜"。

第四，有些由形容词构成的反义词，在"～不～"这个格式中的表现情况并不相同。例如："好"和"坏"，一般提问时说"好不好"，在担心或设想其为坏时说"坏不坏"。另外，这类反义词对"有多～"结构格式的适应性也有差异。例如：一般提问时说"有多好"，在担心时或设想其为坏时说"有多坏"。诸如"舒服"和"难受"、"深"和"浅"、"重"和"轻"等反义词，均属于该类型。

**十三、怎样区分同形同音词和一词多义现象？**

同形同音词是书写形式和语音完全相同、但语义不同的一组词。现代汉语的同形同音词可以分为两类：一类是历史来源不同的，它们在语义上毫无关联。一类是历史来源相同的，它们通常源于一个多义词，但随着多义词的本义不断辗转派生，后来出现的某个义项逐渐与本义失去了联系，从而分裂成不同的词。

一词多义现象是指一个词有两个或两个以上有相互关联的义项，这个词也就是多义词。在多义词的几个义项中，最常用的那个义项是基本义，而通过引申、比喻、借代等方法从基本义派生出来的义项就是派生义。例如："皮毛"有"带毛的兽皮的总称"和"比喻表面的知识"两个义项，前者是基本义，后者是由基本义通过比喻的方法派生出来的派生义。由此可见，多义词中的义项之间是相互联系的。

同形同音词和多义词的主要区别就在于：前者的语义没有联系，而后者的语义是相互联系的。因此，区分同形同音词和一词多义现象，可以从词源和现实意义之间的关系上进行判断：第一，词源和现实意义都有联系的，是多义词。第二，词源和现实意义都没有联系的，或词源有联系而现实意义有联系的，是同形同音词。第三，词源上有联系，但现实意义没有联系的，是历史来源相同的同形同音词。

### 十四、怎样区分多音词和异读词？

多音词是语音、语义不同而书写形式相同的词。异读词是书写形式、语义相同而读音不同的词。区分多音词和异读词，可以从以下两方面入手：

第一，从定义来看，多音词和异读词都是书写形式相同、读音不同的词，但多音词的不同读音可以表达不同意义，异读词的不同读音却只能表达相同的意义。所以，多音词和异读词的区别就在于是否具有区分词义的作用。例如："长头发"读作"cháng tóufa"时，表示头发的长度长；读作"zhǎng tóufa"时，表示头发生长。不同的读音，具有不同的意义，属于多音词。又如："教室"可以读作"jiàoshì"，也可以读作"jiàoshǐ"，但都表示学校里进行教学的房间，是一个异读词。

第二，从作用来看，多音词的存在既有消极作用，也有积极作用：消极作用是多音词的读音不容易被人们完全掌握，容易造成话语交际中的障碍；积极作用是可以形成特殊的表达效果，令人回味无穷，如河北山海关孟姜女庙联"海水朝朝朝朝朝朝朝落，浮云长长长长长长长消"等。但是，异读词属于现代汉语词汇规范化的对象，它的存在不但影响人们对普通话语音的掌握，而且还会导致话语交际中一些不必要的麻烦。

### 十五、词汇的发展变化与规范化之间有什么关系？

词汇是整个语言系统中最开放的系统，社会生活的发展变化、人类思想认识的发展和词汇系统内部的调整变化总是会很快地反映到词汇当中。新词语的产生、旧词语的消亡和变化以及词义的演变等，都是词汇发展变化的表现。可以说，词汇是一个随时处于变化发展当中的动态系统。但是，词汇的发展并不一定总是由小到大、由简到繁、由低级到高级、由旧质到新质，而是往往体现为词汇系统内部某些结构要素的补充、变化和消失。这就必然涉及词汇的规范化问题。

词汇的规范化，从广义上来讲，包括自然规范化和人工规范化两种类型。词汇的自然规范化指词汇本身所发生的优存劣汰现象，这是词汇发展运动的一种内在机制，是必然发生的。词汇的人工规范化即这里所说的词汇规范化，是密切关注现代汉语的词汇变化，根据词汇自身的发展变化规律和约定俗成的原则，把人们需要的、普遍接受的词汇成分稳固下来。通常，词汇的人工规范化需要在自然规范化的基础上进行，是对词汇自然规范化的一种巩固、补充和强化。

词汇的发展变化和词汇的规范化之间有着密切的关系：

第一，词汇的规范化是词汇发展变化的前提，词汇的发展变化必须以词汇的规范化为基础。当前，现代汉语词汇的发展和变化态势极为显著，从而不可避免地带来了词语使用上的分歧和混乱。如果不对其加以规范，势必造成乱用生造词、滥用古语词、混淆异形词等不规范现象，影响到语言的表达效果和人际间的正常交往。只有在词汇规范化的前提下，现代汉语词汇发展、变化的道路才能走得更加长久、健康。

第二，词汇的发展变化为词汇规范化创造了条件，还能对词汇的规范化起到推动作用。只有词汇不断地发展、变化，即新的词语产生、旧的词语发生变化，词汇系统才会显得更加丰富多彩，词汇的规范化才有存在的必要。与此同时，随着词汇发展速度的不断加快，词汇的变化形式也越来越多，词汇系统需要加以规范化的对象也在逐渐增多且日趋复杂。因此，只有不断提高词汇规范化的水平，才能应对当前词汇系统的发展和变化。换言之，如果没有词汇的发展变化，词汇的规范化只能是空谈，更谈不上词汇规范化的水平了。

总之，词汇的发展变化与词汇的规范化是辩证统一的，二者相互联系，相互促进。

# 【思考与练习参考答案】

## 思考与练习一

**五、有人认为：汉语词汇不仅是民族文化的载体，而且也是民族文化的结晶。请谈谈你对这句话的认识和理解。**

第一，语言是一种特殊的社会现象，词汇作为语言结构系统的构成要素之一，与社会现实生活的关系最为直接。因为词汇反映的是人们对客观事物现象的主观评价和概括反映。这样，不同民族语言的词汇就必然会反映出该民族的文化传统、价值取向、思维习惯等。任何民族的语言也正是因为负载着该民族的文化内涵而成为"历史文化的活化石"的。对于汉语的词汇来说，它不但传承了源远流长的汉民族文化，如"龙街"、"鸡场街"、"鼠场营"等地名反映了十二生肖在汉民族历史文化中的地位和作用，而且还形成了众多独具特色的文化词汇，如"清明"、"冬至"、"汗青"、"续貂"、"终南捷径"、"成也萧何，败也萧何"等。

第二，词汇在其产生、发展过程中也会受到该民族文化因素的影响。汉民族文化历史悠久，博大精深，因此，与汉民族文化内涵紧密相关的汉语词汇也就显得形式多样、内容丰富。例如：在我国北方，人们常常在新婚夫妇床上放一些枣儿和栗子，因为"枣"与"早"谐音，"栗子"与"立子"谐音，意为"早立子"。又如：有的地方人们忌讳虎和蛇，所以在命名时经常把"虎场"称作"猫场"或"猫街"，把"蛇街"称作"长虫街"。可以说，汉语词汇和汉民族文化是彼此影响、相互共生的。

## 思考与练习二

**四、举例说明汉字和单音节语素之间的关系。**

在现代汉语中，音节、语素、汉字属于不同层面的单位。汉字是记录汉语的书写符号，单音节语素是只有一个音节的语素。通常，一个单音节语素用一个汉字来表示，但二者之间的关系并非简单的一一对应，主要包括以下情况：

第一，同一个汉字记录一个单音节语素。一是读音相同的，如单音字，如"心、肺、氧、娃、车、船"等。二是读音不同的，如异读字，如"熟、械、剥、露、危"等。

第二，同一个汉字记录不同的单音节语素。一是读音相同的，如"米"（①名词，大米、稻米；②从英语 meter 音译过来的一种国际长度单位）、"别"（①动词，分开；②副词，不要)、"出"（①从里面到外面；②用于戏曲的量词，一出戏)、"副"（①次级；②相称）等。二是读音不同的，如"数"（shǔ，计算；shù，数目)、"冠"（guān，帽子；guàn，戴帽子)、"差"（chā，差别；chà，差劲；chāi，差遣；cī，参差)、"好"（hǎo，好人；hào，喜好）等。

第三，读音相同而形体不同的汉字记录同一个单音节语素，如"搜"（蒐)、"云"（雲)、"开"（開)、"务"（務)、"声"（聲)、"书"（書)、"灯"（燈）等；

第四，读音相同而形体不同的汉字记录不同的单音节语素，如"xīn"这个音节，可以有"新"（新鲜)、"辛"（辛苦)、"心"（心脏)、"欣"（欢欣)、"馨"（温馨）等语素；"chún"这个音节，可以有"纯"（纯洁)、"唇"（嘴唇)、"淳"（淳朴)、"醇"（醇厚）等语素。

**六、有人说：单纯词就是单音节词。你同意这种说法吗？为什么？**

不同意。原因如下：

第一，单纯词是由语素的多少决定的，单音节词是由音节的多少决定的。单纯词是由一个语素构成的词。根据音节数量的多少，单纯词可分为单音节单纯词和多音节单纯词。单音节单纯词如"走"、"车"、"宽"等。多音节单纯词又可分为联绵词、音译词、叠音词和拟声词，联绵词如"枸杞"、"璀璨"、"苁蓉"，音译词如"咖啡"、"沙发"、"雷达"，叠音词如"谔谔"、"孜孜"、"泱泱"，拟声词如"哼哧"、"辘轳"、"呜呼"等。单音节词是由一个音节构成的词，如"贵"、"书"、"写"等。

第二，现代汉语的一个语素通常由一个音节构成，所以很多单音节词都是单纯词，如"哄"、"小"、"船"等既是单音节词，又是单纯词。但是，并非所有的单音节词都是单纯词，如"花儿"、"头儿"、"信儿"等只有一个音节，但却是合成词；还有一些单纯词也并非单音节词，如"徘徊"、"踌躇"、"琵琶"、"夸克"等就是多音节单纯词，而不是单音节词。

# 思考与练习三

**五、什么是新造词？怎样区分新造词和生造词？**

新造词是以原有语素为材料，按照现代汉语构词法构成的新词。生造词是随意创造出来、词义含混不清、未经社会普遍认同并使用的词。区分新造词和生造词应从以下方面入手：

第一，是否满足话语交际的需要。新造词是为了满足社会生活交际需要而创造出来的，所以能够被社会成员所广泛认同并普遍使用。例如："空姐"是约定俗成的，已被社会广泛使用，但"车姐"、"船姐"没有被社会普遍使用，应该认为是生造词。

第二，是否具备一定语言基础。新造词必须符合汉语的构词规则。例如：现代汉语词汇中有"茶农"、"果农"等词，有人就把种植咖啡的农民称之为"咖农"。但是，"咖啡"是一个双音节语素，单独的"咖"、"啡"不表达任何意义。因此，"咖农"既不符合汉语的构词规则，也没有满足社会交际的需要，属于生造词。

第三，是否具有明确的语义。新造词要能够被社会成员所广泛使用，就必须具有明确的语义，容易被人们理解和接受。例如：将"高血压"、"高血脂患者"称为"高人"，就很难让人理解，而且还容易产生歧义和误解，所以"高人"就是生造词。

总之，生造词是现代汉语词汇规范化的对象，而新造词是经受住了时间的检验并得到社会普遍认可的现代汉语词汇系统的成员。

**十、查阅相关书籍，思考现代汉语外来词的主要特点。**

第一，现代汉语的外来词来源丰富，涉及面较广。有的来自英语，如"凡士林"、"蔻丹"、"派对"等；有的来自法语，如"模特儿"、"辛迪加"、"法兰绒"等；有的来自俄语、日语，以及国内的各少数民族语言。同时，字母词的数量也在不断增加，如"HIV"、"GPS"、"GSM"等。

第二，现代汉语吸收外来词的方式较为丰富，形成了全音译词、半音半意译词、音译加注汉语语素词、音意兼译词，以及字母词和借形词等外来词类型。其中，全音译词常常成为外来词定型过程中的初级形式或过渡形式。由于全音译词具有浓厚的异域民族色彩，许多商品名称、商店命名、商标用语等都喜欢使用它来体现时尚、新潮的风格。半音半意译词、音译加注汉语语素词、音译兼译词既能传递出外语原词的韵味，又体现了汉语直译的特点，是集音译、意译于一身的外来词。字母词大量涌现于20世纪80年代后，主要有纯字母词、半字母半意译词、字母汉字合成词等类型。

第三，外来词进入在现代汉语词汇系统往往要经过一个"汉化"的过程。这个过程既表现在词的语音形式上，也表现在词的结构和意义上，有时甚至表现在书写形式上。例如：外来词"三明治"、"的确良"、"维也纳华尔兹"，源自英语的"sandwich"、"dacron"、"Viennese waltz"。其间经过了音节数量、音高形式、书写形式、汉字的字义及其组合关系等方面的改造，成为人们所容易理解和接受的词语。

## 思考与练习四

**七、搜集日常生活中常用的熟语，并谈谈熟语在话语交际中的表达效果。**

熟语是语言中经过长期习用而定型化的短语和句子，形式凝练，内容丰富，具有结构定型化、意义整体化、性质和功能词化的特征。熟语主要包括成语、惯用语、歇后语、谚语等。

熟语在话语交际中的表达效果主要表现为：

第一，言简意赅。熟语中的成语多以两两相对的四字格为主，形式均衡，音韵和谐，同时还包含着丰富深刻的内容，如果运用合理，会收到言简意赅的效果，如"雪中送炭"表达的是"在别人急需的时候给以帮助"的意思，"锦上添花"表达的是"使美好的事物更加美好"的意思。惯用语结构短小固定、形式精练，如"捅娄子"可以表达"引起纠纷，惹祸"的意思，"卖关子"可以表达"说话、做事在紧要的时候，故弄玄虚，使对方着急而答应自己的要求"的意思。谚语简练通俗、和谐押韵，如"人懒地生草，人勤地生宝"就概括了"懒"和"勤"两种不同态度所导致的结果。

第二，生动形象。熟语中的成语有些取材于古代寓言或历史故事，因而富有形象性和艺术性，如"揠苗助长"通过古代寓言故事比喻违反事物发展的客观规律，急于求成，反而把事情弄糟。惯用语多用比喻来说明道理，往往显得风趣而幽默，如"戴高帽"不是"戴一顶高帽子在头上"，而是"表示不合实际的奉承和恭维"。歇后语采用比喻、谐音来连接前后两个部分，使语言形象、含蓄、诙谐，如"见人先作揖——礼多人不怪"说明人们注重礼数，逢人就行礼；"贾府门前的狮子——实（石）心眼"说明某个人老实巴交。谚语寓深刻道理于浅近的语言中，使人们便于理解和记忆，如"寒从脚起，病从口入"、"馋人家里没饭吃，懒人家里没柴烧"等。

第三，蕴含哲理性。熟语中的谚语几乎完全来源于生活，它所反映的内容是人民长期生活经验的总结，是人民智慧的结晶，具有很强的哲理性，如"当家才知柴米贵，出门才晓路难行"、"晴带雨伞，饱带饥粮"、"病来如山倒，病去如抽丝"等。

第四，富有口语色彩。熟语中的惯用语多来自日常生活，通俗易懂，如"蜻蜓点水"比喻做事不深入、不踏实。歇后语是汉语特有的一种语言形式，类似谜底、谜面的固定语句，口语色彩也十分浓厚，如"韩信点兵——多多益善"、"砌墙的砖头——后来居上"、"半空中放爆竹——想（响）得高"。谚语是人们口头流传的传授经验的固定语句，具有简洁明快的风格色彩，如"西北起黑云，雷雨必来临"、"背后不商量，当面无主张"、"只给君子看门，不给小人当家"等。

## 思考与练习六

**七、请说出 10 个以上含有类词缀的三音节词，并分析它们的构成特点。**

词缀是没有基本词汇意义而主要起构词作用的语素。类词缀在构词功能上类似于词缀，在语义上有虚化的倾向，但尚未完全达到词缀意义虚化、读音弱化的标准，属于一种半虚半实的语素。按照分布位置，类词缀可以分为类前缀和类后缀：类前缀如"软~"、"半~"、"超~"、"亚~"、"反~"等，类后缀如"~性"、"~化"、"~力"、"~热"、"~风"等。含有类词缀的三音节词如：

| 半文盲 | 半元音 | 半封建 | 半自动 | 半导体 |
| 小百货 | 小报告 | 小辫子 | 小聪明 | 小动作 |
| 优越感 | 失落感 | 责任感 | 读后感 | 节奏感 |
| 透明度 | 能见度 | 酸碱度 | 屈光度 | 溶解度 |

含有类词缀的三音节词的构成特点主要有：第一，主要以"类前缀 + 双音节词"、"双音节词 + 类后缀"等形式出现。第二，绝大多数为名词，动词、形容词等相对要少一些。这跟类词缀的语义特征有关：类前缀多半是限制说明事物的，类后缀本身则大都是大多从名词演化来的。第三，组成三音节词的词根语素主要是名词、动词，词根语素的内部结构主要有述宾、偏正、联合等几种关系。

**八、查阅相关工具书，尝试分析现代汉语词的音节数量及其规律。**

根据一个词所包含的音节数量，现代汉语词可以分为单音节词和多音节词。单音节词是只包含一个音节的词。多音节词是包含两个或两个以上音节的词。根据音节的多少，多音节词又可以分为双音节词、三音节词、四音节词及五音节以上的词。

第一，从现有词汇数量上看，双音节词在现代汉语词汇系统中占优势；从使用频率上看，单音节词在现代汉语词汇系统中占优势。因此，现代汉语词汇系统是单双音节并重。

第二，从词的构成和词义的角度上看，现代汉语的单音节词大多表示最基本的现象、事物、数量等，以及一些化学元素的名称，如"钾"、"铜"、"锆"等；双音节词是现代汉语词汇系统的主体部分，语义内容十分丰富；三音节词中包括一些外来词，还有不少反映新事物、新现象或新观念的词，如"核辐射"、"转基因"、"数据库"等；四音节词包括一些专有名词、科学术语和类型化的词，如"素质教育"、"人机界面"和"唯物主义"；五音节及五音节以上的词不多，其中包括一些专有名词、音译词等，如"哈萨克斯坦"、"平均期望寿命"、"总悬浮颗粒物"。

第三，从发展变化上看，现代汉语词的单音节词主要是从古代汉语发展而来的，具有丰富的语义；双音节词具有分化单音节词同音现象和消除歧义的作用，在现代汉语词汇系统中的主体地位仍在不断发展；与单音节词、双音节词相比，三音节词的语义信息要更为丰富和周密一些，在现代汉语新造词中所占据比例正逐渐提高；四音节词主要以新造词为主，其中名词占据了主要地位；五音节词以上的词数量相对较少，使用范围也有一定的限制。

## 思考与练习七

**三、有人说：既然词汇总是处于发展变化当中，那么，就没有必要对现代汉语词汇进行规范化了。你同意这种观点吗？为什么？**

不同意。原因如下：

第一，词汇的发展变动与现代汉语词汇的规范化不是对立的。词汇的变化主要是由社会生活的发展变化、人类思想认识的发展以及词汇系统内部的调整变化决定，而现代汉语词汇的规范化正是在密切关注现代汉语词汇变化情况的基础上，摒弃那些不符合现代汉语规范的词语，而把人们需要的普遍接受的成分稳固下来，从而推动语言的规范发展。

第二，当今社会，尤其是改革开放以来，我国人民的生活发生了巨大的变化，大量新造词涌入语言生活；再加上人们对语用个性化的关注和追求，这就使现代汉语词汇的变化发展显得更加丰富多彩。与此同时，现代汉语词汇的使用也就不可避免地出现了一些复杂、矛盾、分歧和混乱的现象。如果不进行规范化，就有可能出现滥用生造词、乱用古语词、混淆异形词等的现象，从而影响人们的话语交际和语言表达效果。因此，现代汉语词汇系统的规范化是一项十分重要的工作。

第三，词汇是一个随时处于发展变化当中的动态系统，因此现代汉语词汇的规范化工作应该本着客观、辩证的态度，坚持必要性原则、普遍性原则和明确性原则，结合词汇的实际使用情况，促进现代汉语词汇积极、健康地发展。

# 【自测题及参考答案】

一、单项选择题（在每小题的四个备选答案中，选出一个正确答案，并将其字母写在题干后的括号内。本大题共 40 小题）

1. 与印欧语系的各语言相比，现代汉语词汇的特点是 （　　）
   A. 单音节语素占绝大多数　　　　B. 双音节语素占绝大多数
   C. 三音节语素占绝大多数　　　　D. 三音节以上语素占绝大多数

2. 最小的音义结合的语言单位是 （　　）
   A. 音节　　　B. 词　　　C. 语素　　　D. 固定语

3. 最小的能够独立运用的音义结合的语言单位是 （　　）
   A. 语素　　　B. 固定语　　　C. 词　　　D. 句子

4. 以词作为构成单位但意义和用法相对固定的语言单位是 （　　）
   A. 准固定语　　　B. 自由短语　　　C. 固定语　　　D. 句子

5. "找关系"是一个 （　　）
   A. 语素　　　B. 词　　　C. 固定语　　　D. 句子

6. "褴褛"是一个 （　　）
   A. 双声联绵语素　　　　B. 叠韵联绵语素
   C. 其他联绵语素　　　　D. 叠音语素

7. 下列选项中，属于叠音语素的是 （　　）
   A. 刚刚、常常、仅仅　　　B. 想想、看看、走走
   C. 久久、长长、高高　　　D. 往往、喃喃、馍馍

8. 下列语素中，属于实语素的是 （　　）
   A. 西、妻、夜　　　B. 太、依、么
   C. 被、并、才　　　D. 重、可、则

9. 下列语素中，不属于成词语素的是 （　　）
   A. 葡萄、垃圾、咖啡　　　B. 固、族、妇
   C. 法兰西、傀儡、狐狸　　　D. 家、女、火

10. 下列语素中，属于定位语素的是 （　　）
    A. 第、吧、可　　　B. 明、才、头
    C. 习、儿、然　　　D. 哀、性、露

11. 下列语言单位中，属于词的是 （　　）
    A. 在、仅、极其　　　B. 然、渐、或
    C. 卫、精、政　　　D. 封、瓶、蒙蒙

12. 下列选项中，属于单纯词的是　　　　　　　　　　　　　　　　　　　（　）
    A. 奢侈、彩色、财富　　　　　　B. 马虎、唠叨、哆嗦
    C. 妻子、谦逊、呼吸　　　　　　D. 可靠、稍稍、石子

13. 下列选项中，属于合成词的是　　　　　　　　　　　　　　　　　　　（　）
    A. 星星、妹妹、久久　　　　　　B. 潺潺、姑姑、微微
    C. 铮铮、悄悄、往往　　　　　　D. 瑟瑟、时时、渐渐

14. "老"在下列语言单位中属于词根的是　　　　　　　　　　　　　　　　（　）
    A. 老乡、老大、老虎　　　　　　B. 老师、老年、老婆
    C. 老鹰、老者、老爷　　　　　　D. 老人、老家、老化

15. "头"在下列语言单位中属于词缀的是　　　　　　　　　　　　　　　　（　）
    A. 船头、满头、里头　　　　　　B. 插头、指头、年头
    C. 盼头、想头、馒头　　　　　　D. 山头、念头、石头

16. 下面每组词都有三个词，每个词都包含两个词根的是　　　　　　　　　（　）
    A. 老家、佛手、书本　　　　　　B. 火车、批准、参差
    C. 桌子、热爱、电灯　　　　　　D. 铅笔、制约、可怜

17. 下列选项中，属于附加式合成词的是　　　　　　　　　　　　　　　　（　）
    A. 党员、绿化、老乡　　　　　　B. 动员、莲子、嘴巴
    C. 乘着、海员、裁员　　　　　　D. 成员、分化、选手

18. 下列选项中，属于复合式合成词的是　　　　　　　　　　　　　　　　（　）
    A. 女儿、函件、马匹　　　　　　B. 鸟儿、小子、茫然
    C. 词儿、袖子、暖融融　　　　　D. 画儿、鞋子、小心

19. 下列合成词中，不属于补充式合成词的是　　　　　　　　　　　　　　（　）
    A. 车辆、看清、纠正　　　　　　B. 打开、冻僵、钟点
    C. 说明、压缩、降低　　　　　　D. 打人、就义、合理

20. 下列合成词中，不属于偏正式合成词的是　　　　　　　　　　　　　　（　）
    A. 火红、曲解、植物　　　　　　B. 地震、年轻、出格
    C. 越剧、海运、马路　　　　　　D. 课桌、雪白、酷爱

21. 下列合成词中，不属于附加式合成词的是　　　　　　　　　　　　　　（　）
    A. 非法、棍儿、阿哥　　　　　　B. 扒手、竹子、弹性
    C. 画家、读者、苦头　　　　　　D. 左手、男性、手掌

22. 下列说法不正确的是　　　　　　　　　　　　　　　　　　　　　　　（　）
    A. 常用词是当代社会生活中最常用的词
    B. 基本词具有明显的历时性，常用词具有明显的时代性
    C. 常用词和基本词的使用频率都比较高
    D. 基本词是现代社会生活中最常用的词

23. "山、肾、茶、冬、走"属于 （　）
    A. 一般词　　　B. 历史词　　　C. 基本词　　　D. 外来词

24. 下列选项中，不属于基本词的特点的是 （　）
    A. 普遍性　　　B. 稳固性　　　C. 民族性　　　D. 基础性

25. 下列选项中，不属于一般词的特点的是 （　）
    A. 灵活性　　　B. 丰富性　　　C. 局限性　　　D. 发展性

26. 下列说法不正确的是 （　）
    A. 古语词是古代汉语的词汇
    B. 古语词常用于现代汉语书面语中
    C. 古语词包括历史词和文言词
    D. 古语词有严肃庄重、简洁凝练的表达效果

27. 下列选项中，不属于古语词的是 （　）
    A. 此、不胜、令尊　　　B. 润笔、伉俪、逡巡
    C. 神、龌龊、抓挠　　　D. 匈奴、知府、戈

28. 下列选项中，不属于新造词的是 （　）
    A. 传媒、机遇、保底　　　B. 第三者、零增长、斑马线
    C. 水分、夜饭、巴结　　　D. 克隆、筹建、能源

29. 下列说法不正确的是 （　）
    A. 方言词通行于某一方言区
    B. 有些方言词可能被普通话词汇系统吸收
    C. 方言词与标准语词在语音、语义、书写形式等方面有明显区别
    D. 方言词的存在不利于普通话词汇的规范

30. 下列词中，全音译的外来词是 （　）
    A. 拷贝、的士、蒙太奇　　　B. 新西兰、诺基亚、休克
    C. 俱乐部、席梦思、基因　　　D. 霓虹灯、可口可乐、西门子

31. "噱头"是一个 （　）
    A. 新造词　　　B. 音译外来词　　　C. 音译兼译词　　　D. 方言词

32. "宣传部"属于 （　）
    A. 专业语　　　B. 行业语　　　C. 专门用语　　　D. 特殊用语

33. "非正式声明"属于 （　）
    A. 专业语　　　B. 专门用语　　　C. 行业语　　　D. 惯用语

34. "绝对真理"属于 （　）
    A. 专业语　　　B. 行业语　　　C. 专门用语　　　D. 新造词

35. 下列选项中，不属于惯用语的是 （  ）
    A. 光杆司令、哪壶不开提哪壶、开后门
    B. 翘尾巴、害死人、吃人不吐骨头
    C. 八九不离十、戴高帽、吃定心丸
    D. 一字千金、咄咄怪事、一言堂

36. 下列选项中不具有感情色彩的词是 （  ）
    A. 回避、母亲、伤员        B. 稳重、鼓舞、大力
    C. 奉献、大方、武断        D. 巴结、爱护、大肆

37. "名声"和"名誉"这组同义词的区别是 （  ）
    A. 程度轻重不同           B. 侧重点不同
    C. 语体色彩不同           D. 感情色彩不同

38. "劝"和"劝告"这组同义词的区别是 （  ）
    A. 语体色彩不同           B. 范围大小不同
    C. 程度轻重不同           D. 适用对象不同

39. 下列反义词中，不属于绝对反义词的是 （  ）
    A. 正确、错误    B. 真、假    C. 曲、直    D. 朝、暮

40. 不能与"汽车"形成上下义词的是 （  ）
    A. 轿车          B. 卡车      C. 面包车    D. 火车

### 答案：

| 1. A | 2. C | 3. C | 4. C | 5. C | 6. A | 7. D | 8. A | 9. B | 10. A |
| 11. A | 12. B | 13. A | 14. D | 15. C | 16. A | 17. D | 18. A | 19. D | 20. B |
| 21. D | 22. D | 23. C | 24. C | 25. D | 26. A | 27. C | 28. C | 29. D | 30. A |
| 31. D | 32. C | 33. C | 34. A | 35. D | 36. A | 37. D | 38. A | 39. D | 40. D |

**二、多项选择题（在每小题的五个备选答案中，选出二至五个正确答案，并将其填写在题干后的括号内，答案没有选全或选错的，该题无分。本大题共 20 小题）**

1. 词汇的性质有 （  ）
   A. 系统性    B. 民族性    C. 稳固性    D. 发展性    E. 零散性

2. 下列说法正确的是 （  ）
   A. 词汇是一种语言里所有词和固定语的总和
   B. 词汇是一个集合概念
   C. 词汇是语言结构系统的构成要素
   D. 词汇与语言的发展状况密切相关
   E. 词汇与社会、个人的关系也很密切

3. 与古代汉语相比较，现代汉语词汇的特点有　　　　　　　　　　（　　）
   A. 有明显的双音节化发展趋势
   B. 有明显的单音节化发展趋势
   C. 由两个或两个以上的词根组合在一起构成的复合词最发达
   D. 由词根加上词缀构成的复合词最发达
   E. 由词缀加上词缀构成的复合词最发达

4. 现代汉语的词汇单位有　　　　　　　　　　　　　　　　　　（　　）
   A. 音节　　　B. 语素　　　C. 词　　　D. 固定语　　　E. 句子

5. 下列说法正确的是　　　　　　　　　　　　　　　　　　　　（　　）
   A. 语素是词的构成材料
   B. 现代汉语的语素大多从古代汉语发展而来
   C. 现代汉语的语素多为现代所产生
   D. 现代汉语的语素十分丰富
   E. 现代汉语的语素也在不断变化中

6. 下列汉字属于语素的是　　　　　　　　　　　　　　　　　　（　　）
   A. 琵、玫、袈　　　　　B. 民、奇、结　　　　C. 强、出、士
   D. 冒、面、迹　　　　　E. 伶、鸳、疙

7. 语素"语"从不同的角度看可以是　　　　　　　　　　　　　（　　）
   A. 不成词语素　　　　　B. 不定位语素　　　　C. 单音节语素
   D. 成词语素　　　　　　E. 定位语素

8. 语素"牛"从不同的角度看可以是　　　　　　　　　　　　　（　　）
   A. 实语素　　　　　　　B. 虚语素　　　　　　C. 成词语素
   D. 不成词语素　　　　　E. 不定位语素

9. 语素"马达"从不同的角度看可以是　　　　　　　　　　　　（　　）
   A. 双音节语素　　　　　B. 音译语素　　　　　C. 成词语素
   D. 实语素　　　　　　　E. 定位语素

10. 下列语言单位中，属于词的是　　　　　　　　　　　　　　（　　）
    A. 了、把、从　　　　　B. 啊、才、同　　　　C. 宏、利、尴
    D. 被、除、由　　　　　E. 荡、争、颓

11. 下列选项中不属于词义的特点的是　　　　　　　　　　　　（　　）
    A. 客观性　　　　　　　B. 明确性　　　　　　C. 稳定性
    D. 历史性　　　　　　　E. 文化性

12. 从来源上看，现代汉语一般词可以分为　　　　　　　　　　（　　）
    A. 古语词　　　　　　　B. 新造词　　　　　　C. 外来词
    D. 专业词　　　　　　　E. 行业词

13. 运用古语词要充分考虑到的因素有 (　　)
    A. 对象　　　　　B. 场合　　　　　C. 文体
    D. 感情　　　　　E. 节奏

14. 容易被普通话词汇系统吸收的方言词是 (　　)
    A. 使用频率高的方言词
    B. 容易理解的方言词
    C. 标志方言区特有事物的方言词
    D. 具有某种特殊意义的方言词
    E. 具有某种特殊表达效果的方言词

15. 下列熟语中属于成语的是 (　　)
    A. 放烟幕弹　　　B. 安分守己　　　C. 四通八达
    D. 爱钱如命　　　E. 唱对台戏

16. 惯用语的特点是 (　　)
    A. 结构灵活　　　B. 民族性强　　　C. 意义完整
    D. 口语色彩浓　　E. 结构定型

17. 影响词汇发展变化的主要原因有 (　　)
    A. 社会生活的发展变化
    B. 人类思想认识的发展
    C. 人类对词汇使用的需求
    D. 词汇系统内部的调整变化
    E. 语言不断进化的需求

18. 现代汉语词汇的发展变化主要表现为 (　　)
    A. 新词语的产生　B. 旧词语的消亡和变化　C. 词义的演变
    D. 词形的变化　　E. 构词方式的增多

19. 现代汉语词汇规范化的基本原则是 (　　)
    A. 发展性原则　　B. 必要性原则　　C. 规定性原则
    D. 普遍性原则　　E. 明确性原则

20. 现代汉语词汇规范化的具体内容包括 (　　)
    A. 词源的规范化　B. 词音的规范化　C. 词形的规范化
    D. 词性的规范化　E. 词义的规范化

**答案：**

1. ABD　　　2. ABCDE　　3. AC　　　4. BCD　　　5. ABDE
6. BCD　　　7. ABC　　　8. ACE　　　9. ABCD　　10. ABD
11. DE　　　12. ABCDE　13. ABCD　　14. CDE　　15. BCD

16. ACD        17. ABD        18. ABC        19. BDE        20. BCE

**三、判断改错题（在你认为正确的题后括号内打"√"，错误的打"×"，并改正。本大题共 30 小题）**

1. 构词意义是指人们对客观事物的概括反映和主观评价。（    ）
2. 词汇意义是句法结构中句法成分和结构关系所具有的意义。（    ）
3. "憔悴"是一个联绵词。（    ）
4. 同一个汉字同一个音节，记录的就是同一个语素和词。（    ）
5. 新造词与产生新义的多义词、重新复活的旧词实际是一致的。（    ）
6. 普通话词汇系统中所有的词叫做标准语词。（    ）
7. 方言词与标准语词的明显区别在语音方面。（    ）
8. 方言词是在现代汉语某一方言区通行的词，它不可能成为标准语词中的成员。（    ）
9. "窝里斗"和"拉下水"都是成语。（    ）
10. "万事开头难"和"千里送鹅毛，礼轻情义重"都是成语。（    ）
11. "阳春白雪"和"白雪红梅"都是成语。（    ）
12. "老鼠爬秤钩——自称自"是谐音型歇后语。（    ）
13. "诞辰、获益匪浅、冠、蹊径"都是古语词。（    ）
14. 词汇发展变化较快，所以词义具有发展性而不具有稳定性。（    ）
15. 词义反映的是某一类事物或现象的本质特征，所以具有概括性而非具体性。（    ）
16. 客观存在是词义形成的根本依据，所以词义具有客观性。（    ）
17. 人们对词所指对象的区别性特征的概括认识，即词义的附加意义。（    ）
18. "纪纲"和"衣裳"都是带有感情色彩的词。（    ）
19. "鹅卵石、向日葵、蛇山"都是带有形象色彩的词。（    ）
20. "煎饼、孙悟空、吃醋"都是带有文化色彩的词。（    ）
21. 多义词是具有两个或两个以上义项的词。（    ）
22. 词的本义是词最常用的意义。（    ）
23. 词的派生义包括引申义和比喻义。（    ）
24. 汉语的"爸爸"和英语的"father"是同义词。（    ）
25. 多义词虽然有多个义项，但一个多义词只能有一个反义词。（    ）
26. "吼、嘶、啼、啸"既是一组同义词，又是一组类义词。（    ）

27. 同音词是指语音形式，即声母、韵母、声调完全相同的一组词。（　　）

28. "他把妈妈带给我的东西忘在家里了"和"这个司机根本不认识路，无法辨清东西"中的"东西"是同音词。（　　）

29. 语音语义不同的词是多音词。（　　）

30. 词汇规范化的普遍性原则是指词语必须词义明确，能够为大多数人所理解和接受。（　　）

答案：

1. ✗（改"构词意义"为"词汇意义"）
2. ✗（改"词汇意义"为"语法意义"）
3. √
4. ✗（改"就是"为"不一定是"）
5. ✗（改"实际是一致的"为"是不同的"）
6. √
7. ✗（改"在语音方面"为"在语音、意义、书写形式等方面"）
8. ✗（改"不可能"为"有的方言词可以成为"）
9. ✗（改"成语"为"惯用语"）
10. ✗（改"成语"为"谚语"）
11. ✗（改"'阳春白雪'和'白雪红梅'都是成语"为"'阳春白雪'是成语，'白雪红梅'不是成语"）
12. ✗（改"谐音"为"比喻"）
13. √
14. ✗（改"具有发展性而不具有稳定性"为"词义具有稳定性和发展性并存的特点"）
15. ✗（改"具有概括性而非具体性"为"具有概括性和具体性并存的特点"）
16. √
17. ✗（改"附加"为"理性"）
18. ✗（改"感情色彩"为"语体色彩"）
19. √
20. ✗（改"'煎饼、孙悟空、吃醋'都是带有文化色彩的词"为"'煎饼、孙悟空'是带有文化色彩的词，'吃醋'是带有形象色彩词义的词"）
21. ✗（改"义项"为"以上相互关联的义项"）
22. ✗（改"本义"为"基本义"）
23. ✗（改"引申义和比喻义"为"引申义、比喻义和借代义"）
24. ✗（改"是"为"不是"）
25. ✗（改"虽然有多个义项，但一个多义词只能有一个反义词"为"有多个义项，每一个义项都可能会有一个相应的反义词"）
26. √

27. ✕（改"即声母、韵母、声调完全相同"为"即声母、韵母、声调以及轻重音格式完全相同而意义不同"）

28. ✕（改"是同音词"为"不是同音词，前者是轻声词，后者是非轻声词"）

29. ✕（改"语音语义不同"为"语音语义不同而书写形式相同"）

30. ✕（改"词语必须词义明确，能够为大多数人所理解和接受"为"词语必须为社会所认同、接受和使用"）

### 四、术语解释题（本大题共 15 小题）

1. 词汇学　　2. 固定语　　3. 实语素　　4. 不成词语素　　5. 不定位语素
6. 词根　　　7. 古语词　　8. 字母词　　9. 熟语　　　　10. 惯用语
11. 本义　　12. 引申义　　13. 词的附加意义　　14. 上下义词　　15. 类义词

### 五、分析运用题（本大题共 32 小题）

1. 说明下列语言片段所包含的语素数量。

　　逍遥　　从容　　幽默　　了结　　罗汉　　依次　　淙淙　　偏偏
　　荒唐　　怂恿　　和平　　爪牙　　苏打　　尽量　　老鼠　　神气

2. 说明下列句子所包含的语素数量。
   （1）风儿轻轻地吹，树叶飒飒地响，放了寒假的校园里显得空荡荡的。
   （2）初到西双版纳的外地人可能有点不习惯，西双版纳的冬天不会白雪皑皑，常常是阳光明媚。

3. 指出下列双音节语素的类型。

　　蒙昧　　咕咚　　殷勤　　扑克　　姜姜　　咯吱　　阿訇　　芙蓉
　　拖沓　　汹涌　　窈窕　　菩萨　　侥幸　　谆谆　　踌躇　　腼腆

4. 指出下列语素哪些是实语素，哪些是虚语素。

　　学　　吗　　近　　师　　然　　苦　　第　　魑魅
　　了　　初　　美　　的　　及　　海　　并　　嫦娥

5. 指出下列语素哪些是成词语素，哪些是不成词语素。

　　们　　固　　来　　过　　和　　悼　　笑　　宾
　　义　　德　　辆　　宁　　静　　文　　者　　被

6. 下列词中，哪些词含有定位语素？

　　水果　　忽然　　个性　　后头　　土地　　小丑　　泥巴　　软乎乎
　　非法　　头痛　　以东　　牵头　　动物　　硬性　　可喜　　司仪

7. 下列词中，哪些词含有词缀语素？

　　管家　　姑娘家　　儿子　　弟子　　老汉　　胖子　　女性　　弹性
　　变化　　绿化　　　可靠　　阿姨　　舵手　　举手　　刀儿　　里头

8. 指出下列语言片段所包含的语素、词、字、音节的数量。

| 语言单位 | 语素 | 词 | 字 | 音节 |
|---|---|---|---|---|
| 醇 | | | | |
| 与 | | | | |
| 奥林匹克精神 | | | | |
| 一只猫儿 | | | | |
| 槟榔 | | | | |
| 妞 | | | | |
| 猎猎 | | | | |
| 玻璃桌子 | | | | |

9. 指出下列词哪些是单纯词，哪些是合成词。

  戈壁  草原  咕咚  孝子  忐忑  美化  楠木  能手

  雪茄  浑然  弥漫  溜达  加仑  尾巴  党员  长者

10. 分析下列表格中的单纯词，并在相应的空格中画"＋"。

| 单纯词 | 联绵词 | | | 音译词 | 叠音词 | 拟声词 |
|---|---|---|---|---|---|---|
| | 双声 | 叠韵 | 其他 | | | |
| 贝雷 | | | | | | |
| 唐突 | | | | | | |
| 滴答 | | | | | | |
| 狐狸 | | | | | | |
| 狒狒 | | | | | | |
| 苍茫 | | | | | | |
| 澎湃 | | | | | | |
| 抖擞 | | | | | | |
| 叱咤 | | | | | | |
| 牢骚 | | | | | | |

11. 分析下列表格中的合成词，并在相应的空格中画"＋"。

| 合成词 | 联合型 | 偏正型 | 补充型 | 主谓型 | 述宾型 | 附加式 | 重叠式 |
|---|---|---|---|---|---|---|---|
| 慢腾腾 | | | | | | | |
| 冰冷 | | | | | | | |
| 净化 | | | | | | | |

（续表）

| 合成词 | 联合型 | 偏正型 | 补充型 | 主谓型 | 述宾型 | 附加式 | 重叠式 |
|---|---|---|---|---|---|---|---|
| 房间 | | | | | | | |
| 心虚 | | | | | | | |
| 讲清 | | | | | | | |
| 皮毛 | | | | | | | |
| 函授 | | | | | | | |
| 充满 | | | | | | | |
| 体验 | | | | | | | |
| 革命 | | | | | | | |
| 人物 | | | | | | | |
| 保健 | | | | | | | |
| 气功 | | | | | | | |
| 野性 | | | | | | | |
| 单单 | | | | | | | |

12. 指出下列词哪些是叠音式单纯词，哪些是重叠式合成词。
   泱泱　等等　佼佼　每每　茫茫　喃喃　恰恰　频频
   渐渐　眈眈　刚刚　婷婷　常常　孜孜　太太　暗暗

13. 指出下列词哪些是复合式合成词，哪些是附加式合成词。
   感化　老王　贸然　劲头　子弟　本儿　液化　阿爸
   袋子　线头　老迈　毅然　巨头　工头　画坛　消化

14. 指出下列词的构成方式。
   阎罗　苤黄　翩跹　干戈　噼啪　处事　闲置　治疗　发难　指点
   潜能　耳鸣　粉饰　打翻　忽视　年长　治学　娘娘　体罚　声誉

15. 分析下列表格中的古语词，并在相应的空格中画"＋"。

| 古语词 | 钦差 | 谒 | 尚书 | 饮 | 戈 | 莅临 | 以此 | 侯 | 重行 | 虎符 |
|---|---|---|---|---|---|---|---|---|---|---|
| 文言词 | | | | | | | | | | |
| 历史词 | | | | | | | | | | |

16. 分析下列新造词的类型。
   传媒　曲奇　克隆　巴士　透析　发廊　性骚扰　发烧友
   人流　菜鸟　走穴　举报　热狗　偶像　大排档　气管炎

17. 指出下列标准语词中哪些来源于方言词。
   争嘴　害臊　机缘　轧　好汉　尴尬　好受　挂不住　呼应　胡扯
   火色　荒唐　和稀泥　见不得　脚爪　脚劲　接茬儿　磕巴　落忍　乐和

18. 分析下列外来词的类型。
    卡片　事故　芒果　飞利浦　华尔街　吐司　　办公室　新德里　摩托罗拉　沙文主义
    便条　开始　FAX　英特尔　奔驰　　霓虹灯　PH值　沙丁鱼　e 经济　　可口可乐

19. 指出下列成语的来源。
    炼石补天　城下之盟　黔驴技穷　学而不厌　守株待兔　精卫填海　七嘴八舌
    夜郎自大　半斤八两　四面楚歌　有板有眼　老骥伏枥　鸡毛蒜皮　完璧归赵
    扑朔迷离　物换星移

20. 指出下列固定语哪些是惯用语。
    亮底牌　　　疲于奔命　　声东击西　　吃定心丸　　　　上梁不正下梁歪
    赶鸭子上架　老生常谈　　吃人不吐骨头　一块石头落了地　戴高帽
    一如既往　　碍手脚　　　舍己救人　　后娘养的　　　　女大十八变

21. 根据前一部分的意义，写出下列歇后语的后半部分。
    （1）十五个吊桶打水——　　　　　（2）狐狸吵架——
    （3）刘备借荆州——　　　　　　　（4）马尾穿豆腐——
    （5）高射炮打蚊子——　　　　　　（6）张飞扔鸡毛——
    （7）蚂蚁扛大树——　　　　　　　（8）公鸡头上一块肉——

22. 说明下列熟语的类别。
    公说公有理，婆说婆有理　路遥知马力，日久见人心　楚才晋用
    天下本无事，庸人自扰之　扪心自问　　　　　　　己所不欲，勿施于人
    木头眼睛——看不透　　　街谈巷议　　　　　　　兔子的尾巴——长不了
    胡思乱想　　　　　　　　雨后送伞——假人情　　板凳没坐热
    千军易得，一将难求　　　愁眉苦脸　　　　　　　过街老鼠
    吃不开　　　　　　　　　甜言蜜语　　　　　　　空中楼阁
    不经一事，不长一智　　　姜太公钓鱼——愿者上钩　何家的姑娘嫁给郑家——正合适

23. 指出下列缩略语的缩略方式。
    《三国演义》——《三国》　　　　非典型性肺炎——非典
    初伏、中伏、末伏——三伏　　　　北京——京
    清华大学——清华　　　　　　　　公共关系——公关
    废水、废气、废渣——三废　　　　电影明星——影星
    中国人民志愿军——志愿军　　　　魏国、蜀国、吴国——三国
    中学和小学——中小学　　　　　　热爱祖国、热爱社会主义、热爱共产党——三热爱

24. 指出下列词哪些是单义词，哪些是多义词。
    钠　老　美　碳　甜　雪　新　刹　发火　瞎话
    哭泣　痛快　相信　退步　后门　赞扬　唯物论　安适　关系　疏通

25. 指出下列词的附加意义的类型。
    庄严　染指　拉扯　包袱　吊钟　顽固　惧内　京剧

商榷　　珍视　　霸道　　显摆　　护理　　卷心菜　　臭烘烘　　鸡冠花

26. 辨析下列各组同义词。
    品质——性质　　宏伟——雄伟　　成果——后果　　小气——吝啬
    健壮——硬朗　　偶尔——偶然　　树——树木　　　赞美——奉承
    欣赏——仰慕　　希望——愿望　　维护——保持　　局面——场面

27. 写出下列各词的同义词。
    寂静　　时代　　谨慎　　目的　　典型
    同意　　陈旧　　交换　　畅快　　沉溺

28. 分析下列表格中反义词的类型，并在相应的空格中画"＋"。

| 反义词 | 绝对反义词 | 相对反义词 |
|---|---|---|
| 输——赢 | | |
| 白天——夜晚 | | |
| 权利——义务 | | |
| 幸福——痛苦 | | |
| 战争——和平 | | |
| 悲剧——喜剧 | | |
| 合法——非法 | | |
| 出席——缺席 | | |
| 繁荣——萧条 | | |
| 男——女 | | |

29. 根据下列句子中画线词的义项，指出它们各自的反义词。
    （1）这个苹果是好的。　　　　　　　　太好了！
    （2）这些东西是新的。　　　　　　　　今年的新生特别多。
    （3）他长得很高。　　　　　　　　　　那东西放在很高的地方。
    （4）这个包做得太次了。　　　　　　　比他次一级的干部是副主任。
    （5）别惹他，他是一个心胸狭隘的人。　这是一条狭隘的山路。
    （6）这水很浅。　　　　　　　　　　　相处的日子还浅。
    （7）他写字笔力浑厚。　　　　　　　　这位男低音嗓音浑厚。
    （8）人老了，皮肤就干巴了。　　　　　这话说得干巴乏味。
    （9）他生活困难。　　　　　　　　　　这是一件解决起来很困难的事。

30. 写出下列词语的下义词。
    （1）家畜　　（2）食物　　（3）研究生　　（4）蔬菜

31. 指出下列词哪些是多义词，哪些是同音词。
    仪表　深　近视　风声　出轨　拐　把　花　风暴　熟

32. 给下列多音多义字注音并组词。
    (1) 打    (2) 挨    (3) 差    (4) 大
    (5) 石    (6) 担    (7) 当    (8) 供
    (9) 估    (10) 还   (11) 号   (12) 渐
    (13) 量   (14) 撒   (15) 迫   (16) 仆

**答案：**

1. 逍遥（1个语素）  从容（1个语素）  幽默（1个语素）  了结（2个语素）
   罗汉（1个语素）  依次（2个语素）  淙淙（1个语素）  偏偏（2个语素）
   荒唐（1个语素）  怂恿（1个语素）  和平（2个语素）  爪牙（2个语素）
   苏打（1个语素）  尽量（2个语素）  老鼠（2个语素）  神气（2个语素）

2. (1) 24个语素    (2) 30个语素

3. 蒙昧（双声）      咕咚（拟声）      殷勤（叠韵）      扑克（音译）
   姜姜（叠音）      咯吱（拟声）      阿訇（音译）      芙蓉（非双声叠韵）
   拖沓（双声）      汹涌（叠韵）      窈窕（叠韵）      菩萨（音译）
   侥幸（非双声叠韵） 谆谆（叠音）      蹉跎（双声）      腼腆（叠韵）

4. 实语素：学、近、师、苦、魑魅、美、海、嫦娥
   虚语素：吗、然、第、了、初、的、及、并

5. 成词语素：来、过、和、笑、辆、静、被
   不成词语素：们、固、悼、宾、义、德、宁、文、者

6. 忽然、后头、小丑、泥巴、非法、以东、硬性、可喜、软乎乎

7. 姑娘家、儿子、胖子、弹性、绿化、可靠、阿姨、舵手、刀儿、里头

8.

| 语言单位 | 语素 | 词 | 字 | 音节 |
|---|---|---|---|---|
| 酹 | 1 | 0 | 1 | 1 |
| 与 | 1 | 1 | 1 | 1 |
| 奥林匹克精神 | 3 | 2 | 6 | 6 |
| 一只猫儿 | 4 | 3 | 4 | 3 |
| 槟榔 | 1 | 1 | 2 | 2 |
| 妪 | 0 | 0 | 1 | 1 |
| 猎猎 | 1 | 1 | 2 | 2 |
| 玻璃桌子 | 3 | 2 | 4 | 4 |

9. 单纯词：戈壁、咕咚、忐忑、楠木、雪茄、弥漫、溜达、加仑
   合成词：草原、孝子、美化、能手、浑然、尾巴、党员、长者

10.

| 单纯词 | 联绵词 | | | 音译词 | 叠音词 | 拟声词 |
|---|---|---|---|---|---|---|
| | 双声 | 叠韵 | 其他 | | | |
| 贝雷 | | | | + | | |
| 唐突 | + | | | | | |
| 滴答 | | | | | | + |
| 狐狸 | | | + | | | |
| 狒狒 | | | | | + | |
| 苍茫 | | + | | | | |
| 澎湃 | + | | | | | |
| 抖擞 | | + | | | | |
| 叱咤 | + | | | | | |
| 牢骚 | | + | | | | |

11.

| 合成词 | 联合型 | 偏正型 | 补充型 | 主谓型 | 述宾型 | 附加式 | 重叠式 |
|---|---|---|---|---|---|---|---|
| 慢腾腾 | | | | | | + | |
| 冰冷 | | + | | | | | |
| 净化 | | | | | | + | |
| 房间 | | | + | | | | |
| 心虚 | | | | + | | | |
| 讲清 | | | + | | | | |
| 皮毛 | + | | | | | | |
| 函授 | | + | | | | | |
| 充满 | | | + | | | | |
| 体验 | | | | + | | | |
| 革命 | | | | | + | | |
| 人物 | + | | | | | | |
| 保健 | | | · | | + | | |
| 气功 | | + | | | | | |
| 野性 | | | | | | + | |
| 单单 | | | | | | | + |

12. 叠音式单纯词：泱泱、佼佼、茫茫、喃喃、眈眈、婷婷、孜孜、太太
    重叠式合成词：等等、每每、恰恰、频频、渐渐、刚刚、常常、暗暗

13. 复合式合成词：感化、子弟、线头、老迈、巨头、工头、画坛、消化
    附加式合成词：老王、贸然、劲头、本儿、液化、阿爸、袋子、毅然

14. 阎罗（音译词）　　　　　茉荑（其他联绵词）　　翩跹（叠韵联绵词）
    干戈（双声联绵词）　　　噼啪（拟声词）　　　　处事（述宾式合成词）
    闲置（偏正式合成词）　　治疗（联合式合成词）　发难（述宾式合成词）
    指点（联合式合成词）　　潜能（偏正式合成词）　耳鸣（主谓式合成词）
    粉饰（偏正式合成词）　　打翻（补充式合成词）　忽视（偏正式合成词）
    年长（主谓式合成词）　　治学（述宾式合成词）　娘娘（叠音词）
    体罚（主谓式合成词）　　声誉（联合式合成词）

15.

| 古语词 | 钦差 | 谒 | 尚书 | 饮 | 戈 | 莅临 | 以此 | 侯 | 重行 | 虎符 |
|---|---|---|---|---|---|---|---|---|---|---|
| 文言词 |  | + |  | + |  | + | + |  | + |  |
| 历史词 | + |  | + |  | + |  |  | + |  | + |

16. 新词新义型：传媒、克隆、大排档、发烧友、走穴、热狗
    新词旧义型：性骚扰、巴士、发廊、菜鸟、曲奇、举报
    旧词新义型：透析、人流、气管炎、偶像

17. 争嘴、轧、尴尬、挂不住、火色、和稀泥、见不得、脚爪、脚劲、接茬儿、磕巴、落忍、乐和

18. 全音译词：飞利浦、摩托罗拉、英特尔、吐司
    半音半意译词：卡片、沙文主义、新德里
    音译加注汉语语素词：华尔街、霓虹灯、沙丁鱼
    音译兼译词：芒果、奔驰、可口可乐
    字母词：PH值、e经济、FAX
    借形词：事故　办公室　便条　开始

19. 来自神话寓言：炼石补天、黔驴技穷、守株待兔、精卫填海
    来自历史故事：城下之盟、夜郎自大、四面楚歌、完璧归赵
    来自古代诗文：学而不厌、老骥伏枥、扑朔迷离、物换星移
    来自民间口语：七嘴八舌、半斤八两、有板有眼、鸡毛蒜皮

20. 亮底牌、吃定心丸、赶鸭子上架、吃人不吐骨头、戴高帽、碍手脚、后娘养的

21. (1) 十五个吊桶打水——七上八下　　(2) 狐狸吵架——一派胡（狐）言
    (3) 刘备借荆州——有借无还　　　　(4) 马尾穿豆腐——提不起
    (5) 高射炮打蚊子——大材小用　　　(6) 张飞扔鸡毛——有劲难使

(7) 蚂蚁扛大树——自不量力　　　　(8) 公鸡头上一块肉——大小是个官（冠）
22. 惯用语：公说公有理，婆说婆有理；板凳没坐热；过街老鼠；吃不开；空中楼阁
　　成　　语：扪心自问；楚才晋用；街谈巷议；愁眉苦脸；胡思乱想；甜言蜜语
　　谚　　语：路遥知马力，日久见人心；天下本无事，庸人自扰之；己所不欲，勿施
　　　　　　　于人；千军易得，一将难求；不经一事，不长一智
　　歇后语：木头眼睛——看不透；兔子的尾巴——长不了；雨后送伞——假人情；
　　　　　　姜太公钓鱼——愿者上钩；何家的姑娘嫁给郑家——正合适

23. 截取式：《三国演义》——《三国》；北京——京；清华大学——清华；中国人民
　　　　　　志愿军——志愿军
　　抽合式：非典型性肺炎——非典；公共关系——公关；中学和小学——中小学；
　　　　　　电影明星——影星
　　数概式：初伏、中伏、末伏——三伏；魏国、蜀国、吴国——三国；废水、废
　　　　　　气、废渣——三废；热爱祖国、热爱社会主义、热爱共产党——三热爱

24. 单义词：钠、碳、雪、刹、哭泣、相信、赞扬、唯物论、瞎话、安适
　　多义词：老、美、甜、新、发火、痛快、退步、后门、关系、疏通

25. 感情色彩：庄严、顽固、珍视、霸道
　　语体色彩：拉扯、商榷、显摆、护理
　　形象色彩：吊钟、卷心菜、臭烘烘、鸡冠花
　　文化色彩：包袱、京剧、惧内、染指

26. 品质——性质（范围大小不同）　　　　宏伟——雄伟（侧重点不同）
　　成果——后果（感情色彩不同）　　　　小气——吝啬（语体色彩不同）
　　健壮——硬朗（搭配对象不同）　　　　偶尔——偶然（词性不同）
　　树——树木（个体和集体不同）　　　　赞美——奉承（感情色彩不同）
　　欣赏——仰慕（程度轻重不同）　　　　希望——愿望（句法功能不同）
　　维护——保持（搭配对象不同）　　　　局面——场面（范围大小不同）

27. 寂静——沉寂　　时代——时期　　谨慎——小心　　目的——宗旨　　典型——范例
　　同意——赞成　　陈旧——破旧　　交换——交流　　畅快——痛快　　沉溺——沉醉

28.

| 反义词 | 绝对反义词 | 相对反义词 |
|---|---|---|
| 输——赢 |  | + |
| 白天——夜晚 |  | + |
| 权利——义务 |  | + |
| 幸福——痛苦 |  | + |
| 战争——和平 | + |  |

(续表)

| 反义词 | 绝对反义词 | 相对反义词 |
|---|---|---|
| 悲剧——喜剧 |  | + |
| 合法——非法 | + |  |
| 出席——缺席 | + |  |
| 繁荣——萧条 |  | + |
| 男——女 | + |  |

29. (1) 这个苹果是<u>好</u>的。　　　　　　　　　　（坏）
    太<u>好</u>了！　　　　　　　　　　　　　　（糟）
    (2) 这<u>些</u>东西是<u>新</u>的。　　　　　　　　　（旧）
    今年的<u>新</u>生特别多。　　　　　　　　　（老）
    (3) 他长得很<u>高</u>。　　　　　　　　　　　　（矮）
    那东西放在很<u>高</u>的地方。　　　　　　　（低）
    (4) 这个包做得太<u>次</u>了。　　　　　　　　　（好）
    比他<u>次</u>一级的干部是副主任。　　　　　（高）
    (5) 别惹他，他是一个心胸<u>狭隘</u>的人。　　（宽广）
    这是一条<u>狭隘</u>的山路。　　　　　　　（宽阔）
    (6) 这水很<u>浅</u>。　　　　　　　　　　　　　（深）
    相处的日子还<u>浅</u>。　　　　　　　　　　（长）
    (7) 他写字笔力<u>浑厚</u>。　　　　　　　　　（纤巧）
    这位男低音嗓音<u>浑厚</u>。　　　　　　　（高亢）
    (8) 人老了，皮肤就<u>干巴</u>了。　　　　　　（润泽）
    这话说得<u>干巴</u>乏味。　　　　　　　　（生动）
    (9) 他生活<u>困难</u>。　　　　　　　　　　　（富足）
    这是一件解决起来很<u>困难</u>的事。　　　（简单）

30. (1) 家畜：牛、羊、猪、马等　　　(2) 食物：粮食、蔬菜、肉食、禽蛋等
    (3) 研究生：硕士、博士　　　　　(4) 蔬菜：青菜、白菜、黄瓜等

31. 同音词：仪表　风声　拐　把　花
    多义词：近视　出轨　风暴　熟　深

32. (1) 打：①dǎ 挨打　　　②dá 一打
    (2) 挨：①āi 挨着　　　②ái 挨饿
    (3) 差：①chà 差不多　②chāi 差遣　③chā 差别　④cī 参差
    (4) 大：①dà 大方　　　②dài 大王
    (5) 石：①dàn 三千石　②shí 石头
    (6) 担：①dān 担当　　②dàn 担子
    (7) 当：①dāng 当场　　②dàng 当铺

(8) 供：①gōng 供给　　②gòng 供奉

(9) 估：①gū 估计　　②gù 估铺

(10) 还：①hái 还是　　②huán 还礼

(11) 号：①háo 号叫　　②hào 号称

(12) 渐：①jiān 渐染　　②jiàn 渐渐

(13) 量：①liáng 量杯　　②liàng 量变

(14) 撇：①piē 撇开　　②piě 撇嘴

(15) 迫：①pǎi 迫击炮　　②pò 压迫

(16) 仆：①pū 前仆后继　　②pú 仆人

## 六、简述题（本大题共 15 小题）

1. 如何理解词汇的系统性？

2. 举例说明词汇的民族性。

3. 什么是词汇的发展性？

4. 什么是多音节语素？多音节语素包括哪些类型？

5. 确定现代汉语的词应注意哪些问题？

6. 举例说明运用古语词应注意哪些问题。

7. 举例说明新造词与生造词的区别。

8. 什么是缩略语？缩略语产生的方式有哪些？

9. 简述歇后语的特点及类型。

10. 简述词义的明确性和模糊性。

11. 举例说明词义的构成。

12. 举例说明词的派生义的类型。

13. 举例说明同音同形词与多义词的区别。

14. 什么是同义词？举例说明其表达作用。

15. 简要说明词义的规范化。

# 【实践与研究平台】

### 项目一　汉语方言构词法与普通话构词法比较研究

目的与要求：

通过本项目，运用现代汉语词法的知识，解决汉语方言与普通话在构词方面的差异问题,培养对比研究的基本能力,能够准确地发现和总结汉语方言构词法与普通话构词法之间的差异。本项目要求完成一篇学术小论文,字数为3 000字。

知识原理:

构词法是从静态的角度对现有词内部语素之间的关系进行考察分析的结果。汉语方言词与普通话词在构造方面一般来说是大同小异,而具体词的构造情况又存在较大差异。对汉语方言构词法与普通话构词法进行比较研究,有助于更加全面、深入地了解普通话构词的特点和规律,为语法知识的学习和理解提供帮助。

研究方法:

1. 通过地方志等文献资料了解汉语某一方言在构词方面的特点,为进一步与普通话构词法进行比较奠定基础;2. 结合现代汉语构词法的知识,分析、总结汉语某一方言的构词特点及方法;3. 通过比较,归纳出汉语某一方言构词法与普通话构词法的异同。

注意事项:

1. 选择你所熟悉的汉语方言作为调查对象;2. 在对汉语方言构词法与普通话构词法比较的基础上,关注二者产生差异的原因;3. 关于汉语的构词法,汉语词汇学界的看法不尽相同,可适当进行了解。

参考文献:

1. 王力. 汉语词汇史. 北京:商务印书馆,1993
2. 周荐. 汉语词汇与结构. 上海:上海辞书出版社,2004
3. 陆志韦. 汉语的构词法. 北京:科学出版社,1957
4. 潘文国,叶步青,韩洋. 汉语的构词法研究. 上海:华东师范大学出版社,2004
5. 陈光磊. 汉语词法论. 北京:学林出版社,1994
6. 张寿康. 构词法和构形法. 湖北:湖北人民出版社,1981
7. 符淮青. 构词法研究的一些问题. 北京:商务印书馆,2001
8. 许宝华,宫田一郎. 汉语方言大辞典. 北京:中华书局,1999

**项目二 汉语外来词吸收方式探析**

目的与要求:

通过本项目,运用现代汉语吸收外来词的方式、原则的知识,以及社会语言学、文化语言学等学科的相关知识,解决汉语外来词的分类问题,能够较为准确地分析、归纳出汉语吸收外来词的方式和特点。本项目要求完成一篇学术小论文,字数为3 000字。

知识原理:

外来词是从其他民族语言中吸收进来的词。汉语中的外来词,有着不同的吸收方式。这些不同的方式决定了外来词的类型、特征及其特殊的功用。因此,对汉语外来词吸收方式进行分析,有助于全面深入地了解各种外来词的形成、特点,能够为外来词的规范化研究提供一定的理论依据。

研究方法:

1. 全面收集有关汉语外来词研究的文献资料,并对有关外来词吸收方式的研究成果进行分析和整理；2. 使用描写阐释法，具体、细致地说明汉语吸收外来词的方式；3. 注意共时研究和历时研究相结合，既要梳理汉语吸收外来词的历史，又要适当与其他民族吸收外来词的方式进行对比。

注意事项：

1. 注意学习研究者对该问题研究的方法和角度；2. 关注学术界汉语外来词吸收方式研究的新动向；3. 在对汉语外来词吸收方式进行探析时，适当关注外来词的汉化和规范化问题。

参考文献：

1. 符淮青. 现代汉语词汇（第二版）. 北京：北京大学出版社，2004
2. 胡晓清. 外来语. 北京：新华出版社，1998
3. 史有为. 异文化的使者——外来词. 长春：吉林教育出版社，1991
4. 史有为. 汉语外来词. 北京：商务印书馆，2000
5. 万红. 当代汉语的社会语言学观照. 天津：南开大学出版社，2007
6. 杨锡彭. 汉语外来词研究. 上海：上海人民出版社，2007
7. 周红红. 汉语外来词的社会语言学研究. 北京：清华大学出版社，2009

### 项目三 现代汉语新造词构词方式分析

目的与要求：

通过本项目，运用现代汉语构词法和造词法的相关知识，解决新造词的构词方式及类型的问题，培养运用所学知识分析现代汉语新造词构词方式的能力。本项目要求完成一篇学术小论文，字数为3 000字。

知识原理：

词根复合法是现代汉语词汇的特点之一，新造词除了采用词根复合法以外，还采用了派生法和其他构词方式。这些方式的使用使得新造词呈现出了新颖而丰富的类型和结构。对现代汉语新造词构词方式进行分析，有助于全面了解新造词的语音形式、构词成分、词义架构等。

研究方法：

1. 全面了解和掌握有关汉语构词方式的知识，为项目研究奠定理论基础；2. 运用比较法把现代汉语新造词的构词方式与其他语言的构词方式进行对比，凸显出现代汉语新造词构词方式的特点；3. 在归纳和整理现代汉语新造词构词方式的基础上，具体分析和总结每一种构词方式的特征和作用。

注意事项：

1. 既要分析新造词的语音形式、结构形式、词义架构，也要归纳现代汉语新造词构词方式的基本规律；2. 适当关注新造词构词方式形成的原因；3. 注意学习学术界对此问题的研究思路和方法。

参考文献：

1. 亢世勇，刘海润. 新词语大词典. 上海：上海辞书出版社，2003

2. 朱彦. 汉语复合词语义构词法研究. 北京：北京大学出版社，2004
3. 董秀芳. 汉语的词库与词法. 北京：北京大学出版社，2004
4. 杨华. 汉语新词语研究. 哈尔滨：黑龙江教育出版社，2002
5. 王艾录，司富珍. 汉语的语词理据. 北京：商务印书馆，2001
6. 葛本仪. 现代汉语词汇学. 济南：山东人民出版社，2004
7. 陆志韦等. 汉语的构词法. 北京：科学出版社，1994
8. 许威汉. 二十一世纪的汉语词汇学. 太原：书海出版社，1990

## 项目四　现代汉语新造词语义发展变化研究

目的与要求：

通过本项目，运用现代汉语词义的特点、词义的构成及词义发展演变的知识，以及语义学、社会语言学等学科的相关知识，解决现代汉语新造词语义变化的过程、表现、特点、原因等问题，培养运用所学知识分析现代汉语新造词语义发展变化的基本能力。本项目要求完成一篇学术小论文，字数为3 000字。

知识原理：

随着社会的发展、事物的变化以及人类认识的改变，新造词的词义会发生不同的变化。有的词在原有词义的基础上扩大了，有的则缩小了，有的甚至完全改变了原有的词义，而这些新的意义的产生均有其发展变化的过程。对现代汉语新造词语义的发展变化进行研究，有助于了解现代汉语新造词语义的产生以及准确地运用新造词。

研究方法：

1. 全面收集有关现代汉语新造词语义发展变化研究的文献资料，并对有关现代汉语新造词语义发展变化的研究成果进行分析和整理；2. 对现代汉语新造词语义发展变化的情况进行粗略的梳理；3. 在归纳和整理现代汉语新造词语义发展变化的基础上，参照词语语义发展变化研究的各个要素和项目进行细致、具体地分析和总结。

注意事项：

1. 注意归纳、总结现代汉语新造词语义发展变化的基本规律；2. 适当关注造成新词语义发展变化的原因；3. 注意学习学术界对此问题的研究思路和方法。

参考文献：

1. 张小平. 当代汉语词汇发展变化研究. 济南：齐鲁书社，2008
2. 张志毅，张庆生. 词汇语义学（修订本）. 北京：商务印书馆，2005
3. 邹嘉彦，游汝杰. 21世纪华语新词语词典. 上海：复旦大学出版社，2007
4. [俄] E. B. 帕杜切娃. 词汇语义的动态模式. 北京：北京大学出版社，2003
5. 曹炜. 现代汉语词义学. 上海：学林出版社，2001
6. 苏新春. 汉语词义学. 北京：外语教学与研究出版社，2008
7. 杨振兰. 新时期汉语新词语义研究. 济南：齐鲁书社，2009
8. 沈孟璎. 新词新语新意. 福州：福建教育出版社，1987

**项目五　成语在广告语中的运用**

目的与要求：

通过本项目，运用现代汉语成语的知识和应用语言学的相关知识，解决成语在广告语中的使用频率、语用规范、修辞效果等问题，同时培养语料收集、分析和运用的基本能力。本项目要求完成一篇学术小论文，字数为3 000字。

知识原理：

成语是一种相沿习用的结构凝固、意义完整的固定语。由于其来源以及长期习用的结果，成语无论是在结构和意义上还是在运用上，都有自己的特点。这些特点决定了成语的运用会出现各种各样的情况。关注成语在广告语中的运用，有助于全面了解成语的来源、含义、构成及特点，了解现实生活中人们对成语的理解和运用，能够为现代汉语词汇的规范化工作提供一定的理论依据。

研究方法：

1. 全面了解和掌握有关成语的知识，为项目研究奠定理论基础；2. 收集一定数量的语料以便进行定量分析；3. 运用统计法对成语在广告语中的使用频率进行分析。

注意事项：

1. 注意对成语在广告语中运用情况的全貌进行归纳和总结；2. 语料来源最好是国内权威媒体；3. 语料收集中，注意资料的保存和整理。

参考文献：

1. 屈哨兵，刘惠琼. 广告语言跟踪研究. 广州：暨南大学出版社，2009
2. 王治杰. 成语运用词典. 上海：辞书出版社，2002
3. 马国凡. 成语. 呼和浩特：内蒙古人民出版社，1997
4. 陈汝东. 当代汉语修辞学. 北京：北京大学出版社，2004
5. 吴为善. 广告语言. 上海：上海教育出版社，2007
6. 于根元. 广告语言概论. 北京：中国广播电视出版社，2007
7. 张英岚. 广告语言修辞原理与赏析. 上海：外语教育出版社，2007
8. 骆小所. 现代修辞学（修订版）. 昆明：云南人民出版社，2010

**项目六　新闻报道词语运用规范情况调查**

目的与要求：

通过本项目，运用现代汉语词汇及词汇规范化的知识，解决运用现代汉语词语中存在的规范问题，提高规范运用现代汉语词语的能力。本项目要求完成一篇学术小论文，字数为3 000字。

知识原理：

词汇是语言结构系统中变化最快的要素，因此，词汇的规范化比起语音、语法的规范化来说更为复杂。新闻报道在各主流媒体中处于重要的地位，其词语运用的规范程度直接影响到媒体语言文字运用的示范、宣传、教育等功能的发挥。对新闻报道词语运用规范情况进行调查，有助于全面了解和掌握现代汉语词汇规范化的知识，为我国媒体和谐语言生活的构建提供一定的理论依据。

研究方法：

1. 阅读相关文献资料，为项目研究奠定理论基础；2. 收集一定数量的语料以便进行定量分析；3. 运用统计法对新闻报道词语运用规范情况进行分析；4. 运用 SPSS 软件整理和分析调查结果。

注意事项：

1. 注意语料收集的广泛性和代表性；2. 最好确定一定的时间段进行调查；3. 语料来源最好是国内权威媒体；4. 调查项目尽可能细致、全面。

参考文献：

1. 李行健. 现代汉语规范词典. 北京：语文出版社，2004
2. 吕冀平. 当前我国语言文字的规范化问题. 上海：上海教育出版社，2000
3. 崔梅，周芸. 新闻语言教程. 北京：北京师范大学出版社，2011
4. 国家语言资源监测与研究中心. 中国语言生活状况报告. 北京：商务印书馆，2009
5. 索艳华，纪秀生. 传播语言学. 北京：北京师范大学出版社，2010
6. 教育部语言文字应用管理司. 新时期语言文字法规政策文件汇编. 北京：语文出版社，2005
7. 报纸、广播电视、网络高频词语表. 中国语言生活状况报告（2005）（下篇）. 北京：商务印书馆，2006
8. 李元授，白丁. 新闻语言学. 北京：新华出版社，2001

# 第四章 现代汉语语法

## 【学习导论】

### 一、知识梳理

语法是词、短语、句子等语言单位的结构规则的总和,包括词法和句法。词法研究词的语法分类、词的分布和功能等。句法研究短语、句子的结构类型、组合搭配规则及表达功能等。语法具有抽象性、层级性和民族性。语法学是研究语法规律的科学,是人们对客观的语法规律的主观认识和说明。现代汉语语法是现代汉语词法和句法的总和,主要有语素、词、短语、句子等四种语法单位。现代汉语语法的特点是:缺少严格意义上的形态变化;语序和虚词是主要的语法手段;词、短语、句子结构基本一致;词类和句法成分关系复杂。

词类是词在语法上的分类,强调的是词的语法性质。词类划分的标准主要有意义标准、形态标准和功能标准。现代汉语词类的划分,以词的语法功能为主要标准,同时参照词的意义标准和形态标准。现代汉语的词首先可以分为实词和虚词两大类。实词包括名词、动词、形容词、区别词、数词、量词和代词七类。虚词包括副词、介词、连词、助词、语气词、叹词和拟声词七类。实词和虚词的区别主要有:第一,实词能经常充当句子的主语中心语、谓语中心语、宾语中心语等主干成分,虚词不能充当句子的主干成分,或者不能充当句子成分。第二,实词除了量词外,大多加上句调后可以独立成句,而虚词不行。第三,除量词外的大多数实词在与其他词组合时,位置是不固定的,有时在前,有时在后,而虚词在与其他词组合时,位置往往是固定的。第四,实词大多有明确的词汇意义和语法意义,而虚词的词汇意义则较为虚化,只有语法意义。第五,实词的数量比较多,而虚词的数量比较少。值得注意的是,汉语中有一些词,既具有这一类词的语法功能,同时又具有另一类词的语法功能,这就是词的兼类。现代汉语词类常见的错误主要有:名词、动词、形容词的误用;区别词和数词、量词以及代词使用不当;副词、介词和助词使用不当等。

短语是词与词按照一定的语法规则组合起来、没有句调的语法单位。短语和词都是句子的备用单位,二者既有联系,又有区别。现代汉语的短语可以从不同的角度进行分类:按照内部结构,可分为主谓短语、偏正短语、述宾短语、联合短语、连谓短语、兼语短语、同位短语、方位短语、量词短语、介词短语、"的"字短语、"所"字短语、比况短语等十四种类型;按照语法功能,可以分为体词性短语和谓词性短语两种类型;根据结构层次,可以分为简单短语和复杂短语两种类型。现代汉语通常采用层次分析法来分析短语。采用层次分析法切分短语,必须遵循结构原则和意义原则。多义短语是指具有多种意义的短语。现代汉语常见的多义短语主要是由语法组合和语义组合造成的。

单句是由词或短语构成的句子，它在交际中表达相对完整的意义，并带有一定的句调。现代汉语的单句一般由五对句子成分构成：主语和谓语、述语和宾语、定语和中心语、状语和中心语、中心语和补语。此外，还有一种特殊的句子成分——独立语。传统语法在分析单句时，主要采用中心词分析法。单句可以根据不同的标准进行分类：按照句子的结构格局划分出来的句子类型叫做句型；按照句子的语气功能划分出来的句子类型叫做句类。从句型的角度看，现代汉语的单句可以分为主谓句（包括动词性谓语句、形容词性谓语句、名词性谓语句、主谓谓语句等）和非主谓句（包括动词性非主谓句、形容词性非主谓句、名词性非主谓句、其他类型等）。从句类的角度看，现代汉语的单句可以分为陈述句、疑问句、祈使句和感叹句。现代汉语单句常见的错误主要有搭配不当、成分残缺、成分多余、语序不当、句式杂糅等。

复句是由两个或两个以上意义上密切相关而结构上互不包含的分句组成的语言单位。复句与单句可以从结构、意义、停顿、关联词语等方面进行区分。根据分句之间的语义关系，现代汉语的复句可以分为联合复句和偏正复句两大类型。联合复句中各分句之间意义平等，没有主从之分，主要包括并列复句、顺承复句、解说复句、选择复句、递进复句五类。偏正复句中各分句之间的意义有主从之分，正句表示句子的主要意义，偏句从属于正句，主要包括转折复句、条件复句、假设复句、因果复句、目的复句等五类。从结构的角度看，复句又可以分为单重复句和多重复句：单重复句的各分句只构成一个层次，多重复句的各分句构成多个层次。多重复句的分析，一般采用划线法。紧缩复句是把复句压缩并取消分句间语音停顿的一种复句，它没有语音停顿，形式上像单句，但又不同于一般单句。现代汉语复句常见的错误主要有分句间缺乏意义上的密切联系、结构层次混乱和关联词语使用错误等。

现代汉语语法规范，指现代汉民族共同语即普通话的语法规范，标准为"典范的现代白话文著作"。现代汉语语法规范化的工作内容为：确定现代汉语语法规范化的标准；研究和制定现代汉语语法规范的具体规则；大力宣传现代汉语语法规范。

**二、能力素养**

（一）现代汉语语法的分析能力

掌握层次分析法、中心词分析法、划线法的分析原则和基本步骤，正确运用层次分析法、中心词分析法、划线法分析现代汉语的短语、单句和复句，能够识别和修改现代汉语词类、单句、复句常见语法错误。

（二）运用现代汉语语法规律指导言语实践

自觉遵守普通话语法规范的具体要求，在现代汉语语法知识和理论的指导下，正确使用现代汉语各级各类的语法单位，不断提高语言表达的规范性和准确性。

（三）培养对现代汉语语法现象的敏感度，形成现代汉语语法的研究能力

观察并思考现实生活中的各种语法现象，尤其要重点关注现代汉语中新兴的语法现象及其发展和变化，懂得在所学知识和理论的基础上，适当了解一些现代汉语语法研究的新动态。

# 【难点探究】

## 一、怎样理解现代汉语语法中的组合关系和聚合关系？

语法是词、短语、句子等语言单位的结构规则的总和，包括词法和句法。现代汉语语法是从众多语法成分的组合关系和聚合关系里抽象概括出来的。

组合关系是线性序列中依次出现的语法成分之间的内在结构关系。聚合关系是各级语法成分组合过程中所形成的同类相聚的类别关系。组合关系和聚合关系是瑞士语言学家索绪尔在《普通语言学教程》中提出来的。书中所说的"句段关系"就是组合关系，"联想关系"就是"聚合关系"。

组合关系在现代汉语中主要表现在语序、句法结构关系等方面。第一，语法单位的语序不同会导致组合关系发生变化。例如："吸墨纸"是一个偏正型复合词，但改变语序重新组合为"纸吸墨"，就成了主谓关系的短语。第二，语法单位的语序不同，但组合关系不变，改变的是语义关系。例如：按照"主—谓—宾"句法关系组合的句子"母亲关心孩子"，可重新组合为"孩子关心母亲"，句子的结构没有发生变化，但施受关系发生了改变。

聚合关系在现代汉语中主要表现为词类划分、句法成分聚合等问题。第一，句法成分分布位置相同的结构单位具有相同的语法功能和语法意义，可以归为一类。例如："牛奶瓶"、"运动会"都是名词，都可以做主语或宾语；"取回牛奶瓶"和"参加运动会"都是述宾结构的短语，都可以做谓语。第二，具有相同语法结构关系的语法单位，可以归为一类。例如："他跑了。""老师出差了。""樱花盛开。"等都是由主谓短语构成的，可以分析出主语和谓语两个直接成分，它们都是主谓句。

组合关系使现代汉语无限的句子数量变为有限的语法规则和语法格式，聚合关系使现代汉语的各个语言单位变为了系统有限的具体分类，它们共同组成了现代汉语的语法系统。

## 二、如何区别形容词和区别词？

区别词是表示事物特征或者分类的实词，形容词是表示事物性质或者状态的实词。二者的联系主要表现为它们都能单独充当句子成分，都具有描写、修饰的功能，都可以做定语。例如：由区别词构成的短语"高等教育"、"高档家具"，由形容词构成的短语"高大的建筑"、"高贵的品质"等。

区别词和形容词可以从以下三个方面来区别：

第一，充当句子成分的能力不同。区别词只能直接修饰名词做定语，形容词可以做定语和谓语中心语。例如："迷人"可以充当定语和谓语中心语，如"迷人的景色"、"景色迷人"等，是形容词，但"迷你"只能做定语，如"迷你裙"等，是区别词。

第二，词与词的组合能力不同。一是区别词不能受副词修饰，但形容词可以。例如："这件工艺品很（非常）精美"中的"精美"是形容词，"我送你一本精装的词典"中的"精装"不能加"很"或者"非常"，是区别词。二是区别词否定时前面不能加"不"，要加"非"，形容词则可以用"不"修饰。例如：可以说"不精美"，但不能说"不精装",只能说"非精装"。

第三,语法意义不同。区别词表示的是事物的性质,因此常常有相对的词或者成组成系列的词,如"单"和"双"、"负"和"胜"、"男"和"女"等。形容词就没有这种系统分类的特征,如"敏感"、"依稀"、"合法"等形容词就没有与之成组或成系列的词。

### 三、怎样区别语气副词和语气词?

语气副词是表示语气的副词,语气词是用在句末表示说话的语气或用在句中表示停顿的虚词。二者之间的区别如下:

第一,从词语的使用位置上看,语气副词常做全句的修饰语,一般放在句首或者句中。例如:

①这孩子简直太不像话了。

②大概今年年末明年年初的时候有消息。

在例①②中,语气副词不是在句中就是在句首,充当相应的句子成分。语气词则不同,它常用在句末表示说话的语气,一般紧跟着短语或者句子,在句中点号或者句末点号之前。例如:

③你呀,做事要认真仔细,实事求是。

④这只是个美好的愿望吧。

在例③④中,语气词都是在点号之前:例③的语气词"呀"起停顿作用;例④中的语气词"吧"表示不太肯定的语气。

第二,从语法功能上看,首先,语气副词和语气词所充当的句子成分不同:语气副词可以做状语,语气词不能做句子成分。例如:"那天我偏偏迟到了"中的语气副词"偏偏"是状语,语气词"了"不充当句子成分,表示陈述语气。有的时候,语气副词在一定条件下还可以独立运用,如"果然"就可以单独使用和回答问题,但语气词的附着性很强,不能独立使用,如"吗"表示疑问语气,不能单独使用。其次,语气副词和语气词的组合能力不同。语气副词一般用在动词、形容词的前面,在句中做状语,起强调作用,如"你究竟去了没有";语气词一般放在句末,附着在实词、短语或句子之后,表示一定的语气,如"他做事可认真了"。

第三,从语法意义上看,语气副词的语法意义比较固定和明显,它所表达的语气往往是特定的,如"居然"一般表达感叹语气;语气词的语法意义则相对要灵活一些,需要根据具体的语境判断其所要表达的语气,如"吧"在不同的语境中可以表达疑问、陈述和祈使等三种语气。

### 四、兼类词应该具备哪些构成条件?

兼类词是在不同语境中具有两类或两类以上语法功能的词。现代汉语的兼类词一般具备以下特点:

第一,兼类词必须是同音同义或同音近义的词。这是兼类词与同音词和同形词的主要区别。兼类词的读音和书写形式相同,意义联系紧密。例如:表示"陆地上有轮子的运输工具"的"车"和表示"象棋棋子"的"车",书写形式相同,但读音和意义不同,属于同形词;表示"物体表面"的"面"和"粮食磨成的粉"的"面",读音和书写形式一致，但意义上没有任何联系，属于同音词；表示"非常富有"的"巨富"和"非常富有的人或人家"的"巨富"，读音和书写形式相同，意义具有一定的联系，但前者为形容词，后者为名词，属于兼类词。

第二，兼类词至少要具有两类词的语法功能，而且这两类词的语法功能要有根本的区别。这是兼类词需具备的前提条件。例如：

①我的决定是回家过年。
②我决定回家过年。

例①的"决定"是句子的主语，属于名词，例②的"决定"是句子的谓语，属于动词，所以"决定"是名词兼动词的兼类词。

第三，兼类词所具有的各项语法功能必须是普遍的、固定的。这是兼类词与词类活用的重要区别。词类活用是词在特定语境中的一种临时用法，如"悲伤着你的悲伤，幸福着你的幸福"中的"悲伤"和"幸福"就属于形容词临时用作动词，不是兼类词。兼类词则不同。例如：

①一阵风吹来，感到些微的寒意。
②肚子些微有点儿痛。

例①中的"些微"表示"轻微"的意思，是形容词，做定语。例②中的"些微"表示"略微"的意思，是副词，做状语。"些微"的这两种语法功能在话语交际中是普遍存在的，因此属于兼类词。

**五、什么是离合词？离合词可以分为哪些类型？**

离合词是意义上具有凝固性、结构上可合可离的词。目前，学术界对离合词有不同的看法，有的认为是词，有的认为是短语，有的认为既是词又是短语，还有的认为离则为短语、合则为词。

根据不同的标准，离合词可以分为不同的类型。通常，按照离合词的内部结构，即构成离合词的语素之间的组合关系，离合词可以分为述宾式离合词、动补式离合词和主谓式离合词三种类型。

第一，述宾式离合词的构成语素之间是述宾关系，充当宾语的语素一般是名词，如"办公"、"表态"、"撤职"、"打针"、"当面"、"读书"、"翻脸"、"告状"、"见面"、"鞠躬"等。述宾式离合词具有一般动词的语法特征，在句中常充当谓语中心语，以"翻脸"为例，可以有以下用法：

①他们为了一点儿小事翻脸了。
②两口子从来没翻过脸。
③没事，因为一点小事翻的脸。
④我和他就翻过一次脸。
⑤脸都翻了，还能找他借钱吗？

由此可见，"翻脸"的中间可以插入"了"、"过"、"的"等助词，可以插入补语或定语，甚至还可以调换两个语素的语序。

第二，动补式离合词的构成语素之间是动补关系，补充说明中心语的多为动词或者形容词，如"进来"、"上去"、"看见"、"考取"、"打垮"、"看中"、"分清"、"靠拢"、

"挪动"、"碰见"等。动补式离合词也具有一般动词的语法特征，在句中常充当谓语中心语。例如：

①他考取了理想中的大学。
②妹妹考得取北京大学吗？
③今年肯定考不取复旦大学了。

可见，动补式离合词两个语素之间可以插入"得"表示可能，插入"不"表示不可能，但两个语素的语序是不可以改变的。

第三，主谓式离合词的构成语素之间是陈述和被陈述的关系，如"心急"、"心软"、"心烦"、"心浮"、"心细"、"性急"、"嘴笨"、"嘴碎"、"嘴硬"、"手大"等。这类离合词的构成语素，"合"时大多为形容词，"离"时有各自独立的意义，可以组成主谓结构的短语。例如：

①他嘴笨，有话说不出来。
②我的嘴太笨了，说不清楚。

### 六、分析复杂短语应该注意哪些问题？

根据结构层次的多少，短语可以分为简单短语和复杂短语两类。分析复杂短语，主要采用层次分析法，即对语言单位的直接成分进行结构层次分析的方法。分析复杂短语时，除了要遵循结构原则和意义原则之外，还要注意以下几点：

第一，除介词短语和"的"字短语外，复杂短语中的虚词在分析时可以不考虑。例如：

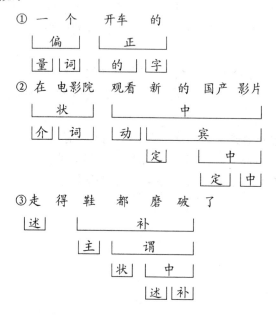

例①的虚词"的"是"的"字短语的构成要素，需要分析。例②的介词"在"和"电影院"构成介词短语，需要分析，但助词"的"不需要分析。例③的虚词"得"和"了"都不作分析。

第二，短语中出现双宾语时，应先画出间接宾语（近宾语），再画出直接宾语（远宾语)。例如：

第三，短语中出现多项定语或状语时，要注意理清这些定语或状语之间的结构层次和结构关系。一是并列关系，即多项定语或状语往往修饰的是一个中心语。切分复杂短语时，要首先切分出中心语，然后并列划分出各项定语或状语。例如：

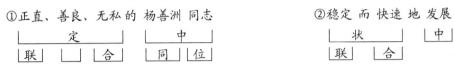

二是递加关系，即中心语由偏正短语构成，每一项定语或状语均与中心语发生联系。切分时，要首先切分最左边的修饰语，然后再从左到右，层层分析。例如：

三是包含关系，即修饰语本身是一个偏正短语，每一项定语或状语都只能修饰其后的那个定语或状语，只有最后一个定语或状语才同中心语发生联系。切分时，首先要切分出中心语的完整定语或状语，然后再逐层分析。例如：

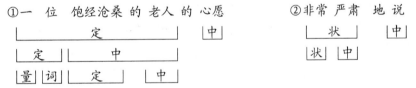

第四，动词前面有状语、后面有宾语时，要先切分出状语，再切分动词和宾语。例如：

马上 抢救 病人
｜状｜ ｜ 中 ｜
　　　｜述｜宾｜

第五，连谓和兼语套用时，首先要辨别第一层是连谓短语还是兼语短语，然后再依次判定各个部分的关系，逐层进行切分。例如：

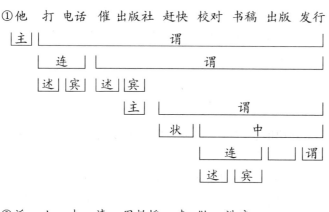

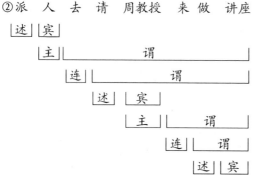

### 七、什么是句子成分？句子成分和句法成分是一回事吗？

句子成分是句子的结构成分，现代汉语的单句通常由五对句子成分构成：主语和谓语、述语和宾语、定语和中心语、状语和中心语、中心语和补语。

句子成分和句法成分不是一回事。具体分析如下：

第一，句法成分是句法结构的组成成分，任何句法结构都是由两个或两个以上的句法成分组成的。例如："爱慕虚荣"这个句法结构由述语"爱慕"和宾语"虚荣"组成，"爱慕之心"这个句法结构由定语"爱慕"和中心语"心"组成，"相互爱慕"这个句法结构由状语"相互"和中心语"爱慕"组成。由此可见，句法成分是从句法结构中分析出来的。

第二，任何句子都是由特定的句法结构构成的，组成这一句法结构的直接成分既是句法成分，也是句子成分。例如：在"我热爱我的祖国。"这个句子中，"我"是主语，"热爱我的祖国"是谓语，它们既是句法成分，也是句子成分。换言之，句子成分是从句子中分析出来的。

第三，句法成分不一定是句子成分，它可以出现在短语、单句等语法单位中。例如：主谓短语"这位老师很优秀"由主语"这位老师"、谓语"很优秀"组成，但它们只是句法成分，而不是句子成分；"你们这些孩子"由表示复指关系的"你们"、"这些孩子"组成，它们也只能叫做句法成分，而不能叫做句子成分。

第四，短语的句法成分和句子的句法成分虽然名称大致相同，如都有主语、谓语、述语、宾语等，但却属于不同层级的语法单位。例如："双方展开了激烈的枪击。"从句子的角度可以分析出句子成分主语"双方"、谓语"展开了激烈的枪击",从句法结构的角度也可以分出句法成分主语"双方"、谓语"展开了激烈的枪击",但构成谓语的述语"展开"、宾语"激烈的枪击"就是从句子中分析出来的短语的句法成分了。

### 八、谓词性词语充当宾语必须具备哪些条件?

谓词性词语是指含有动作性质的词或者短语,如动词、形容词、谓词性联合短语、谓词性主谓短语、述宾短语、述补短语等。谓词性词语充当宾语需要具备以下条件:

第一,谓词性词语做宾语时,前面必须要有可以引导它的述语,充当述语的词语往往是谓宾动词或者体谓宾动词。谓宾动词是只能带谓词性宾语的动词,如表示主张建议类的动词"计划"、"建议"等;表示心理活动的动词"企图"、"希望"等;表示动作状态的动词"准备"、"开始"、"停止"、"进行"等;一些行为动词"从事"、"给以"、"禁止"、"允许"等。例如:

①他‖建议吃火锅。
②人民‖希望祖国繁荣富强。
③课题研究‖进展顺利。
④这里‖允许快速结算。

体谓宾动词是能够带体词性宾语和谓词性宾语的动词,如表示心理活动的动词"喜爱"、"害怕"等;表示感觉类的动词"看见"、"知道"、"注意"等;表示动作行为的动词"研究"、"调查"等。例如:

⑤她‖喜欢电影。　　　　她‖喜欢看电影。
⑥我们‖正在调查这起事故。　我们‖正在调查如何处理这起事故。

第二,如果谓词性词语前面没有谓宾动词或者体谓宾动词,那么谓词性词语前面要出现表判断的动词"是",从而组成谓词性词语充当宾语的"是"字句。例如:

①等待他们的‖是溃败。
②这次比赛的目的‖是发现和挑选人员参加国家级竞赛。

### 九、运用中心词分析法分析复杂单句应该注意哪些问题?

中心词分析法,也叫句子成分分析法,它通过分析出句中的词或短语充当何种句子成分,找出充当句子主干成分的中心词,从而了解单句的基本结构。

运用中心词分析法分析复杂单句,应该注意以下问题:

第一,首先找出句子的中心词(主语、谓语),然后再找出依附中心词的各个成分(宾语、补语、定语、状语),不一定要切分到词。具体分析步骤如下:

①山脊上缓缓地升起了一轮明月。
→山脊上‖缓缓地升起了一轮明月。
→山脊上‖缓缓地升起了一轮明月。
→山脊上‖[缓缓]地升<起>了(一轮)明月。

第二,不与句子成分发生结构关系的部分不做分析,如助词、语气词、语调等。例如:

①他‖[曾经]去过(美丽)的西藏。
②(我)的心‖[一直]悬着。

③他‖是教书的。

例①和例②的动态助词"过"和"着"都不做分析，但例③的"教书的"是"的"字短语做宾语，所以"的"是需要分析的。

第三，句子成分如果是由单个的词或者非定中短语充当，则不再作切分。例如：

①他‖什么都不懂。（主谓短语做谓语）

②（你）的真诚和善良‖赢得了（老师）的赞赏。（联合短语做主语）

③现在‖十二点二十分。（体词短语做谓语）

第四，注意区别连谓句、兼语句和主谓短语做宾语的句子。连谓句所有的动词性词语和宾语都要划分出来；兼语句要着重标示兼语；句子的宾语由主谓短语构成时，宾语可以不做划分。例如：

①杏儿‖离开小明去大理。（连谓句）

②杏儿‖邀请小明去大理。（兼语句）

③杏儿‖知道小明去了大理。（主谓短语做宾语）

第五，句子中如有独立语，则切分时要独立出来，不需要再次切分。例如：

①据研究显示，熬夜‖（容易）导致肥胖。

②他‖说不定［已经］走了。

**十、如何确定现代汉语的句型？**

句型是按照句子的结构格局划分出来的句子类型。确定句型应该注意以下三点：

第一，注意句型的层次性。不同的句型有不同的结构成分，这些结构成分在组合时并不是处于同一个平面的，而是按照一定结构关系逐层逐级地套叠在一起。因此，确定句型时，一定要注意句子结构成分的层级性。通常，现代汉语的句型可以分成三个层次：

| 现代汉语句型系统 | 单句 | 主谓句 | 动词性谓语句 | 动词谓语句 |
|---|---|---|---|---|
| | | | | 述宾谓语句 |
| | | | | 述补谓语句 |
| | | | 形容词性谓语句 | |
| | | | 名词性谓语句 | |
| | | | 主谓谓语句 | |
| | | 非主谓句 | 动词性非主谓句 | |
| | | | 形容词性非主谓句 | |
| | | | 名词性非主谓句 | |
| | | | 其他的非主谓句 | |
| | 复句 | （从略） | | |

确定句型时，要先确定上位句型，然后再确定下位句型。例如："民歌是文学的一个源头。"这个句子，依次可分析为：单句→主谓句→动词性谓语句→述宾谓语句。

第二，排除非句型因素。非句型因素主要有：一是句中表示语气的成分；二是句中的独立成分；三是句中的修饰成分；四是语序的倒装等。上述非句型因素都不影响句子的结构格局。例如：

①他弟弟上大学了。
②他弟弟去年就上大学了吗？

例①是陈述句，例②是疑问句，二者的句类不同，但句型是一致的，都是单句、主谓句、动词谓语句。

第三，注意区分句式和句型。句式是主谓句或非主谓句的下位句型，是根据句子的特殊标志或特殊结构划分出来的句子类型。例如："把"字句和"被"字句是现代汉语的两种常见句式，但在确定句型时，"把"和"被"所构成的介词短语充当句子的状语，不影响句型的确定。例如：

①我被老师批评了。
②老师把我批评了。

例①是"被"字句，例②是"把"字句，二者所属句式不同，但句型相同，都属于单句、主谓句、动词谓语句。

**十一、如何把主谓谓语句变换为动词性谓语句？举例说明句子变换前后的区别。**

主谓谓语句是由主谓短语充当谓语的主谓句。在主谓谓语句中，一般把全句的主语称为大主语，充当谓语的主谓短语中的主语称为小主语，主谓短语中的谓语称为小谓语。根据大主语、小主语以及小谓语之间的语义关系，主谓谓语句可以分为领属性主谓谓语句、受事性主谓谓语句、关涉性主谓谓语句和复指性主谓谓语句四种类型。

主谓谓语句转换为动词性谓语句，主要有以下几种情况：

第一，领属性主谓谓语句的大主语和小主语之间是领属或者是整体和部分的关系，在大主语和小主语之间加上"的"之后，就可以把句子可以变换为动词性谓语句。例如：

①我们公司‖少数员工还在干私活。（主谓谓语句）
②我们公司的少数员工‖还在干私活。（动词性谓语句）

第二，受事性主谓谓语句中的大主语是受事性的，小主语是施事性的，把原句的大主语移做句子的宾语，原句的小主语和小谓语改为大主语和全句谓语，就可以转换为动词性谓语句。例如：

③这题作业‖我一定完成。（主谓谓语句）
④我‖一定完成这题作业。（动词性谓语句）

第三，关涉性主谓谓语句中的大主语是小谓语的关涉对象，把大主语直接变换成全句的宾语即可得到动词性谓语句。例如：

⑤你的电动车‖我骑过一次。（主谓谓语句）
⑥我‖骑过一次你的电动车。（动词性谓语句）

第四，复指性主谓谓语句的大主语和小主语为复指关系，把原句的大主语和小主语合并，就可以变换为动词性谓语句。例如：

⑦语料，‖它的重要性不可小觑。（主谓谓语句）
⑧语料的重要性‖不可小觑。（动词性谓语句）

主谓谓语句变换为动词性谓语句之后，句子的句法、语义、语用的特点及功能均发生了变化，具体说明如下：

第一，从句法层面上看，句子结构格局和句子成分发生了变化。例如：领属性主谓谓语句转换为动词性谓语句之后，原来的大主语变成了主语修饰语，原来的小谓语变成了谓语；受事性主谓谓语句和关涉性主谓谓语句变换为动词性谓语句之后，原来的大主语变成了宾语；复指性主谓谓语句变换为动词性谓语句之后，句法结构更为精炼，只有一个主语。

第二，从语义层面上看，句子成分之间的语义关系发生了变化。例如：关涉性主谓谓语句例⑤变换为动词性谓语句例⑥之后，"骑"在主谓谓语句中的语义指向是"我"，在动词性谓语句中的语义指向则是"电动车"。

第三，从语用层面上看，句子的信息结构发生了改变。例如：受事性主谓谓语句例③的未知信息是"我一定完成"，焦点是"完成"，动词性谓语句例④的未知信息是"一定完成这题作业"，焦点是"这题作业"。又如：复指性主谓谓语句例⑦的主语"语料"，在动词性谓语句例⑧中充当了定语，就不再是句子的主语了。

**十二、疑问句只有疑问功能吗？为什么？**

疑问句是表达疑问语气的句子，主要用来表示询问。根据结构特点，疑问句可以分为是非问、特指问、选择问、正反问。但疑问句不是只有疑问的功能，还具有话语的衔接功能和人际功能。

第一，疑问句的衔接功能主要表现发话人用疑问句的形式来衔接交际双方的信息。例如：

①这次活动组织得很混乱，是吧？

②甲：昨天中午下了冰雹。

乙：可不是吗？我们家的菜园遭殃了。

例①，发话人显然已经有了自己的看法、意见或者倾向，但却使用了商量、请求的口气征求或证实对方的意见，目的是与受话人达成共识。例②，说话人乙使用疑问的形式表示对说话人甲的应答。

第二，疑问句的人际功能主要表现为发话人用疑问句的形式表达自己的情绪、请求或启发对方思考、提起对方的注意。例如：

①甲：姐姐昨天回家了。

乙：什么，回家了？

②为什么要打要杀，而且又不敢光明正大地来打来杀，而偷偷摸摸地来暗杀？这成什么话？

③关一下空调，好吗？

④吃了吗？

⑤当你在积雪初融的高原上走过，看见平坦的大地上傲然挺立这么一株或一排白杨树，难道你就觉得它只是树？难道你就不想到它的朴质，严肃，坚强不屈，至少也象征了北方的农民？难道你竟一点也不联想到，在敌后的广大土地上，到处有坚强不屈，就像这白杨树一样傲然挺立的守卫他们家乡的哨兵？难道你又不更远一点想到这样枝枝叶叶靠紧团结，力求上进的白杨树，宛然象征了今天在华北平原纵横决荡，用血写出新中国历史的

那种精神和意志吗?

例①中,发话人乙通过重复上文内容来表示自己的疑惑、不信或不满等情绪。例②出自闻一多的《最后一次讲演》,表达了闻一多先生愤怒的情绪。例③中发话人提问的目的不是要求对方回答,而是发出具体的请求,希望对方可以完成"关闭空调"的行为。例④中发话人提出的问题并不是索要答案,而是一种寒暄。例⑤选自茅盾的《白杨礼赞》,作者使用一连串的疑问句,既启发了读者的思考,也表达了作者对白杨树精神和意志的赞美之情。

### 十三、什么是关联词语?在复句中运用关联词语应该注意哪些问题?

关联词语是复句中表示分句之间的结构关系和语义关系的重要语法手段,包括连词和起关联作用的副词、短语。在复句中运用关联词语应该注意以下几个问题:

第一,关联词语的使用要符合分句之间的语义逻辑。例如:

①丁丁写字很粗心,不是少了一点,而是多了一撇。
②看到那轮火红的圆盘了吗?不是灯光的效果,就是黎明升起的一轮红日。

"不是……就是……"属于连接选择复句的关联词语,"不是……而是……"属于连接并列复句的关联词语。按照分句之间的语义逻辑,例①应该使用"不是……就是……",例②应该使用"不是……而是……"。

第二,注意关联词语的配对使用。例如:

①只要有付出,才有收获。
②只有努力,就能改变命运。

例①的"只要"应该和"就"搭配,表示充足条件关系,全句应改为"只要有付出,就有收获"。例②的"只有"应该和"才"搭配,表示必要条件关系,全句应改为"只有努力,才能改变命运"。

第三,不能缺用或滥用关联词语。例如:

①即使任务再重,我要想办法完成。
②因为由于冬季皮肤干燥,所以我们要多喝水。

例①是假设复句,但第二个分句缺失了相应的关联词语"也",应改为"即使任务再重,我也要想办法完成"。例②是因果复句,但第一个分句滥用了表示因果关系的关联词"因为"、"由于",应改为"因为冬季皮肤干燥,所以我们要多喝水"。

第四,根据句子的语法关系和语义逻辑安排关联词的位置。例如:

①他不管多么努力,我都没看到效果。
②老师不仅要自己出题测试,而且要帮同学批改讲解。

例①中前后分句的主语不同,"不管"应放在主语"他"的前面。例②中前后分句的主语一致,关联词语的位置是正确的。

### 十四、如何检验多重复句划分的正确性?

多重复句是具有两个以上分句且具有不止一个逻辑层次的复句。分析多重复句一般采用画线法。检验多重复句划分正确性的方法主要有:

第一,利用关联词语,特别是配对使用的关联词语进行检验。通常,成对的关联词语所对应的分句往往是在一个逻辑层面上的。例如:

㊀因为这株小草向往阳光，｜㊁所以不论上面的石块如何重，‖㊂石与石之间如何狭，
　　　　　　　　　　　　　　　（因果）　　　　　　　　　　　　　　　（并列）
‖㊃它都要曲曲折折地，‖㊄甚至是顽强不屈地透到地面上来。
（条件）　　　　　　　　　（递进）

在这个多重复句中，表示因果关系关联词语的"因为……所以……"对应的是第一层次；表示条件关系关联词语的"不论……都……"对应的是第二层次；表示递进关系关联词语的"甚至……"是第三层次。只要确定了配对使用的关联词语及其语义管辖范畴，多重复句的分析就是正确的。

第二，看多重复句划分之后的各部分是否具有相对完整性。由于多重复句的内部具有一定的逻辑语义层次，所以处于同一逻辑层次的直接成分往往具有表义的相对完整性。因此，通过检查多重复句划分之后的各个部分是否具有相对完整性，就可以判断多重复句层次划分是否正确。例如：

㊀既然西红柿这么便宜，‖㊁那么老板肯定会要进一些的，｜㊂所以不仅可以带回一
　　　　　　　　　　　　　（假设）　　　　　　　　　　　　　　（因果）
个西红柿做样品，‖㊃而且还可以把那个农民带回来跟老板谈谈。
　　　　　　　　　　　（递进）

在这个多重复句中，第一层次是"他"做事的原因和结果，第二层次一是对老板进货原因的假设，二是"他"把西红柿和卖西红柿的农民都带回来了。每一个层次的语义逻辑都清晰、完整，因此划分正确。

第三，看换位的结果。除了顺承、递进等复句的前后部分一般不能换位外，大部分复句通常都是允许换位的，而且换位后语义逻辑关系不变，只是有时需要调整个别词语（主要是关联词语）。因此，如果多重复句的层次划分正确，那么换位之后就应该是通顺的；否则，就表明层次划分有问题。例如：

㊀除非他的白细胞抗原可以和患者配对，㊁而且他本人愿意捐献，㊂否则骨髓移植手术无法进行。

这个多重复句的层次如果划分为"㊀一，｜㊁二，‖㊂三"，换位之后就会变成：

他本人愿意捐献，否则骨髓移植手术无法进行，除非他的白细胞抗原可以和患者配对。

不难看出，这一层次划分是错误的。因为换位之后，不仅语义逻辑关系发生改变，而且句子也不通顺。正确的划分应该为"㊀一，‖㊁二，｜㊂三"，换位之后就变为：

骨髓移植手术无法进行，除非他的白细胞抗原可以和患者配对，而且他本人愿意捐献。

**十五、紧缩复句与单句有什么区别？**

紧缩复句是把复句压缩并取消分句间语音停顿的一种复句。单句是由词或短语构成的句子，它在交际中表达相对完整的意义，并带有一定的句调。紧缩复句与单句的区别具体如下：

第一，结构形式不同。紧缩复句从形式上看很像单句，但其构成成分可以分解成两个具有相对独立性、彼此之间没有包含关系、不能互相做句子成分的主谓结构或者非主谓结构。单句只有一套句子成分，不会出现两个主谓结构或者非主谓结构。例如：

①学海无涯苦作舟。（紧缩复句）

②海上有一叶扁舟。(单句)

第二,语法关系不同。紧缩复句中各个分句之间是并列、顺承、递进、解说、转折、因果、假设、条件等关系,而单句中各个句子成分之间的语法关系可以是陈述与被陈述、支配与被支配、修饰限制与被修饰限制、补充与被补充的关系。例如:

①想说爱你又不敢说。(紧缩复句)
②想说爱你不容易。(单句)

第三,语义表达不同。紧缩复句表达的是两个以上有逻辑关联的意思,但单句只是表达一个相对完整的意思。例如:

①不坐火车坐飞机。(紧缩复句)
②我觉得坐火车是件很痛苦的事。(单句)

# 【思考与练习参考答案】

思考与练习一

### 三、与英语相比,现代汉语语法具有哪些特点?

第一,现代汉语缺乏严格意义上的形态变化,一般不通过形态变化来表示特定的语法范畴(如性、数、体、时、态、格等)。例如:汉语的"他"不论做主语、宾语还是定语,形式上都不会发生变化,但英语中的"他"却分别有"he"、"him"、"his"三种形式。

第二,现代汉语运用虚词表达语法结构和语法意义。例如:汉语的"吃饭"是述宾短语,"吃的饭"是偏正短语;"吃着饭"表示正在进行的动作,"吃了饭"表示动作已经完成。在英语里,词性和时态往往都是通过形态变化来体现的,并不借助虚词;如果变换虚词,改变的大多是语义,结构上没有太大的变化。例如:"in the air"指"在空中","on the air"则指"在广播中"。

第三,现代汉语的词、短语、句子的结构方式基本一致。例如:词"头疼"、短语"身体好"和句子"他身体好"都是主谓结构。但在英语中,词、短语、句子的结构方式却各不相同:词性随形态变化而变化;短语和句型在结构上也没有必然的联系。例如:汉语的"骑车",在英语中可以用述宾短语表达"ride bike"(充当谓语),也可以用介词短语表达"by bike",如果做主语,就要表达为"to ride a bike"或"riding a bike"。

第四,现代汉语语序灵活,与语法结构、语法意义关系密切。由于现代汉语的词、短语、句子的结构方式基本一致,所以一旦组合关系发生改变,语法结构和语法意义也会随之改变。例如:"总结经验"和"经验总结"前者是述宾短语,后者是主谓短语。英语的短语属于固定搭配,语序不能随意变化。例如:"beautiful girl"不能说成"girl beautiful",否则就会出现错误。

第五,现代汉语的词类和句法成分之间的关系复杂。英语的词类同句法成分有简单的对应关系,一般说来,名词做主语、宾语或定语,动词做谓语,形容词做定语,副词做状语。但汉语的词类主要是通过语法功能来判断的,词类和句法成分之间并非一一对应的关系。例如:汉语的"学习"属于动词,既可以做述语"学习文化",也可以做主语"学习要下苦工夫"，还可以做宾语"喜欢学习"。

第六，现代汉语的语气词丰富，可以表达丰富的语法意义。例如：汉语的"了"、"吗"、"呢"、"嘛"、"吧"、"的"都是语气词，各自具有不同的语法意义。相比之下，英语的语气大多借助语调来实现，陈述句一般为降调，疑问句一般用升调。

**四、举例说明语序在现代汉语语法中的作用。**

语序是各个语法成分在组合过程中的排列顺序。语序的变化，会对现代汉语的语法结构和语法意义、语用、语义等产生影响。就语法方面来讲，语序的作用主要表现在以下几点：

第一，语序可以改变词的语法性质。在词语中，改变其构成要素的语序会使词的语法功能和语法意义发生变化。例如："马上"是一个时间副词，但"上马"就是一个述宾结构的动词。

第二，语序可以改变句法成分的组合关系及其语法功能和语法意义。例如："好枪法"是偏正短语，但"枪法好"就是主谓短语；"我让他起来"是兼语短语，"他起来让我"则是连谓短语；"我找不到老师"的主语是"我"，宾语是"老师"，但"老师找不到我"的主语是"老师"，宾语是"我"。

第三，语序可以改变句型、句式和句类。例如：

①如此迷人的双眼！　　双眼如此的迷人！
②我请他来学校。　　我来学校请他。

例①前者是名词性非主谓句，后者是动词性谓语句。例②前者是兼语句，后者是连谓句。又如：

③他都知道什么？　　他什么都知道。

例③前者是疑问句，后者就是陈述句。

**五、查阅相关书籍，了解语法学的历史源流以及各大语法学流派的主要观点。**

1898年，《马氏文通》的出版标志着汉语语法学的建立。但就语法研究而言，其历史长达两千多年，期间出现的语法学流派主要有：

第一，传统语法学。传统语法学来源于古希腊语法学，最初是为了满足阅读古代经文书籍的需要而形成的研究体系，包括形态学和句法学。传统语法学重视书面典籍资料的研究，注重词法和句法，依据形态来划分词类，采用中心词分析法分析句子。

第二，结构主义语法学。结构主义语法学分为三个学派：一是布拉格学派。布拉格学派重视语言和社会的关系，认为语言形式和超语言的因素是分不开的，主张把结构和功能结合起来研究语法，并用主位和述位来分析句子。布拉格学派主要采用音位学和类型学的原则和方法，认为语法研究的基本单位是"形位"，形位有"对立"和"中和"的情况，并由此分析语法意义。此外，布拉格学派还重视句法、句段、超句段等层次的语言研究。二是哥本哈根学派。该学派主要研究语言的符号性质及符号之间的相互关系。他们从形式和实体方面来分析语言，并认为形式是语言的内容，实体是语言的表现。相比聚合关系而言，该学派更重视组合关系，同时采用演绎法分析句子。三是美国描写语言学学派。他们主要采用分布分析法、替换分析法、扩展分析法、直接成分分析法以及变换分析法对语言进行描写分析，侧重于从音系学、形态学、句法学三个层次上分析语言，分别研究语言的声音系统、语素间的组合方式和由语素组成的较大语法单位的组合方式。受布拉格学派、哥本哈根学派和美国描写语言学学派的影响，20世纪60年代形成了层次语法学派和法位学学派。

第三，转换生成语法学。转换生成语法学由乔姆斯基建立，是在对结构主义语法理论批判的基础上形成的，其目的不仅在于描写语言的使用形式，更重视揭示隐藏在语言使用形式后面的人类特有的语言生成能力。他们把语言分为表层结构和深层结构，研究表层结构到深层结构的转换规律及制约条件，并采用形式主义的方法描写有限词语生成无限句子的过程。在转换生成语法学的影响下，产生了一系列的语法理论，如生成语义学、关系语法、格语法、对弧语法、蒙塔古语法理论等。此外，转换生成语法还有"广义短语结构语法"学派和"词汇—功能语法"学派。前者的体系由句法规则、特征规则和语义解释三个部分组成，后者由词库、句法和语义解释机制三个部分构成。

第四，功能语法学。功能语法学是一种研究语言的趋向，不是一个统一的理论流派。其中，最具代表性的流派可以分为两类：一是以韩礼德为代表，二是以兰加克和格林伯格为代表。韩礼德的语法理论立足于自然语言，关注语言的交际作用。他认为语言是一个开放的、具有社会功能的系统，语言有单位、词类、结构和系统四大范畴，概念、人际、语篇三大元功能，强调语言结构对于功能的依赖。兰加克的理论立足于语言成分在结构中的功能关系，关注认知对语法结构的制约作用。兰加克的认知语法学强调语言的"非任意性"，从认知角度观察和解释语法；认知语法的单位有语音单位、语义单位和象征单位，前两种是构成象征单位的两极。格林伯格的语言类型学更多的是站在世界语言研究的角度来看待语法，他根据语言的结构特征对世界语言分类，考察语言间的差异范围和制约因素。

## 思考与练习二

**三、动词和形容词都有重叠形式，它们的区别是什么？**

动词是表示动作行为、心理活动或存在、变化、消失等意义的实词。形容词是表示事物性质或者状态的实词。动词和形容词都有重叠形式，其区别如下：

第一，动词或形容词重叠之后，其词性不会改变。动词重叠之后还是表示动作行为，形容词重叠后还是表示事物性质或者状态。

第二，动词的重叠形式没有形容词丰富。单音节动词和单音节形容词的重叠形式大多为 AA 式，如"笑笑"、"说说"，"远远"、"近近"。双音节动词的重叠形式大多是 ABAB 式，如"走动走动"、"揅酌揅酌"；而双音节形容词的重叠形式有时是 AABB 式，有时是 ABAB 式，如"冰冰凉凉"、"酸甜酸甜"。

第三，动词和形容词的重叠形式都有语法意义，但语法范畴不同。动词重叠后附加了"短暂"或者"尝试"等意义，重叠具有"体"（动作行为进行的状态）的语法范畴意义，如"想"和"想想"、"走"和"走走"、"谈"和"谈谈"。形容词重叠后大多表示程度的加深，重叠具有"级"（性质状态在程度上的差别）的语法范畴意义，如"干净"和"干干净净"、"漂亮"和"漂漂亮亮"、"大方"和"大大方方"，前者和后者在修饰事物时具有程度方面的差别。

六、1952 年《中国语文》刊登了苏联汉学家康拉德的一篇文章《论汉语》，认为汉语的实词有形态变化，可以划分词类。高名凯先生则反驳康拉德，认为汉语实词无词类可分。于是引起了一场大辩论。查阅相关书籍，谈谈你的观点和看法。

20 世纪 50 年代，针对苏联汉学家康拉德在《论汉语》中提出的观点——汉语的实词有形态变化，可以划分词类，高名凯先生在《关于汉语的词类分别》(《中国语文》1953年 10 期) 中指出，汉语虽然有一些狭义的形态变化，但这些形态对于词类划分是没有用的。例如："白面"和"白面儿"（海洛因），"儿"属于形态变化，但这并没有起到区分词类的作用；"着"、"的"、"了"是语法工具，只是虚词，不是形态变化，同形态具有本质区别。不难看出，高名凯先生的论断是有前提的：一是"实词的词类是按词的形态划分的"，二是"汉语的实词没有形态"。这种以印欧语系的形态标准来确定汉语词类划分的做法，得出的结论就是"汉语的实词无词类可分"。

事实上，康拉德、高名凯的观点分歧，主要是因为汉语的实词缺乏严格意义上的形态标记和形态变化，词类与句子成分之间不是一一对应的关系。学术界在 20 世纪 30 年代、50 年代、80 年代曾经就现代汉语的词类划分有过三次大讨论。通过讨论，研究者逐步统一了认识：词类是词的语法分类，是按词所具有的语法功能划分出来的类别；现代汉语词类的划分，应以词的语法功能为主要标准，同时参照词的意义标准和形态标准。具体说明如下：

第一，词的语法功能主要包括两个方面的内容：一是词充当句子成分的功能。现代汉语的词，有的能充当句子成分，有的不能。例如：名词在句中主要充当主语、宾语或定语，动词在句中主要充当谓语中心语。二是词和词的组合能力。例如：能受否定副词修饰的，一般是动词或形容词；能带宾语的，一般是动词。

第二，意义标准是指采用词的功能类意义来作为划分词类的依据。例如："门"、"电脑"、"并蒂莲"都是表示事物名称的词，可归为名词；"走"、"散步"、"摔跟头"都是表示动作行为的词，可归为动词；"黑"、"骄傲"、"亮晶晶"都是表示事物性质或状态的词，可归为形容词。

第三，形态标准指采用语法意义的词形变化来作为划分词类的依据。例如：动词"骗"加上词缀"子"，就变成名词"骗子"。又如：动词和形容词都有重叠形式，"看"可以重叠为"看看"，"白净"可以重叠为"白白净净"，重叠后词的语法意义都有所改变。

根据上述词类划分的标准，现代汉语的词首先可以分为实词和虚词两大类。实词经常充当句子的主语中心语、谓语中心语、宾语中心语等主干成分，大多具有明确的词汇意义和语法意义，与其他词组合时位置比较灵活，包括名词、动词、形容词、区别词、数词、量词和代词等七类。由此可见，康拉德和高名凯的观点属于两种比较极端的说法。

## 思考与练习三

五、有人认为汉语存在一词多类的兼类现象，因此无法划分词类。你同意这种看法吗？为什么？

不同意。原因可分析如下：

第一,现代汉语词类的划分,以词的语法功能为主要标准,同时参照词的意义标准和形态标准。因此,现代汉语的词在特定的语境中都是具有相对固定的语法性质的。例如:

①校长亲临考场主考。
②主考是省外请来的专家。

例①的"主考"做谓语,是动词,意为"主持考试"。例②的"主考"做主语,是名词,意为"主持考试的人"。由此可见,"主考"之所以出现一词多类的现象,主要是因为它处于不同的语言环境中,并不是说它在同一个语言环境中同时具备多种语法性质。

第二,词类划分强调的是某一类词的语法特点,并不是对词本身所进行的划分。换言之,一个词可能会因为不同的语言环境产生不同的语法性质,但处于同一词类聚合里的只能是具有相同语法性质的词。例如:

①怕你担心,我先告诉你一声。
②如果不采取措施,怕要出大问题。

"怕"这个词,在例①中是动词,做谓语中心语,跟其他的动词具有相同的语法性质;在例②中是副词,做状语,跟其他的副词具有相同的语法性质。

第三,由于词类划分具有明确的划分标准,所以兼类词也不是杂乱无章的,而是有章可循的。例如:兼类词"发现"在"发现秘密"里做述语,同名词"秘密"组合构成述宾短语,属于动词;在"重要发现"里做中心语,同形容词"重要"组合构成偏正短语,属于名词。因此,兼类词所具有的两类或两类以上的语法功能,只要一进入具体的语言环境,就只有一种具体的语法性质。

## 思考与练习六

**九、通常,"把"字句和"被"字句可以互相变换,也可以变换为一般的主谓句("主语+动词+宾语"句)。那么,这些相应的平行句型在句法结构和语用价值上有哪些区别呢?**

"把"字句是运用介词"把"和谓语动词支配、关涉的对象构成介词短语,并将其置于动词前做状语的一种句子。"被"字句是运用介词"被"和谓语动词的施事构成介词短语,并将其置于动词前做状语,而把动作支配、关涉的对象置于句首做主语的一种句子。

"把"字句、"被"字句可以互相变换,也可以变换为一般的主谓句,即由主谓短语构成的单句。例如:

①他把窗子擦干净了。("把"字句)
②窗子被他擦干净了。("被"字句)
③他擦干净了窗子。(一般主谓句)

但是,"把"字句、"被"字句和一般的主谓句是具有一定的区别的:

第一,句法结构和语义关系不同。如果使用层次分析法,例①②③的结构层次和组合关系可分析如下:

①他 把 窗子 擦 干净 了。
```
|主|    谓       |
    |状 |  中   |
    |介|词|述|补|
```

②窗子 被 他 擦 干净 了。
```
|主|    谓       |
    |状 |  中   |
    |介|词|述|补|
```

③他 擦 干净 了 窗子。
```
|主|   谓        |
    | 述 |  宾  |
    |述|补|
```

由此可见，上面三个句子的区别为：一是例①②③虽然都是主谓句，但"把"字句和"被"字句是由状中短语充当谓语，而一般主谓句是由述宾短语充当谓语。二是例①②③主语的语义类型不同。"把"字句和一般主谓句的主语是"他"，语义类型为施事主语；"被"字句的主语是"窗子"，语义类型为受事主语。

第二，语用价值不同。一是引出的话题不同。话题是句子开头的部分，例①②③的话题分别是"他"、"窗子"、"他"。二是强调的重点不同。"把"字句强调由某一动作所导致的结果或状态，其结构、语义方面的特点主要集中在介词"把"的宾语、"把"字句的谓语部分，如例①强调的是介词"把"的宾语"窗子"。"被"字句主要强调人或事物遭受某种动作行为，如例②中强调的是介词"被"的宾语"他"。一般主谓句强调整个命题，如例③强调的是"他擦窗子"这一事实。

## 思考与练习八

**三、联系古代汉语语法，举例说明汉语语法发展过程中旧有语法现象的演变或消失。**

第一，同古代汉语相比，现代汉语的词法发生了许多变化：一是实词虚化。古代汉语中有一些实词在使用中意义逐渐虚化，演变为只有语法意义的虚词。例如："却"在古代汉语中是动词——"却，节欲也"（《说文解字》），但在现代汉语中除了保持动词的语法性质外，如"却步"、"盛情难却"、"失却信心"等，还产生了副词的语法性质，如"文章虽短却很有力"。二是词类消长。现代汉语和古代汉语虽然都有语气词，但现代汉语语气词的数量没有古代汉语的多，并且古代汉语的语气词可以出现在句首、句中或句末，例如：语气词"夫"在古代汉语中可以用在句首、句中。而现代汉语的语气词只能放在句末，"夫"已经不再用作语气词了。

第二，同古代汉语相比，现代汉语的句法也有一定的变化：一是语序改变。古代汉语中有很多不同于现代汉语的语序结构，如宾语前置、定语后置等，而现代汉语中的主语一定是在宾语之前，定语一定是在中心语之前。例如："句读之不知，惑之不解"（《师说》）在现代汉语中的语序应该是"不知句读，不解惑"。二是句式消长。古代汉语有很多的句式在现代汉语中都发生了改变。例如：古代汉语有判断句"……者，……也"的句式，但现代汉语没有；现代汉语有"是"字句，但古代汉语的"是"为代词"这"的意思，"是"字构成的句式情况比较复杂。

## 【自测题及参考答案】

一、单项选择题（在每小题的四个备选答案中，选出一个正确答案，并将其字母写在题干后的括号内。本大题共 50 小题）

1. 研究词的语法分类、词的分布和功能等内容的是　　　　　　　　　　　　　（　　）
   A. 层次分析法　　　B. 词法　　　C. 中心词分析法　　　D. 句法

2. 汉语说"学生们"，英语说"students"，但"们"的用法和意义并不完全等于"s"，这说明语法具有　　　　　　　　　　　　　　　　　　　　　　　　　（　　）
   A. 民族性　　　B. 概括性　　　C. 抽象性　　　D. 稳定性

3. 结构主义语法的创始人是　　　　　　　　　　　　　　　　　　　　　　（　　）
   A. 索绪尔　　　B. 乔姆斯基　　　C. 韩礼德　　　D. 赵元任

4. 现代汉语最小一级的语法单位是　　　　　　　　　　　　　　　　　　　（　　）
   A. 句子　　　B. 词　　　C. 语素　　　D. 短语

5. 现代汉语主要的语法手段是　　　　　　　　　　　　　　　　　　　　　（　　）
   A. 形态变化和实词　　　　　　B. 虚词和形态变化
   C. 实词和虚词　　　　　　　　D. 语序和虚词

6. 语法上同类词所形成的共同的意义类别是　　　　　　　　　　　　　　　（　　）
   A. 词的概念意义　　　　　　　B. 词的功能类意义
   C. 词的词汇意义　　　　　　　D. 词的形态意义

7. "干果"、"干涸"、"干洗"的词类分别是　　　　　　　　　　　　　　　（　　）
   A. 动词、形容词、名词　　　　B. 名词、形容词、动词
   C. 形容词、名词、动词　　　　D. 名词、动词、形容词

8. "合群"、"合约"、"合谋"的词类分别是　　　　　　　　　　　　　　　（　　）
   A. 形容词、名词、动词　　　　B. 名词、动词、形容词
   C. 动词、形容词、名词　　　　D. 形容词、动词、名词

9. 下列属于区别词的是　　　　　　　　　　　　　　　　　　　　　　　　（　　）
   A. 金、寒酸、远程　　　　　　B. 双、潜在、强壮
   C. 白、孪生、成熟　　　　　　D. 荤、私立、活期

10. 表示次序前后的数词是　　　　　　　　　　　　　　　　　　　　　　（　　）
    A. 概数词　　　　　　　　　　B. 序数词
    C. 倍数词　　　　　　　　　　D. 基数词

11. 下列关于量词语法特征的说法，不正确的是 （    ）
    A. 量词可以独立使用，充当句子成分        B. 量词可以重叠
    C. 量词可以和数词组合                    D. 量词可以和代词组合

12. 下列属于谓词性疑问代词的是 （    ）
    A. 怎的、什么、多少                      B. 何时、哪里、怎样
    C. 哪儿、怎样、何时                      D. 怎么、如何、怎样

13. 下列属于时间副词的是 （    ）
    A. 随时、以往、已经                      B. 曾经、时常、当即
    C. 平日、一贯、历来                      D. 向来、霎时、最近

14. 下列句子中"没有"为副词的是 （    ）
    A. 你没有理由迟到。                      B. 来了没有三天就走了。
    C. 谁都没有他会说话。                    D. 没有谁会同意这样做。

15. "渐变"、"渐渐"、"渐次"的词类分别是 （    ）
    A. 副词、副词、动词                      B. 动词、动词、副词
    C. 动词、副词、副词                      D. 动词、副词、动词

16. 现代汉语的动态助词是 （    ）
    A. 着、了、过    B. 的、地、得    C. 所、等、似的    D. 的、了、呢

17. 表示确定的语气或加深疑问语气的句末语气词是 （    ）
    A. 了            B. 吧            C. 呢            D. 吗

18. 句末语气词连用的顺序是 （    ）
    A. 了＞的＞啊    B. 的＞啊＞了    C. 啊＞的＞了    D. 的＞了＞啊

19. 下列关于叹词语法特征的说法，正确的是 （    ）
    A. 叹词可以帮助实词表达意义              B. 叹词可以独立成句
    C. 叹词经常独立充当句子成分              D. 叹词可以配合实词构词造句

20. 下列属于兼类词的是 （    ）
    A. 教练、长期    B. 威风、同样    C. 集中、讲座    D. 申请、探析

21. 下列不是离合词的是 （    ）
    A. 辞职、考试    B. 说服、播音    C. 导航、听力    D. 革命、叹气

22. "牛奶我喝了"属于 （    ）
    A. 定中短语      B. 主谓短语      C. 同位短语      D. 状中短语

23. 下列属于述宾短语的是 （    ）
    A. 扭摆着身子    B. 言辞清雅      C. 悠悠岁月      D. 吓得哇哇叫

24. 下列属于述补短语的是 （    ）
    A. 显得分外幽静  B. 懒得上街      C. 懂得怎么写    D. 激动得哭了

25. 下列属于兼语短语的是 （ ）
    A. 说话说累了　　　　　　　　　　B. 表扬他工作认真
    C. 担心情况有变　　　　　　　　　D. 打开电脑写文章

26. 下列属于连谓短语的是 （ ）
    A. 命令一排担任警戒　　　　　　　B. 让我仔细想一想
    C. 举着红旗走在前面　　　　　　　D. 表扬他见义勇为

27. 下列属于简单短语的是 （ ）
    A. 责任加重了　　B. 苦于没有时间　　C. 我也没辙了　　D. 一片草地

28. 下列属于主谓短语做定语的短语是 （ ）
    A. 喜欢撒谎的孩子　　　　　　　　B. 升学或就业的选择
    C. 个人演唱会　　　　　　　　　　D. 阳光明媚的早晨

29. 下列属于同位短语做主语的短语是 （ ）
    A. 读过赵元任先生的著作《国语入门》　　B. 喜欢跑步这种运动
    C. 这是博导张教授　　　　　　　　D. 我们大家都很高兴

30. 下列属于多义短语的是 （ ）
    A. 昆明成都　　B. 补充材料　　C. 给予表彰　　D. 明年龙年

31. 下列属于体宾动词的是 （ ）
    A. 看望、打算　　　　　　　　　　B. 驾驶、认为
    C. 参观、属于　　　　　　　　　　D. 修理、要求

32. 下列属于体谓宾动词的是 （ ）
    A. 研究、准备　　　　　　　　　　B. 知道、调查
    C. 害怕、进行　　　　　　　　　　D. 看见、禁止

33. 多层定语的语序一般是 （ ）
    A. 表领属关系的定语＞表处所的定语＞表数量的定语＞表动作的定语
    B. 表领属关系的定语＞表数量的定语＞表动作的定语＞表处所的定语
    C. 表处所的定语＞表领属关系的定语＞表数量的定语＞表动作的定语
    D. 表数量的定语＞表动作的定语＞表领属关系的定语＞表处所的定语

34. 多层状语的语序一般的是 （ ）
    A. 表时间的状语＞表处所的状语＞表对象的状语＞表语气的状语
    B. 表语气的状语＞表时间的状语＞表处所的状语＞表对象的状语
    C. 表处所的状语＞表语气的状语＞表对象的状语＞表时间的状语
    D. 表对象的状语＞表时间的状语＞表语气的状语＞表处所的状语

35. "这衣服我刚买的。"属于 （ ）
    A. 动词性谓语句　　　　　　　　　B. 名词性谓语句
    C. 主谓谓语句　　　　　　　　　　D. 形容词性谓语句

36. "新来的院长四十来岁。"是 （  ）
    A. 形容词性谓语句           B. 主谓谓语句
    C. 动词性谓语句             D. 名词性谓语句

37. "好极了!"是 （  ）
    A. 形容词性非主谓句         B. 动词性非主谓句
    C. 名词性非主谓句           D. 其他的非主谓句

38. 以特殊词语为标志划分出来的特殊句式是 （  ）
    A. 连谓句      B. "把"字句      C. 兼语句      D. 比较句

39. 下列属于主谓短语做宾语句的是 （  ）
    A. 这项课题研究语言是如何产生的。
    B. 同学们正在讨论迎新晚会的节目。
    C. 我知道姨妈生病这件事了。
    D. 爸爸问我大学毕业后的打算。

40. 可以带双宾语的动词是 （  ）
    A. 派、夸、有    B. 叫、问、偷    C. 逼、请、令    D. 催、求、嫌

41. 下列存现句中，属于隐现句的是 （  ）
    A. 校园里一片寂静。          B. 墙上挂着一幅国画。
    C. 花园里盛开着各色鲜花。     D. 书桌上多了一本书。

42. 下列比较句中，属于同比句的是 （  ）
    A. 天更冷了。               B. 与昨天相比，今天的阳光更灿烂。
    C. 我女儿都有我高了。        D. 他比上学期更努力了。

43. 下列不属于双重否定句的是 （  ）
    A. 他不会不支持你的。        B. 这消息未必可靠。
    C. 我无非是想要给他提个醒。   D. 这件事不无有些遗憾。

44. "你就让我试试吧!"属于 （  ）
    A. 表请求的祈使句           B. 表劝阻的祈使句
    C. 表命令的祈使句           D. 表禁止的祈使句

45. 下列单句没有语法错误的是 （  ）
    A. 他对朋友从来没有一点真诚和坦率。   B. 妹妹的脸上露出了幸福的微笑。
    C. 我把老师珍藏的古籍几次拿来看。     D. 会议的地点是设在上海举行的。

46. "他不达目的不罢休。"属于 （  ）
    A. 单句        B. 一般复句        C. 连谓句        D. 紧缩复句

47. 关联词语"以便于"常用于 （  ）
    A. 目的复句     B. 因果复句        C. 条件复句      D. 转折复句

48. "他在生人面前都不敢讲话,何况是在大庭广众之下呢?"属于　　　　　(　　)
    A. 选择复句　　　　B. 顺承复句　　　　C. 解说复句　　　　D. 递进复句

49. 下列复句有语法错误的是　　　　　　　　　　　　　　　　　　　　(　　)
    A. 这件事情已经很清楚了,你别犯傻了。
    B. 小李身子一纵,一个猛子就不见了。
    C. 他不管对我说什么,我都不理睬他。
    D. 个人的体质不同,对疾病的抵抗力也不同。

50. 普通话语法规范化的标准是　　　　　　　　　　　　　　　　　　　(　　)
    A. 北方方言的语法规则　　　　　　B. 典范的现代白话文著作
    C. 北京话的语法规则　　　　　　　D. 当代作家的文学作品

**答案:**

| 1. B | 2. A | 3. A | 4. C | 5. D | 6. B | 7. B | 8. A | 9. D | 10. B |
| 11. A | 12. D | 13. B | 14. C | 15. C | 16. A | 17. C | 18. D | 19. B | 20. A |
| 21. C | 22. B | 23. A | 24. D | 25. B | 26. C | 27. A | 28. B | 29. D | 30. B |
| 31. C | 32. B | 33. A | 34. B | 35. C | 36. D | 37. A | 38. B | 39. A | 40. B |
| 41. D | 42. C | 43. B | 44. A | 45. B | 46. D | 47. B | 48. D | 49. C | 50. B |

二、多项选择题(在每小题的五个备选答案中,选出二至五个正确答案,并将其填写在题干后的括号内,答案没有选全或选错的,该题无分。本大题共 30 小题)

1. 现代汉语语法的备用单位是　　　　　　　　　　　　　　　　　　　(　　)
   A. 短语　　　　　　　　B. 词　　　　　　　　C. 语素
   D. 单句　　　　　　　　E. 复句

2. 现代汉语语法的特点是　　　　　　　　　　　　　　　　　　　　　(　　)
   A. 具有丰富的形态标志
   B. 词类和句法成分关系复杂
   C. 语序和虚词是主要的语法手段
   D. 词、短语、句子结构基本一致
   E. 缺少严格意义上的形态变化

3. 词的语法功能具体表现在　　　　　　　　　　　　　　　　　　　　(　　)
   A. 表示语法意义的词形变化　　B. 能否单独充当句子成分　　C. 词的功能类意义
   D. 词与词的组合能力　　　　　E. 词的概念类意义

4. 下列关于实词和虚词的说法,正确的是　　　　　　　　　　　　　　(　　)
   A. 实词经常充当句子的主干成分,而虚词不能
   B. 实词的数量比较多,而虚词比较少
   C. 大多数实词与其他词组合时,位置不固定,而虚词相对固定

D. 实词大多具有词汇意义和语法意义，而虚词只有语法意义

E. 多数实词加上句调后即可独立成句，而虚词不能

5. 下列关于动词和名词的说法，不正确的是　　　　　　　　　（　　　）

   A. 动词经常做谓语，而名词不能

   B. 动词能受副词"不"的修饰，而名词不能

   C. 动词和名词都能用重叠表示语法意义

   D. 动词不能做主语和宾语，而名词能

   E. 动词能用肯定否定相连的方式表疑问，而名词不能

6. 下列关于形容词和动词的说法，正确的是　　　　　　　　　（　　　）

   A. 能愿动词和状态动词能受程度副词"很"的修饰

   B. 形容词和动词都能用重叠式表示语法意义

   C. 心理动词和性质形容词能受程度副词"很"的修饰

   D. 形容词和动词的重叠式所表示的语法意义相同

   E. 大部分动词能带宾语，而形容词不能

7. 下列句子中"是"为语气副词的有　　　　　　　　　　　　（　　　）

   A. 我<u>是</u>来看他的。　　B. 小明跑得满身<u>是</u>汗。　　C. 他<u>是</u>一片好心。

   D. 我那天<u>是</u>没去。　　E. 这本书<u>是</u>好。

8. 下列句子中画线词为介词的有　　　　　　　　　　　　　　（　　　）

   A. 这个问题必须<u>通过</u>群众。　　B. <u>通过</u>座谈会征求意见吧！

   C. 队伍<u>通过</u>了沙漠。　　D. 这条路汽车不能<u>通过</u>。

   E. 研究者<u>通过</u>语料库收集材料。

9. 下列句子中画线词为连词的有　　　　　　　　　　　　　　（　　　）

   A. <u>由于</u>他工作成绩突出，因此受到了领导的表扬。

   B. <u>由于</u>老师的耐心指导，他很快完成了这篇论文。

   C. <u>由于</u>事情比较复杂，因而大家很难达成共识。

   D. 这本书的顺利出版完全是<u>由于</u>大家的共同努力。

   E. 寒假去海南旅游<u>由于</u>各种原因而被取消了。

10. 拟声词的语法特征是　　　　　　　　　　　　　　　　　（　　　）

    A. 可以做补语　　　　B. 可以独立成句　　　　C. 可以做状语

    D. 可以做独立语　　　E. 可以做定语

11. 兼类词的构成条件是　　　　　　　　　　　　　　　　　（　　　）

    A. 不同的词必须读音相同且意义具有明显联系

    B. 把甲类词用作乙类词

    C. 具有两类或两类以上的词的语法功能

    D. 意义具有一定的关联性

    E. 在不同语境中至少具有两类词的语法功能

12. 下列兼属名词和形容词的是 （    ）
    A. 团结、密切、火坑　　　B. 教育、错误、清净
    C. 标准、文明、遗憾　　　D. 傲气、一隅、科学
    E. 方便、计划、弹性

13. 下列句子没有词类误用现象的是 （    ）
    A. 举重这项运动可以发达肌肉。
    B. 这个人很难共处。
    C. 你为什么要钻牛角尖?
    D. 股市出现了新行情。
    E. 我们要更加好地工作。

14. 采用层次分析法切分短语应该遵循的原则是 （    ）
    A. 关系原则　　　B. 结构原则　　　C. 意义原则
    D. 层次原则　　　E. 主干原则

15. 下列短语属于体词性短语的是 （    ）
    A. 柳眉杏眼、别人的　　　B. 所喜欢的、两件
    C. 小声地唱、中国功夫　　D. 山脚下、大海边
    E. 建立功业、又蹦又跳

16. "客源锐减"这个短语属于 （    ）
    A. 谓词性短语　　　B. 体词性短语　　　C. 状中短语
    D. 主谓短语　　　　E. 述宾短语

17. 下列属于语法组合造成的多义短语的有 （    ）
    A. 敬仰和爱戴　　　B. 大型车道　　　C. 将近两点
    D. 一些学生的问题　E. 模仿作品

18. 下列属于语义组合造成的多义短语的有 （    ）
    A. 我借小杨一本书　B. 我去找他问问　C. 父亲的回忆
    D. 中秋节前后　　　E. 她谁都认识

19. 由谓词性词语充当主语的句子的是 （    ）
    A. 这位同学曾经得过奖。　B. 吃得太快容易消化不良。
    C. 他爷爷病了是真的。　　D. 背着妹妹她很吃力。
    E. 小赵山西人。

20. 由体词性词语充当谓语的句子的是 （    ）
    A. 这位老师上海的。　B. 明天都星期五了。　C. 冬天来了。
    D. 这次会议学院决定派你去。　E. 谢谢你提醒我。

21. 由谓词性词语充当宾语的句子的是 （    ）
    A. 节日的校园洋溢着欢乐的气氛。

B. 妹妹爱看电影。
C. 我认为他逃跑了。
D. 事实证明你的判断是正确的。
E. 严禁酗酒滋事。

22. 下列关于补语的说法，正确的是　　　　　　　　　　　　　　　（　　　）
    A. 情态补语的前面必须使用结构助词"得"
    B. 补语可以由介词短语、量词短语充当
    C. 数量补语的前面不能加结构助词"得"
    D. 补语是对动作行为的补充说明
    E. 结果补语的前面可加可不加结构助词"得"

23. 下列句子中有独立语的是　　　　　　　　　　　　　　　　　　（　　　）
    A. 说真的，你幸好没去。
    B. 唉，真是太累了！
    C. 听说很多同学都想报名参加暑假社会实践。
    D. 其他人说不定已经走了。
    E. 妈妈，您要出门吗？

24. 句型的特点是　　　　　　　　　　　　　　　　　　　　　　　（　　　）
    A. 层级性　　　　　B. 生成性　　　　　C. 民族性
    D. 抽象性　　　　　E. 系统性

25. 下列连谓句中，语义类型相同的是　　　　　　　　　　　　　　（　　　）
    A. 我去教室做作业。　　B. 我去吃饭。
    C. 老师看到我很高兴。　D. 你进去看看。
    E. 不要躺着看书。

26. 下列属于双宾句的是　　　　　　　　　　　　　　　　　　　　（　　　）
    A. 警察罚他五十元。　　B. 我问了老师两个问题。
    C. 爸爸教我一个谜语。　D. 奶奶给小狗一根骨头。
    E. 他们骂你铁公鸡。

27. 下列句子有句法错误的是　　　　　　　　　　　　　　　　　　（　　　）
    A. 那上面写得很清楚。
    B. 他推起骑自行车就走了。
    C. 人家不愿意让我们听。
    D. 余则成被敌人的淫威不会轻易吓倒的。
    E. 我孤独地漫步校园里。

28. 联合复句包括　　　　　　　　　　　　　　　　　　　　　　　（　　　）
    A. 递进复句　　　　B. 顺承复句　　　　C. 选择复句
    D. 解说复句　　　　E. 并列复句

29. 下列关于紧缩复句的说法，不正确的是　　　　　　　　　（　　）
    A. 紧缩复句和一般复句没有区别
    B. 紧缩复句不能转化为一般复句
    C. 紧缩复句语气紧凑、简短精炼
    D. 紧缩复句形式上像单句，但不是单句
    E. 紧缩复句都有固定的表达格式

30. 现代汉语语法规范化的工作内容是　　　　　　　　　　　（　　）
    A. 坚持动态的观点，不断修正语法规范
    B. 宣传现代汉语语法规范
    C. 研究和制定现代汉语语法规范的具体规则
    D. 坚持以典范的现代白话文中的一般用例为规范
    E. 确定现代汉语语法规范化的标准

**答案：**

| 1. ABC | 2. BCDE | 3. BD | 4. ABCDE | 5. ACD |
| 6. BCE | 7. DE | 8. BE | 9. AC | 10. BCDE |
| 11. AE | 12. CD | 13. BCD | 14. BC | 15. ABD |
| 16. AD | 17. BDE | 18. ACE | 19. BCD | 20. AB |
| 21. BCDE | 22. ABCDE | 23. ACDE | 24. ABDE | 25. BD |
| 26. ACD | 27. DE | 28. ABCDE | 29. ABE | 30. BCE |

三、判断改错题（在你认为正确的题后括号内打"√"，错误的打"×"，并改正。本大题共30小题）

1. 语言中各种单位的组合需要依照线性次序出现。　　　　　　　　　　（　　）

2. 现代汉语表示语法关系和语法意义的主要语法手段是省略。　　　　　（　　）

3. 凡概念意义相同的词语，其语法特征也大致相同。　　　　　　　　　（　　）

4. 根据词类划分的标准，"语言"、"住房"、"打扫"属于同一类词。　　（　　）

5. 是否能独立成句是判断实词和虚词的标准之一。　　　　　　　　　　（　　）

6. "关于扶贫工作"是一个介词短语，可以做状语。　　　　　　　　　（　　）

7. "水产"、"星宿"、"恋爱"都是名词。　　　　　　　　　　　　　（　　）

8. 动词和形容词可以根据重叠的方式进行区分。　　　　　　　　　　　（　　）

9. 在比较性的句子中，表示数量的增加用倍数词，表示数量的减少用分数词。（　　）

10. 动态助词"着"只能跟在动词的后面表示动作正在进行或状态正在持续。（　　）

11. "决定"、"编辑"、"讲究"这三个兼类词所兼属的词类相同。　　　（　　）

12. "她是一个很恐龙的人。"这个病句的原因是成分残缺。（　　）

13. "道歉"、"请假"、"超车"、"帮忙"都是离合词。（　　）

14. 语义指向是词和词组合时所发生的意义关系。（　　）

15. 短语加上句调就能构成句子。（　　）

16. "我们青年学生"属于结构层次不同的多义短语。（　　）

17. "11月5日报名截至。"和"截止11月5日，共有122位同学报名。"中"截止"和"截至"的用法都是正确的。（　　）

18. "今年的冬天暖暖的。"是一个谓词性谓语句。（　　）

19. "他是一个山东人。"和"房间的卫生已经打扫好了。"的主语的语义类型相同。
（　　）

20. "爱好"、"想望"、"担心"都属于体谓宾动词。（　　）

21. "他做一套试卷做了两小时。"中的"两小时"是宾语。（　　）

22. "大家的事情大家办。"属于主谓谓语句。（　　）

23. "这间房间太脏了"和"太脏了，这间房间。"的句型相同。（　　）

24. 把字句的谓语动词不能是单个动词。（　　）

25. "云南民族文化资源丰富。"和"云南的民族文化资源丰富。"属于同一句型。
（　　）

26. "终于到家了，小明用尽最后的力气脱了鞋慢慢走进屋里。"是一个兼语句。（　　）

27. "农业生产必须走现代化。"和"来到大海边，我们呼吸着新鲜空气、阳光和海水。"这两个病句的病因相同。（　　）

28. "这对于一班见异思迁的人，对于一班鄙薄技术工作以为不足道、以为无出路的人，也是一个极好的教训。"是一个联合复句。（　　）

29. "与会代表不仅见多识广，而且专业知识精湛，能得到他们的首肯，靠的不是溢美之词，而是材料、事实、理论和数据。"这个病句的原因是关联词语残缺。（　　）

30. 普通话一旦吸收了方言语法，就会变得不规范了。（　　）

**答案：**

1. √

2. ×（改"省略"为"语序和虚词"）

3. ×（改"概念意义"为"语法功能"）

4. ×（改"属于同一类词"为"'语言'、'住房'属于名词，'打扫'属于动词"）

5. ×（改"是否能独立成句是判断实词和虚词的标准之一"为"实词可以独立成句，

少数虚词也可以独立成句，如'不'、'没有'等")

6. √

7. ×（改"'水产'、'星宿'、'恋爱'都是名词"为"'水产'是区别词，'星宿'是名词，'恋爱'是动词兼名词"）

8. ×（改"可以根据重叠的方式进行区分"为"虽然都可以重叠，但重叠方式不一样，重叠后所表示的语法意义也不一样"）

9. √

10. ×（改"只能跟在动词的后面"为"可以跟在动词或形容词的后面"）

11. ×（改"所兼属的词类相同"为"'决定'、'编辑'兼属动词和名词，'讲究'兼属动词和形容词"）

12. ×（改"成分残缺"为"名词误用为形容词"）

13. √

14. ×（改"语义指向"为"语义角色"）

15. ×（改"短语加上句调就能构成句子"为"不是所有的短语加上语调都能构成句子，如黏着短语就不能"）

16. ×（改"结构层次不同"为"结构层次相同、结构关系不同"）

17. ×（改"'截止'和'截至'的用法都是正确的"为"'截止'和'截至'的用法都不正确，应改为'11月5日报名截止。'和'截至11月5日，共有122位同学报名。'"）

18. ×（改"谓词性谓语句"为"体词性谓语句"）

19. ×（改"语义类型相同"为"语义类型不同，'他是一个山东人。'的主语属于中性主语，'房间的卫生已经打扫好了。'的主语属于受事主语"）

20. ×（改"'爱好'、'想望'、'担心'都属于体谓宾动词"为"'爱好'、'担心'属于体谓宾动词，'想望'属于谓宾动词"）

21. ×（改"宾语"为"补语"）

22. √

23. √

24. √

25. ×（改"属于同一句型"为"句型不同，前者是主谓谓语句，后者是形容词性谓语句"）

26. ×（改"兼语句"为"连谓句"）

27. ×（改"这两个病句的病因相同"为"这两个病句，前者属于宾语残缺，后者属于述宾搭配不当"）

28. ×（改"联合复句"为"单句"）

29. ×（改"关联词语残缺"为"结构层次混乱"）

30. ×（改"普通话一旦吸收了方言语法，就会变得不规范了"为"方言语法也会渗入到普通话的语法结构形式中，但能否被纳入普通话的语法规范，需要时间的检验"）

## 四、术语解释题（本大题共 20 小题）

1. 语法　　2. 词类　　3. 实词　　4. 区别词　　5. 虚词
6. 助词　　7. 兼类词　　8. 多义短语　　9. 单句　　10. 独立语
11. 句型　　12. 连谓句　　13. 比较句　　14. 存现句　　15. 双宾语句
16. 句类　　17. 疑问句　　18. 关联词语　　19. 联合复句　　20. 偏正复句

## 五、分析运用题（本大题共 45 题）

1. 根据实词的分类标准，将下列词填入相应的表格内。

| 来年 | 了得 | 两 | 信访 | 您 | 官办 | 辆 | 旁人 |
| 单身 | 些 | 嘉奖 | 四 | 整套 | 服气 | 体积吨 | 十 |
| 荣幸 | 什么 | 开外 | 救灾 | 家事 | 远房 | 一切 | 纳米 |
| 卧底 | 历届 | 乐呵呵 | 百 | 多会儿 | 嫉妒 | 多年生 | 拂晓 |

| 名词 | 动词 | 形容词 | 区别词 | 数词 | 量词 | 代词 |
|---|---|---|---|---|---|---|
|  |  |  |  |  |  |  |

2. 根据虚词的分类标准，将下列词填入相应的表格内。

| 基于 | 嗷嗷 | 所 | 云云 | 逐年 | 噢 | 而 | 嘎吱 |
| 以及 | 呢 | 一齐 | 什么的 | 吗 | 借以 | 为了 | 呃 |
| 由打 | 想必 | 咯噔 | 非得 | 虽 | 吧 | 的 | 也罢 |
| 飒飒 | 咄咄 | 若非 | 自从 | 哟 | 嘛 | 琅琅 | 朗声 |

| 副词 | 介词 | 连词 | 助词 | 语气词 | 叹词 | 拟声词 |
|---|---|---|---|---|---|---|
|  |  |  |  |  |  |  |

3. 分析下列话语中每一个词的词类。

（1）从宁夏回来，总难忘中华黄河圣坛的庄严雄浑、中华回乡风情园的肃穆风情与贺兰山岩画的神秘幽深。但时时萦绕在脑际，令我再也抹除不去的，还是那沉默在辽远苍穹之下的巨大的黄土荒塚——西夏王陵。
（2）敬业是做好一切工作的前提，很难想象一个不爱自己职业的人能做好工作。新闻工作者的敬业包含了一种对从事新闻工作的社会价值的理性认识和自觉行为，只有具备了这种理性认识和自觉行为，才能终生追求、无怨无悔。
（3）人类与其他动物的区别之一，就在于创造和使用工具。于是，在社会发展进程中，我们一路奔跑，不断发明新技术，改进新工艺，笃信科技会让生活更加美好，甚至因此患上了某种"技术依赖症"。

4. 指出下列词哪些是及物动词，哪些是不及物动词。

停　　煮　　加　　穿　　站　　给　　偷　　读
写　　吵架　生长　讨厌　出走　爆炸　悬挂　包括
种植　出现　道歉　下沉　需要　游泳　支持　工作

5. 写出下列词的重叠形式，并分析其语法意义。

歇　　躲　　满　　重　　洗　　抱　　紧　　拍
测量　煞白　端正　扎实　广播　零星　湛蓝　交代
安稳　调动　慌张　推广　窝囊　号召　切实　贯彻

6. 指出下列词哪些是形容词，哪些是区别词。

劣质　劣等　深层　深沉　杂乱　杂牌　分内　分外
上等　上好　良好　良性　生疏　生死　负面　负责
真正　真挚　大额　大方　木讷　木本　固有　固执

7. 指出下列词哪些是名量词，哪些是动量词。

部　　回　　餐　　顿　　周　　席　　簇　　列
味　　通　　尾　　水　　丸　　套　　户　　遍
章　　羽　　眼　　阵　　宿　　场　　串　　次

8. 分析下列句子中代词的虚指和任指的用法。
（1）请<u>这</u>请<u>那</u>，街坊四邻都请到了。
（2）休息的时候，最好<u>什么</u>都不想。
（3）不论<u>谁</u>都得遵守规章制度。
（4）他在家里，<u>什么</u>也不管。
（5）他的苦干精神叫<u>你</u>不能不佩服。
（6）<u>谁</u>想好了<u>谁</u>就回答我的问题。
（7）<u>这</u>一句，<u>那</u>一句，说起来没完。
（8）这孩子<u>什么</u>都不怕。

9. 说明下列各组副词语法特征的差异。
（1）简直——几乎　（2）毕竟——终究　（3）未免——不免　（4）往往——常常
（5）才——再　　　（6）已经——曾经　（7）莫非——难道　（8）不过——只是

10. 下列词中，哪些是副词，哪些是形容词。
    本来　　本能　　必要　　必定　　至多　　至爱　　不必　　不便
    草草　　草率　　恣意　　恣肆　　彻夜　　彻底　　默默　　默然
    执意　　执拗　　难怪　　难得　　永远　　永久　　徐徐　　徐缓

11. 下列词中，哪些是时间副词，哪些是时间名词。
    霎时　　赶紧　　快要　　不时　　赶快　　一直　　不断　　即将
    以来　　以后　　以前　　最近　　以往　　往常　　刚才　　后来

12. 分析下列句子中画线词的词类。
    （1）没错儿，他是走了。
    （2）这是演戏，不是真的。
    （3）孩子笑得是那样甜，那样可爱。
    （4）他最佩服的是你。
    （5）山上净是山楂树。
    （6）一路上，同学们是又说又笑，毫无倦意。
    （7）麻烦的是他生病来不了。
    （8）昨天是冷，我不骗你。

13. 分析下列句子中画线词的词类。
    （1）给我一本书。　　　　　　　　给我讲个故事吧！
    （2）大家都替你高兴。　　　　　　我替你干一会儿。
    （3）火车到站了。　　　　　　　　他到半夜才睡觉。
    （4）老师对我很好。　　　　　　　大门斜对着商店。
    （5）你跟我走。　　　　　　　　　你跟谁说话？
    （6）大会通过了三项决议。　　　　我通过什么方式才能见到你？
    （7）仅凭这一点还不能下结论。　　凭窗远望。
    （8）窗户让大风吹坏了。　　　　　谁都让他三分。

14. 分析下列句子中画线词的词类。
    （1）我和他讲了很多话，他就是不听。　　会上我和他都讲了很多话。
    （2）小张因为这件事还受到了表扬。　　　昨天我没去找你，因为有别的事。
    （3）他跟这事没关系。　　　　　　　　　小刘跟我都是东北人。
    （4）成与不成，在此一举。　　　　　　　当前的情况与往年不同。
    （5）他待我跟待亲儿子一样。　　　　　　他的胳膊跟大腿都受伤了。
    （6）我和他一起去联系。　　　　　　　　我和他联系过了。
    （7）鉴于你的身份，不宜过早露面。　　　鉴于目前情况特殊，我们要另谋出路。
    （8）与困难作斗争。　　　　　　　　　　积极开展批评与自我批评。

15. 分析下列句子中画线词的词类。
    （1）这是我的，那才是你的。　　　　这是一个两全齐美的解决办法。
    （2）他今天肯定要走的。　　　　　　他是昨天进的城。

(3) 这件事我知道的。　　　　　　　　破铜烂铁的，他捡了一大堆的。
(4) 他睡了一个钟头。　　　　　　　　大学生了，还这么调皮？
(5) 我已经四十岁了。　　　　　　　　小孙休息了两个月才上班。
(6) 董事长同意我去了。　　　　　　　都五斤了，够了。
(7) 我教书教了二十年了。　　　　　　把衣服穿好了再走。
(8) 人老了，身体差了。　　　　　　　冷水澡我洗了十年了。

16. 说明下列词是否属于兼类词。
    借口　苦恼　称呼　疏远　集中　小时　麻烦　平整
    编导　记载　实际　纯洁　共同　因为　冤枉　充实
    护卫　公道　固定　普及　临时　规范　清醒　主持

17. 指出下列短语哪些是定中短语，哪些是状中短语。
    立即通知小王　　铁的纪律　　很会讲话　　凄苦的岁月　　奇妙的招数
    电话联系　　　　渐渐地冷了　自动控制　　幸福生活　　　干鲜果品
    对症良药　　　　翻然改进　　部长秘书　　声控电灯　　　趁机溜走
    点滴经验　　　　幸亏来得早　定期刊物　　烦人的毛毛雨　抵死不承认

18. 分析下列短语的结构类型。
    看了五分钟　　办事有气魄　　罐头食品　　　写字写得很好　　构型别致
    奔跑追逐　　　关于扶贫工作　感触万端　　　所表现　　　　　被别人取笑
    打算明天起程　主持正义　　　煮粥供佛　　　请大家坐着　　　古书上
    新买来的　　　见过、听过或做过　他们俩　　在新年或春节期间　遗留到现在

19. 分析下列短语的功能类型。
    几次三番劝他　　来得很突然　　像滚了锅一样　进行年检　　　衬托得更鲜艳
    兴奋得很　　　　笑他不懂事　　月食这种现象　脸上汗津津的　比手表大
    所判处的刑罚　　像锁链似的　　导演老张　　　笔画之间　　　运转正常
    赶快送医院抢救　重赏之下　　　外在表征　　　满一个月　　　有点痴呆

20. 用层次分析法分析下列短语。
    (1) 老师也拿他没办法　　　　　(2) 在他的耳朵旁边小声说话
    (3) 把来人仔细端量了一番　　　(4) 不讲究卫生容易得病
    (5) 好像没听到似的　　　　　　(6) 出售的成衣开架让顾客挑选
    (7) 在家里什么事都不愿意干　　(8) 请大家随意点菜
    (9) 曾经有过亲身经历和体验　　(10) 揪着绳子往上爬
    (11) 这件事可把他乐坏了　　　 (12) 到树荫下凉快一下
    (13) 荷叶上滚着几颗亮晶晶的水珠儿　(14) 请尽快打电话查询有关事宜
    (15) 所经历的艰难困苦　　　　 (16) 他的东西谁也碰不得
    (17) 狠着心把泪止住　　　　　 (18) 在海滨疗养了半年
    (19) 完善考核和奖惩制度　　　 (20) 在这里挑大梁的是几位年轻的博士

21. 用层次分析法分析下列多义短语。
    (1) 喝剩的饮料
    (2) 横着放整齐
    (3) 那边走来的是阳阳和佳佳的爸爸
    (4) 喜欢独立的小孩
    (5) 晚上来的客人没水喝

22. 分析下列句子的主语及其语义类型。
    (1) 咱俩掉个座位。
    (2) 字写得挺像样。
    (3) 老王向我们透露了一个私人秘密。
    (4) 青春中的铭刻于心的人物永远都不会忘记。
    (5) 大风驱散了乌云。
    (6) 人体特异功能现象存在着巨大的漏洞。
    (7) 勇于负责是她的优点。
    (8) 这种丸药很难吃。

23. 分析下列句子的宾语及其语义类型。
    (1) 他在北京大学旁听过课。
    (2) 这关系着国家的尊严。
    (3) 刚出去了一个学生。
    (4) 在这次百米赛跑中,他跑了第一。
    (5) 两国政府签订了技术合作协定。
    (6) 咳嗽是一种保护性的反射动作。
    (7) 小马最终还是报考了师范大学。
    (8) 门开处进来了一个年事极轻的妇人。

24. 分析下列句子的定语及其语义类型。
    (1) 他们培育出来的种苗正一批一批地提供到全国各地。
    (2) 大家又经历了一次性命攸关的考验。
    (3) 父亲是一位慈祥的颇有风度的老者。
    (4) 张先生在咨询时对我诉说了他这一段时间的烦恼。
    (5) 火车站昼夜不停地吞吐着来往的旅客。
    (6) 祥子心里的惭愧与气闷凝成了一团。
    (7) 西方人称阴险刻薄的女人为"猫"。
    (8) 那些或平坦或崎岖的道路上倾注着无数筑路人的智慧和力量。

25. 分析下列句子的状语及其语义类型。
    (1) 他们放肆地大声谈笑。
    (2) 一切物体都在不断地运动。
    (3) 这孩子日后一定有出息。

(4) 各种细菌长期生存在人的体内。
(5) 肆虐的台风终于渐渐平息。
(6) 这件事把大伙儿拴在了一起。
(7) 瞬间，一颗流星就从夜空中消失了。
(8) 方才在大街上遇到了一位多年不见的老朋友。

26. 分析下列句首时间词语和处所词语做充当的句子成分。
(1) 南方这些天正在下雨。
(2) 刚才树林里响起了枪声。
(3) 下午我们开会。
(4) 在墙角放了一个铁桶。
(5) 现在已经是夏天了。
(6) 冬至快到了吧？
(7) 三十年前在无锡有一家姓梅的。
(8) 里面一间房门上，垂着一块蓝布红额的门帘。

27. 分析下列句子的补语及其语义类型。
(1) 你们那儿的工作开展得<u>起来</u>吗？
(2) 这药苦<u>极了</u>。
(3) 碟子、碗碰得<u>叮叮当当的</u>。
(4) 大家争论得<u>很激烈</u>。
(5) 雨下了<u>一天一夜</u>。
(6) 他的鼻子灵敏得<u>很</u>。
(7) 鸟儿见了火光惊飞<u>起来</u>。
(8) 这块地锄过<u>三遍</u>了。

28. 说明下列句子中画线部分所充当的句子成分。
(1) 同学们多半到<u>操场上</u>去了。
(2) 事情处理得<u>很恰当</u>。
(3) 爸爸蹬在<u>窗台上</u>擦玻璃。
(4) 你知道<u>天安门</u>多高？
(5) 他这几年闯<u>出来</u>了。
(6) 动作一定要轻<u>一点儿</u>。
(7) 嘈杂的声音搅动得<u>人心神不宁</u>。
(8) 这个预算是<u>打了埋伏</u>的。

29. 指出下列句子中的独立语，并说明其类型。
(1) 总而言之，要主动，不要被动。
(2) 看样子，他不见得能来。
(3) 这箱苹果充其量不过三十斤。
(4) 哎呀，这还了得！

（5）此外，院子里还种了两棵玉兰和几丛月季。
（6）你听，飞机在什么地方飞？
（7）据说今年冬天气温偏高。
（8）这事儿说不定能成。

30. 用中心词分析法分析下列句子。
    （1）我国是世界上水稻栽培历史最悠久的国家。
    （2）在改革开放和现代化建设中，各条战线的先进模范人物纷纷涌现。
    （3）恐惧的电流霎时传遍他的全身。
    （4）生活中静悄悄的变化往往不容易被人觉察。
    （5）南极和它附近的海域，气候严寒，暴风猛烈。
    （6）购买大件商品时，应该选择口碑好、值得信赖的品牌。
    （7）他觉得自己身体强壮，心情愉快。
    （8）国家对一万二千多名吸毒人员实施了强制戒毒措施。
    （9）早春来临的时候，农村打短工的人日渐抢手。
    （10）在柜台前等候预订火车票的人并不多。
    （11）政府是否遵照大多数人民的愿望和要求行事，是检验人民是否享有政治民主的根本标准。
    （12）如今炒名家的做法，在文坛不是什么稀罕的事情。
    （13）小陈昨天半夜里跑到我那里去了。
    （14）语言清晰、明白的第一个要求就是不要让对方误解。
    （15）勇于开拓进取的干部往往处在矛盾的焦点上。

31. 分析下列主谓句的句型。
    （1）做学问要尽量找到第一手材料。
    （2）这件衣服你还没给钱呢！
    （3）尽头一口水波粼粼的鱼塘。
    （4）世界上大大大小小的热点很多。
    （5）明天妈妈的生日。
    （6）这个故事你应该听过。
    （7）这种单调的生活实在很乏味。
    （8）他的脸上总是挂着谦和自信的微笑。

32. 说明下列主谓谓语句的类型。
    （1）李明和韩梅，谁也没见过谁。
    （2）所有的学生，他最聪明。
    （3）电子邮件我已经发了。
    （4）我什么东西也没有看见。
    （5）我的讲义，你能抄下来么？
    （6）这把刀我用它切菜。

(7) 我们班一半是南方人。
(8) 小王我已经告诉他了。

33. 分析下列非主谓句的句型。
    (1) 嗯。
    (2) 师傅!
    (3) 抽调干部离职轮训。
    (4) 多么透亮啊!
    (5) 靠岸边停了一条船。
    (6) 叮当!
    (7) 一个阳光灿烂的星期天。
    (8) 好俊俏呀!

34. 指出下列各组句子是否属于同一句型。
    (1) 他在学校里比我矮一级。　　　　一切事务都已料理安妥。
    (2) 真了不得!　　　　　　　　　　错打了主意。
    (3) 这件事他说不定是忘了。　　　　他嗓音非常洪亮。
    (4) 这个小伙子方脸庞。　　　　　　这床被子缎子面儿。
    (5) 面颊上还存留着泪痕。　　　　　唉,谁知他安的什么心?
    (6) 她的扮相和唱功都很好。　　　　士兵站得笔挺笔挺的。
    (7) 安息吧,亲爱的战友。　　　　　她找到了生活中的理想伴侣。
    (8) 有什么办法呢?　　　　　　　　小王,别忘了带钥匙!

35. 用中心词分析法分析下列特殊句式。
    (1) 小黄低着头想心事。
    (2) 我被母亲数落了一顿。
    (3) 今天的农村跟以往不一样了。
    (4) 有资料显示,当今在美国之外流通的美元远比在美国多得多。
    (5) 猎犬叼着野兔不松口。
    (6) 难为你给我提一桶水来!
    (7) 他把全部技术都施展出来了。
    (8) 孙策有一个从小就很亲密的朋友也带了人马前来会合。
    (9) 妈妈骂了我几句。
    (10) 他的心事被老伴儿说穿了。
    (11) 大家夸奖他做了一件好事。
    (12) 手头比过去宽裕多了。
    (13) 他主张明天一早就动身。
    (14) 说完时,他的脸上现出含义很深的幽默的微笑。
    (15) 我们俩使足了劲儿才把这块石头搬开。
    (16) 这个凉菜吃着挺爽口。

（17）我们希望你能带来福音。
（18）暮年的老者呼喊妈妈是不能不让人动容的。
（19）挑选懂得管理并精通技术的人担任车间主任。
（20）雨后荷花更加润泽可爱了。

36. 分析下列句子是否属于连谓句。
    （1）他一失足就从土坡上滑了下来。
    （2）我上完课骑车去姐姐家吃晚饭。
    （3）有两位观众不知什么原因争执起来了。
    （4）飞行员必须驾驶一架单发飞机在飞行甲板上降落。
    （5）在组合过程中，他们识大局、顾大体。
    （6）日月山异峰突起，封住了青海湖注入海河的去路。
    （7）你坐在这儿看看报等我一会儿。
    （8）我用眼角的余光注视着她。

37. 分析下列句子是否属于兼语句。
    （1）实践证明，物价管理工作仍是一个薄弱环节。
    （2）我们能不能再补充两个人去参加会议？
    （3）她慢悠悠地穿好鞋下了炕。
    （4）现在请您睁开眼睛看看花园里有什么东西。
    （5）今天轮着你们小组做值日。
    （6）人在闲谈之中透露出的东西会令你大吃一惊。
    （7）去年他陪同我们在上海各处观光了一番。
    （8）我们不应该勉强一个人去做他不愿意做的事情。

38. 分析下列存现句的类型。
    （1）宿舍里有昨天的报纸。
    （2）她脸上掠过一丝揣摩的神情。
    （3）柔软的沙滩上还残留着白天太阳炙晒的余温。
    （4）今天又走了五个人。
    （5）马路两旁种着整齐的梧桐树。
    （6）她的脸上失去了先前的红润。
    （7）山脚下是一片很平的水面。
    （8）旅馆门口开来一辆摩托车。

39. 按照要求，完成句子的变换。
    （1）他吃了桌上的包子。（变为"把"字句）
    （2）他扣压了群众的举报信。（变为"被"字句）
    （3）王大夫把我的病看好了。（变为带宾语的动词性谓语句）
    （4）这几天我被一种莫名的烦乱所困扰。（变为带宾语的动词性谓语句）
    （5）我送给你这本画册做纪念。（变为"把"字句）

(6) 我不知道她的发音很准。（变为主谓谓语句）

(7) 同学们喊他"小老虎"。（变为兼语句）

(8) 今天的鱼挺新鲜的。（"是"字句）

40. 根据结构特点，说明下列疑问句的类型。
    (1) 盖这么一所房子要多少时间？
    (2) 你是去呢还是不去？
    (3) 今天谁值日？
    (4) 你愿意不愿意呢？
    (5) 过日子缺得了油盐酱醋吗？
    (6) 到底是今天去还是明天去？
    (7) 我们坐飞机去吗？
    (8) 你这个人讲不讲理？

41. 指出下列句子是单句还是复句。
    (1) 邀请那些陷入悲痛中的朋友出去散心，是安慰他们的一种最好方法。
    (2) 她抬起头来，露出了诧异的神情。
    (3) 我想，正是这些战斗在各条战线的普通人，支撑着我们共和国的大厦。
    (4) 希望工程是全社会的，不存在任何团体和个人的私利。
    (5) 工作任务越艰巨越需要韧性。
    (6) 房间经他这么一收拾，整齐多了。
    (7) 我们的诗歌队伍正在不断壮大，这是一个可喜的现象。
    (8) 他回国创业的心情越来越迫切了。
    (9) 只有乐观的人才能随时享受生活中的乐趣。
    (10) 鲁迅的一生，对中国文化事业作出了巨大的贡献。

42. 说明下列复句的类型。
    (1) 为了保护国家财产，他总是置个人安危于度外。
    (2) 这话有对的地方，也有不对的地方。
    (3) 都说你陆主任人好，却不知道你竟然好到这个程度！
    (4) 纵然有千山万水，也挡不住英勇的勘探队员。
    (5) 既然已经做了，索性就把它做完吧！
    (6) 任凭你三番五次地催他，他就是不动。
    (7) 这么多事情一个人一天做完是困难的，何况他又是新手。
    (8) 他宁可自己吃点亏，也不愿意亏待了别人。
    (9) 这与其说是奇迹，不如说是历史发展的必然产物。
    (10) 除非修一个水库，才能更好地解决灌溉问题。
    (11) 你注意一点，免得让人说闲话。
    (12) 只要一息尚存，决不懈怠。
    (13) 倘若有困难，当助一臂之力。

(14) 加了这一场,反而把整个剧本的效果冲淡了。
(15) 他想听个水落石出,于是便轻悄悄地攀援着爬上了人家的墙头。

43. 根据分句之间的语义关系,在下列句子的括号内填上相应的关联词语。
(1) (　　) 决定了,就不能三心二意。
(2) 请在信封上写清邮政编码,(　　) 迅速投递。
(3) 这种面条不但吃起来口感好,(　　) 营养也丰富。
(4) (　　) 眼睛向下,才能真正了解群众的愿望和要求。
(5) 他在厂里既是厂长,(　　) 是工程师。
(6) 即使他是三头六臂,一个人 (　　) 顶不了事。
(7) 这本书 (　　) 你先看,或者我先看。
(8) 下游河床狭窄,(　　) 河水容易泛滥。
(9) 他们人多,(　　) 在沙漠中行进,也不感到枯燥寂寞。
(10) 一本书要经过编辑、出版、印刷、发行等部门,(　　) 才能跟读者见面。

44. 用画线法分析下列多重复句。
(1) 关汉卿在京城太医院当过官,可是他对医术不感兴趣,对编写剧本却特别热情。
(2) 这类商品价格平时就要监控,不能完全听任市场价格波动,必要时要采取紧急措施,避免价格剧烈波动。
(3) 腊月二十三过小年,他们理应想一想怎么还债,怎么节省开支,省得在年根底下叫债主子们把门环敲碎。
(4) 他认为自己说得很实在,但大家的脸上却挂着失望的表情,也没有人鼓掌。
(5) 中医学具有几千年悠久的历史,现存的中医药文献就有近八千种,是我国古代文化遗产的重要组成部分。
(6) 一只大螃蟹见无处躲藏,便举起一对大"钳子",我还真束手无策。
(7) 写作不仅逐渐提高了我驾驭文字的能力,也使我养成了勤于思索的习惯,因为写作总是和思索联系在一起。
(8) 他既希望别人都关注自己,又对自我能力感到怀疑,因此总想从社交场合逃避开去。
(9) 人对着松树是不会失望的,它能给人一种兴奋,虽然树上留着许多枯枝丫,看来越发增加它的壮美。
(10) 蔚蓝的晴空,火红的彩霞,雪白的大地,苍绿的山林,炊烟袅袅的小燕村,山坡上蠕动的牛羊群,江山秀丽多姿。
(11) 我们的确已经取得了很大的成绩,但是如果因为有了这些成绩,就骄傲起来,并且认为可以歇一歇脚,那就不妥当了。
(12) 亚里士多德有两种见解,当他自己思考时,他有一种见解;反驳柏拉图时,又有一种见解。
(13) 如果一个民族精神颓废了,贪图安逸,不思进取,坐享其成,即使有好的物质基础，也会坐吃山空，走向衰败。

（14）没有文化的妻子不懂大道理，却很善解人意，每次乞讨时，都让丈夫站在很远的地方，要着吃的了，就让他和大家一块分享。

（15）平时要养成定时、定量进食的习惯，不暴食暴饮，以免把胃撑得太大，使胃的蠕动和胃液的分泌功能失常，造成消化不良。

45. 指出下列句子语法错误的类型，并改正。
（1）体育彩票深受众多彩民们的喜爱。
（2）这是一件很好事情。
（3）我们几个人分头对这件事作了解释。
（4）根据她说，情况并不严重。
（5）工作要主动，不要采取被动。
（6）这片苹果树是第两次挂果了。
（7）看到图书馆大楼的东南角还亮着灯光，我便向那边走来。
（8）在这项工作上，我们投入了很大的精力和时间。
（9）国家、社会、学校和家庭依法保障适龄儿童接受义务教育。
（10）公司本着自力更生和争取外援相结合为原则，重新调整了生产计划。
（11）你身体这么差，必须要早一点休息。
（12）图书城正在出售明清时期新翻印的散文选。
（13）医疗制度的不完善造成了今天医患关系紧张的地步。
（14）美方代表应邀赴宴出席了中方的欢迎晚宴。
（15）这里一年四季泉水叮咚，鸟语花香，青松翠柏。
（16）代表们就"生态文明建设"这个话题交换了广泛的意见。
（17）经过系主任再三解释，才使他怒气逐渐平息。
（18）即使再晚，可是他也不会离开。
（19）他不但去了，我也去了。
（20）评论一个人，不但要根据他的作为，而且更需要根据他的谈吐。

**答案：**

1.

| 名词 | 动词 | 形容词 | 区别词 | 数词 | 量词 | 代词 |
| --- | --- | --- | --- | --- | --- | --- |
| 来年<br>单身<br>嘉奖<br>开外<br>家事<br>拂晓 | 信访<br>嘉奖<br>服气<br>救灾<br>卧底<br>嫉妒 | 了得<br>荣幸<br>乐呵呵 | 官办<br>整套<br>远房<br>历届<br>多年生 | 两<br>四<br>十<br>百 | 辆<br>些<br>体积吨<br>纳米 | 您<br>旁人<br>什么<br>一切<br>多会儿 |

2.

| 副词 | 介词 | 连词 | 助词 | 语气词 | 叹词 | 拟声词 |
|------|------|------|------|--------|------|--------|
| 逐年<br>一齐<br>想必<br>非得<br>朗声 | 基于<br>为了<br>由<br>打<br>自从 | 而<br>以及<br>借以<br>虽<br>若非 | 所<br>云云<br>什么的<br>的<br>也罢 | 呢<br>吗<br>吧<br>嘛 | 噢<br>呃<br>咄咄<br>哟 | 嗷嗷<br>嘎吱<br>咯噔<br>飒飒<br>琅琅 |

3. （1）从（介词）宁夏（名词）回来（动词），总（副词）难忘（动词）中华（名词）黄河（名词）圣坛（名词）的（助词）庄严（形容词）雄浑（形容词）、中华（名词）回乡（名词）风情园（名词）的（助词）肃穆（形容词）风情（名词）与（连词）贺兰山（名词）岩画（名词）的（助词）神秘（形容词）幽深（形容词）。但（副词）时时（副词）萦绕（动词）在（介词）脑际（名词），令（动词）我（代词）再（副词）也（副词）抹除（动词）不（副词）去（动词）的（助词），还是（副词）那（代词）沉默（动词）在（介词）辽远（形容词）苍穹（名词）之下（名词）的（助词）巨大（形容词）的（助词）黄土（名词）荒（形容词）塚（名词）——西夏（名词）王陵（名词）。

（2）敬业（动词）是（动词）做（动词）好（形容词）一切（副词）工作（名词）的（助词）前提（名词），很（副词）难（形容词）想象（动词）一（数词）个（量词）不（副词）爱（动词）自己（代词）职业（名词）的（助词）人（名词）能（动词）做（动词）好（形容词）工作（名词）。新闻（名词）工作（名词）者（助词）的（助词）敬业（动词）包含（动词）了（助词）一（数词）种（量词）对（介词）从事（动词）新闻（名词）工作（名词）的（助词）社会（名词）价值（名词）的（助词）理性（区别词）认识（动词）和（连词）自觉（形容词）行为（名词），只有（连词）具备（动词）了（助词）这（代词）种（量词）理性（区别词）认识（动词）和（连词）自觉（形容词）行为（名词），才（副词）能（动词）终生（名词）追求（动词）、无怨（动词）无悔（动词）。

（3）人类（名词）与（连词）其他（代词）动物（名词）的（助词）区别（名词）之（助词）一（数词），就（副词）在于（动词）创造（动词）和（连词）使用（动词）工具（名词）。于是（连词），在（介词）社会（名词）发展（动词）进程（名词）中（名词），我们（代词）一（数词）路（名词）奔跑（动词），不断（副词）发明（动词）新（形容词）技术（名词），改进（动词）新（形容词）工艺（名词），笃信（动词）科技（名词）会（副词）让（动词）生活（名词）更加（副词）美好（形容词），甚至（连词）因此（连词）患（动词）上（名词）了（助词）某（代词）种（量词）"技术（名词）依赖（动词）症（名词）"。

4. 及物动词：煮、加、穿、给、偷、读、写、讨厌、包括、种植、需要、支持。

   不及物动词：停、站、吵架、生长、出走、爆炸、悬挂、出现、道歉、下沉、游泳、工作。

5. 歇歇　躲躲　满满　重重　洗洗　抱抱　紧紧　拍拍　测量测量
   煞白煞白　端端正正　扎扎实实　广播广播　零零星星　湛蓝湛蓝
   交代交代　安安稳稳　调动调动　慌慌张张　推广推广　窝窝囊囊
   号召号召　切切实实　贯彻贯彻

   动词的重叠形式表示"短暂"或"尝试"义，形容词的重叠形式表示程度加深。

6. 形容词：劣质、深沉、杂乱、上好、良好、生疏、负责、真挚、大方、木讷、固执。

   区别词：劣等、深层、杂牌、分内、分外、上等、良性、生死、负面、真正、大额、木本、固有。

7. 名量词：部、餐、周、席、簇、列、味、尾、丸、套、户、章、羽、眼、阵、宿、场、串。

   动量词：回、顿、周、通、水、遍、眼、阵、宿、场、次。

8. (1) 这（虚指）、那（虚指）　　　　(2) 什么（任指）
   (3) 谁（任指）　　　　　　　　　　(4) 什么（任指）
   (5) 你（虚指）　　　　　　　　　　(6) 谁（虚指）、谁（虚指）
   (7) 这（虚指）、那（虚指）　　　　(8) 什么（任指）

9. (1) "几乎"词义表示接近于某种情况、程度、状态等，有"差不多"的意思；基本上没有夸张语气；用于如实叙述的情况，所修饰的一般是客观存在着的事物；还有"差点儿"的意思，表示某事眼看就要发生，而结果没有发生的意思，"简直"无此意；还有接近于某种数量、范围的意思，"简直"无此意。

   "简直"表示更接近于所说的某种情况、程度、状态等、相差无几，甚至于有的已经完全达到所说的情况，词义比"几乎"重一些；含有夸张的语气，表达的意思比"几乎"肯定；后面可以带有比喻或比较；有时用于表达简短的、含有强烈不满语气的话，"几乎"不用于这种情况。

   (2) "毕竟"表示某事情到最后还是发生了，一般多用在让步转折关系的句子里。表示某种期望或不期望的事情尽管很困难、尽管采取了措施和有种种理由，但还是发生了，强调的点在于"事实上如此"；强调结果；可用在句子中间，也可用在句子前面独立状语的位置，即"句首状语"。

   "终究"强调原因与结果；只能用于句中的状语位置。

   (3) "未免"表示对某种过分的情况不以为然，侧重在评价。

   "不免"则表示客观上不容易避免。"不免"和"未免"两者不能互相换用。

   (4) "往往"侧重于表示动作、行为或事件发生的一般性或规律性，即按照一般的规律、一般的推理而发生某一动作、行为或事件；是就规律性或按常理可能发生的动作、事件而言的，所以句中动词前后要有一定的条件，条件指时间、地点、方式、条件等；在句子里用于表示过去的情况或一般规律、一般常理，不能用在限制将来时间的句子里。

"常常"侧重于表示动作、行为或事件发生的频率，即不是三次、五次发生，而是屡次发生；对频率而言，所以可以用在没有别的条件的单个动词前。在句中不受时间的限制。

(5) "才"做状语表示时间、数量、范围，可以表示语气和起关联作用；用在表示时间的词语后面，表示说话人认为动作发生得晚、慢或用的时间多。

"再"表示同一动作的重复或继续，与"又"很相近；有表示动作行为"后延"的意思；有表示程度加深，范围扩大的意思。

(6) "已经"主要表示事情的完成；表示过去的时间离说话时的时间很远，也可能很近；行为动作可以是结束了或者还在继续；可以与"快"、"要"、"差不多"等词配合使用，表达即将完成，但现在还没完成的行为；既可修饰肯定式，也可修饰否定式；可以直接修饰数量词或时间名词。

"曾经"主要表示经历或有过某种行为、某种事情；表示过去的时间离说话的时间一定是有一段较远的距离；行为动作一定已经结束了；不能与"快"、"要"、"差不多"等词配合使用；只能修饰肯定式；可以直接修饰数量词或时间名词。

(7) "莫非"主要表示怀疑和推测。

"难道"主要表示反诘。

(8) "不过"表示转折的意味比"只是"更重些；通用于口语和书面语。

"只是"所表示的转折通常只是对前面的部分进行补充、修正或解释；多用于口语中。

10. 副词：本来、本能、必定、至多、不必、草草、恣意、彻夜、默默、执意、难怪、永远、徐徐。

    形容词：本来、必要、至爱、不便、草率、恣肆、彻底、默然、执拗、难得、永久、徐缓。

11. 时间副词：赶紧、快要、不时、赶快、一直、不断、即将。

    时间名词：霎时、不时、以来、以后、以前、最近、以往、往常、刚才、后来。

12. (1) 副词　　　　　　　　　　　(2) 两个"是"都是动词
    (3) 副词　　　　　　　　　　　(4) 动词
    (5) 动词　　　　　　　　　　　(6) 副词
    (7) 动词　　　　　　　　　　　(8) 副词

13. (1) 动词、介词　(2) 介词、动词　(3) 动词、介词　(4) 介词、动词
    (5) 动词、介词　(6) 动词、介词　(7) 介词、动词　(8) 介词、动词

14. (1) 介词、连词　(2) 介词、连词　(3) 介词、连词　(4) 连词、介词
    (5) 介词、连词　(6) 连词、介词　(7) 介词、连词　(8) 介词、连词

15. (1) 结构助词；结构助词　　　　　　(2) 语气词；结构助词
    (3) 语气词；结构助词　　　　　　　(4) 动态助词；语气词
    (5) 语气词；动态助词　　　　　　　(6) 动态助词；动态助词
    (7) 语气词；动态助词　　　　　　　(8) 既是动态助词，又是语气词；语气词

16. 兼类词：借口（名、动），称呼（名、动），疏远（形、动），集中（动、形），麻烦（形、动、名），平整（形、动），编导（动、名），记载（动、名），实际（名、形），纯洁（形、动），共同（形、副），因为（介、连），冤枉（动、形），充实（形、动），护卫（动、名），公道（名、形），固定（形、动），临时（副、形），规范（形、动、名），清醒（形、动）。
    非兼类词：小时（名），苦恼（形），普及（动），主持（动）。

17. 立即通知小王（状中短语）　　铁的纪律（定中短语）　　很会讲话（状中短语）
    凄苦的岁月（定中短语）　　　奇妙的招数（定中短语）　　电话联系（状中短语）
    渐渐地冷了（状中短语）　　　自动控制（定中短语）　　　幸福生活（定中短语）
    干鲜果品（定中短语）　　　　对症良药（定中短语）　　　翻然改进（状中短语）
    部长秘书（定中短语）　　　　声控电灯（定中短语）　　　趁机溜走（状中短语）
    点滴经验（定中短语）　　　　幸亏来得早（状中短语）　　定期刊物（定中短语）
    烦人的毛毛雨（定中短语）　　抵死不承认（状中短语）

18. 看了五分钟（述补短语）　　　办事有气魄（主谓短语）　　罐头食品（定中短语）
    写字写得很好（连谓短语）　　构型别致（主谓短语）　　　奔跑追逐（联合短语）
    关于扶贫工作（介词短语）　　感触万端（主谓短语）　　　所表现（"所"字短语）
    被别人取笑（状中短语）　　　打算明天起程（述宾短语）　主持正义（述宾短语）
    煮粥供佛（连谓短语）　　　　请大家坐着（兼语短语）　　古书上（方位短语）
    新买来的（"的"字短语）　　　见过、听过或做过（联合短语）他们俩（同位短语）
    在新年或春节期间（介词短语）遗留到现在（述补短语）

19. 几次三番劝他（谓词性短语）　　　来得很突然（谓词性短语）
    像滚了锅一样（谓词性短语）　　　进行年检（谓词性短语）
    衬托得更鲜艳（谓词性短语）　　　兴奋得很（谓词性短语）
    笑他不懂事（谓词性短语）　　　　月食这种现象（体词性短语）
    脸上汗津津的（体词性短语）　　　比手表大（谓词性短语）
    所判处的刑罚（体词性短语）　　　像锁链似的（谓词性短语）
    导演老张（体词性短语）　　　　　笔画之间（体词性短语）
    运转正常（谓词性短语）　　　　　赶快送医院抢救（谓词性短语）
    重赏之下（体词性短语）　　　　　外在表征（体词性短语）
    满一个月（谓词性短语）　　　　　有点痴呆（谓词性短语）

20.

(1) 老师 也 拿 他 没办法

(2) 在 他 的 耳朵 旁边 小声 说话
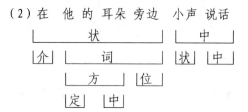

(3) 把 来人 仔细 端量 了 一番

(4) 不 讲究 卫生 容易 得 病

(5) 好像 没 听到 似的

(6) 出售 的 成衣 开架 让 顾客 挑选
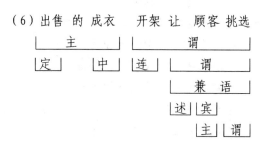

(7) 在 家 里 什么事 都 不 愿意 干
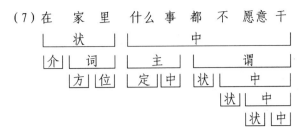

(8) 请 大家 随意 点 菜
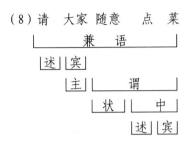

(9) 曾经 有 过 亲身 经历 和 体验
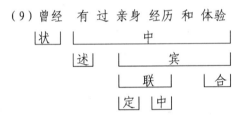

(10) 揪 着 绳子 往 上 爬

(11) 这 件 事 可 把 他 乐 坏 了

(12) 到 树荫 下 凉快 一 下

(13) 荷叶 上　滚着 几 颗　亮晶晶 的 水珠儿
　　　　　主　　　　　　　　谓
　　　方　位　述　　　　　宾
　　　　　　　　　定　　　中
　　　　　　　　量　词　定　　中

(14) 请　尽快 打 电话 查询 有关 事宜
　　　述　　　　　宾
　　　　　状　　　　中
　　　　　　连　　　谓
　　　　　述　宾　述　宾
　　　　　　　　　　定　中

(15) 所　经历 的 艰难 困苦
　　　　定　　　　中
　　　所　字　联　合

(16) 他 的 东西 谁 也　碰 不得
　　　　主　　　　　谓
　　　定　中　主　　谓
　　　　　　　　状　中
　　　　　　　　述　补

(17) 狠 着 心 把 泪 止 住
　　　　状　　　　中
　　　述　宾　状　　中
　　　　　　介　词　述　补

(18) 在 海滨 疗养 了 半 年
　　　　状　　　　中
　　　介　词　述　　补
　　　　　　　　数　量

(19) 完善 考核 和 奖惩 制度
　　　述　　　　宾
　　　　　　定　　中
　　　　　联　合

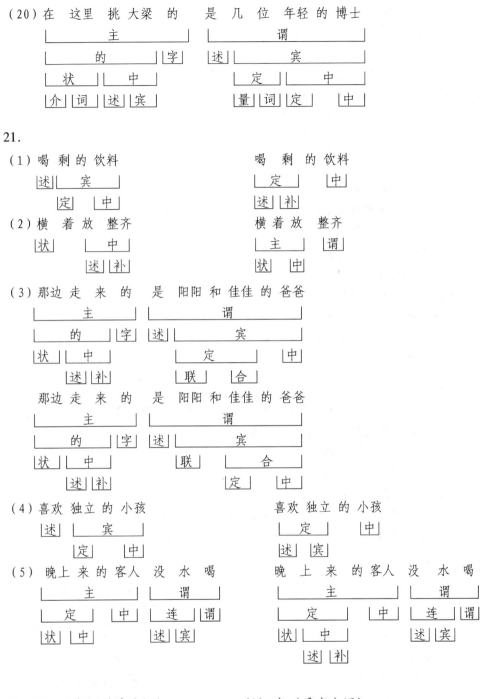

22. (1) 咱俩（施事主语）　　　　　　(2) 字（受事主语）
    (3) 老王（施事主语）　　　　　　(4) 青春中的铭刻于心的人物（受事主语）
    (5) 大风（施事主语）　　　　　　(6) 人体特异功能现象（中性主语）
    (7) 勇于负责（中性主语）　　　　(8) 这种丸药（受事主语）

23. (1) 课（受事宾语）
    (2) 国家的尊严（中性宾语）
    (3) 一个学生（施事宾语）
    (4) 第一（中性宾语）
    (5) 技术合作协定（受事宾语）
    (6) 一种保护性的反射动作（中性宾语）
    (7) 师范大学（中性宾语）
    (8) 一个年事极轻的妇人（施事宾语）

24. (1) 他们培育出来（限制性定语）
    (2) 一次（限制性定语）、性命攸关（限制性定语）
    (3) 一位（限制性定语）、慈祥（描写性定语）、颇有风度（限制性定语）
    (4) 他（限制性定语）、这一段时间（限制性定语）
    (5) 来往（限制性定语）
    (6) 祥子心里（限制性定语）
    (7) 阴险刻薄（描写性定语）
    (8) 那些（限制性定语）、或平坦或崎岖（描写性定语）、无数筑路人（限制性定语）

25. (1) 放肆（描写性状语）、大声（描写性状语）
    (2) 都（限制性状语）、在（限制性状语）、不断（限制性状语）
    (3) 日后（限制性状语）、一定（限制性状语）
    (4) 长期（描写性状语）
    (5) 终于（限制性状语）、渐渐（限制性状语）
    (6) 把大伙儿（限制性状语）
    (7) 瞬间（限制性状语）、就（限制性状语）、从夜空中（限制性状语）
    (8) 方才（描写性状语）、在大街上（限制性状语）

26. (1) 南方（主语）、这些天（状语）　　(2) 刚才（状语）、树林里（主语）
    (3) 下午（状语）　　　　　　　　　　(4) 在墙角（状语）
    (5) 现在（主语）　　　　　　　　　　(6) 冬至（主语）
    (7) 三十年前（主语）、在无锡（状语）　(8) 里面一间房门上（主语）

27. (1) 起来（结果补语）　　　　　　　　(2) 极（程度补语）
    (3) 叮叮当当（情态补语）　　　　　　(4) 很激烈（情态补语）
    (5) 一天一夜（数量补语）　　　　　　(6) 很（程度补语）
    (7) 起来（趋向补语）　　　　　　　　(8) 三遍（数量补语）

28. (1) 操场上（宾语）　　　　　　　　　(2) 很恰当（补语）
    (3) 窗台上（宾语）　　　　　　　　　(4) 天安门多高（宾语）
    (5) 出来（补语）　　　　　　　　　　(6) 一点儿（补语）
    (7) 人心神不宁（补语）　　　　　　　(8) 打了埋伏的（宾语）

29. (1) 总而言之（表示总结）
    (2) 看样子（表示对情况的推测和估计）
    (3) 充其量（表示对情况的推测和估计）
    (4) 哎呀（表示感叹）
    (5) 此外（表示补充）
    (6) 你听（引起对方的注意和思考）
    (7) 据说（表示消息的来源）
    (8) 说不定（表示对情况的推测和估计，使语气显得委婉）

30. (1) 我国‖是（世界上水稻栽培历史最悠久）的国家。
    (2) [在改革开放和现代化建设中]，（各条战线）的（先进）（模范）人物‖[纷纷]涌现。
    (3) （恐惧）的电流‖[霎时]传〈遍〉（他）的全身。
    (4) （生活中）（静悄悄）的变化‖[往往][不][容易][被人]觉察。
    (5) 南极和它附近的海域，‖气候严寒，暴风猛烈。
    (6) [购买大件商品时]，[应该]选择（口碑好、值得信赖）的品牌。
    (7) 他‖觉得自己身体强壮，心情愉快。
    (8) 国家‖[对一万二千多名吸毒人员]实施了（强制戒毒）措施。
    (9) [早春来临的时候]，（农村打短工）的人‖[日渐]抢手。
    (10) （在柜台前等候预订火车票）的人‖[并][不]多。
    (11) 政府是否遵照大多数人民的愿望和要求行事，‖是（检验人民是否享有政治民主）的（根本）标准。
    (12) [如今]（炒名家）的做法，‖[在文坛][不]是（什么）（稀罕）的事情。
    (13) 小陈‖[昨天半夜里]跑〈到〉（我）那里〈去〉了。
    (14) （语言清晰、明白）的（第一个）要求‖[就]是不要让对方误解。
    (15) （勇于开拓进取）的干部‖[往往]处〈在矛盾的焦点上〉。

31. (1) 动词性谓语句  (2) 主谓谓语句
    (3) 名词性谓语句  (4) 形容词性谓语句
    (5) 名词性谓语句  (6) 主谓谓语句
    (7) 形容词性谓语句  (8) 动词性谓语句

32. (1) 复指性主谓谓语句  (2) 领属性主谓谓语句
    (3) 受事性主谓谓语句  (4) 关涉性主谓谓语句
    (5) 受事性主谓谓语句  (6) 关涉性主谓谓语句
    (7) 领属性主谓谓语句  (8) 复指性主谓谓语句

33. (1) 其他类型  (2) 名词性非主谓句
    (3) 动词性非主谓句  (4) 形容词非主谓句
    (5) 动词性非主谓句  (6) 其他类型
    (7) 名词性非主谓句  (8) 形容词非主谓句

34. (1) 不同：形容词性谓语句、动词性谓语句
    (2) 不同：形容词性非主谓句、动词性非主谓句
    (3) 相同：主谓谓语句
    (4) 相同：名词性谓语句
    (5) 相同：动词性谓语句
    (6) 不同：形容词性谓语句、动词性谓语句
    (7) 相同：动词性谓语句
    (8) 相同：动词性非主谓句

35. (1) 小黄‖低着头想心事。
    (2) 我‖[被母亲]数落了＜一顿＞。
    (3) （今天）的农村‖[跟以往][不]一样了。
    (4) 有资料显示，当今在美国之外流通的美元远比在美国多得多。
    (5) 猎犬‖叼着野兔[不]松口。
    (6) 难为你[给我]提（一桶）水〈来〉！
    (7) 他‖[把全部技术][都]施展＜出来＞了。
    (8) 孙策‖有（一个）（从小就很亲密）的朋友‖[也]带了人马前来 会合。
    (9) 妈妈‖骂了我 几句。
    (10) （他）的心事‖[被老伴儿]说＜穿＞了。
    (11) 大家‖夸奖他做了（一件）好事。
    (12) 手头‖[比过去]宽裕＜多＞了。
    (13) 他‖主张明天一早就动身。
    (14) [说完时]，（他）的脸上‖现出（含义很深）的（幽默）的微笑。
    (15) 我们俩‖使＜足＞了劲儿[才][把这块石头]搬开。
    (16) （这个）凉菜‖吃着[挺]爽口。
    (17) 我们‖希望你能带来福音。
    (18) 暮年的老者呼喊妈妈‖[是][不][能][不]让人动容的。
    (19) 挑选（懂得管理并精通技术）的人担任（车间）主任。
    (20) （雨后）荷花‖[更加]润泽可爱了。

36. (1) 非连谓句　(2) 连谓句　(3) 非连谓句　(4) 连谓句
    (5) 非连谓句　(6) 非连谓句　(7) 连谓句　(8) 非连谓句

37. (1) 非兼语句　(2) 兼语句　(3) 非兼语句　(4) 兼语句
    (5) 兼语句　(6) 兼语句　(7) 兼语句　(8) 兼语句

38. (1) 结构类型：时地性主语＋有＋宾语　　　语义类型：存在句
    (2) 结构类型：时地性主语＋V＋过＋宾语　　语义类型：隐现句
    (3) 结构类型：时地性主语＋V＋着＋宾语　　语义类型：存在句
    (4) 结构类型：时地性主语＋V＋了＋宾语　　语义类型：隐现句
    (5) 结构类型：时地性主语＋V＋着＋宾语　　语义类型：存现句

(6) 结构类型：时地性主语+V+了+宾语　　　语义类型：隐现句

(7) 结构类型：时地性主语+是+宾语　　　　语义类型：存现句

(8) 结构类型：时地性主语+V+补语+宾语　　语义类型：隐现句

39. (1) 他把桌上的包子吃了。　　　　(2) 群众的举报信被他扣压了。
    (3) 王大夫看好了我的病。　　　　(4) 这几天一种莫名的烦乱困扰着我。
    (5) 我把这本画册送给你做纪念。　(6) 她的发音很准我不知道。
    (7) 同学们喊他为"小老虎"。　　　(8) 今天的鱼是挺新鲜的。

40. (1) 特指问　　(2) 选择问　　(3) 特指问　　(4) 正反问
    (5) 是非问　　(6) 选择问　　(7) 是非问　　(8) 正反问

41. (1) 单句　(2) 复句　(3) 单句　(4) 复句　(5) 复句
    (6) 复句　(7) 复句　(8) 单句　(9) 单句　(10) 单句

42. (1) 目的复句　　(2) 并列复句　　(3) 转折复句
    (4) 假设复句　　(5) 因果复句　　(6) 条件复句
    (7) 递进复句　　(8) 选择复句　　(9) 选择复句
    (10) 条件复句　 (11) 目的复句　 (12) 条件复句
    (13) 假设复句　 (14) 转折复句　 (15) 顺承复句

43. (1) （既然）决定了，就不能三心二意。
    (2) 请在信封上写清邮政编码，（以便）迅速投递。
    (3) 这种面条不但吃起来口感好，（而且）营养也丰富。
    (4) （只有）眼睛向下，才能真正了解群众的愿望和要求。
    (5) 他在厂里既是厂长，（又）是工程师。
    (6) 即使他是三头六臂，一个人（也）顶不了事。
    (7) 这本书（或者）你先看，或者我先看。
    (8) 下游河床狭窄，（因而）河水容易泛滥。
    (9) 他们人多，（虽然）在沙漠中行进，也不感到枯燥寂寞。
    (10) 一本书要经过编辑、出版、印刷、发行等部门，（然后）才能跟读者见面。

44. (1) ㊀关汉卿在京城太医院当过官，｜㊁可是他对医术不感兴趣，‖㊂对编写
        　　　　　　　　　　　　　　　（转折）　　　　　　　　　　（转折）
剧本却特别热情。

    (2) ㊀这类商品价格平时就要监控，‖㊁不能完全听任市场价格波动，‖㊂必要时
        　　　　　　　　　　　　　　　（解说）　　　　　　　　　　（递进）
要采取紧急措施，｜㊃避免价格剧烈波动。
    　　　　　　　（目的）

    (3) ㊀腊月二十三过小年，｜㊁他们理应想一想怎么还债，‖㊂怎么节省开支，‖㊃省
        　　　　　　　　　　（因果）　　　　　　　　　　（并列）　　　　　（目的）
得在年根底下叫债主子们把门环敲碎。

(4) ㊀他认为自己说得很实在，｜㊁但大家的脸上却挂着失望的表情，‖㊂也没有人鼓掌。
　　　　　　　　　　　　　（转折）　　　　　　　　　　　　　（并列）

(5) ㊀中医学具有几千年悠久的历史，｜㊁现存的中医药文献就有近八千种，‖㊂是
　　　　　　　　　　　　　　　　　（解说）　　　　　　　　　　　　　　　（并列）
我国古代文化遗产的重要组成部分。

(6) ㊀一只大螃蟹见无处躲藏，‖㊁便举起一对大"钳子"，｜㊂我还真束手无策。
　　　　　　　　　　　　（顺承）　　　　　　　　　　（因果）

(7) ㊀写作不仅逐渐提高了我驾驭文字的能力，‖㊁也使我养成了勤于思索的习惯，
　　　　　　　　　　　　　　　　　　　　（递进）
｜㊂因为写作总是和思索联系在一起。
（因果）

(8) ㊀他既希望别人都关注自己，‖㊁又对自我能力感到怀疑，｜㊂因此总想从社交
　　　　　　　　　　　　（并列）　　　　　　　　　　　　　（因果）
场合逃避开去。

(9) ㊀人对着松树是不会失望的，｜㊁它能给人一种兴奋，‖㊂虽然树上留着许多枯
　　　　　　　　　　　　（因果）　　　　　　　　　（因果）
枝丫，‖㊃看来越发增加它的壮美。
（转折）

(10) ㊀蔚蓝的晴空，‖㊁火红的彩霞，‖㊂雪白的大地，‖㊃苍绿的山林，‖㊄炊
　　　　　　　　（并列）　　　　　（并列）　　　　　（并列）　　　　　（并列）
烟袅袅的小燕村，‖㊅山坡上蠕动的牛羊群，｜㊆江山秀丽多姿。
　　　　　　　（并列）　　　　　　　　　（因果）

(11) ㊀我们的确已经取得了很大的成绩，｜㊁但是如果因为有了这些成绩，‖㊂就
　　　　　　　　　　　　　　　　（转折）　　　　　　　　　　　　　（因果）
骄傲起来，‖㊃并且认为可以歇一歇脚，‖㊄那就不妥当了。
　　　　　（递进）　　　　　　　　　（假设）

(12) ㊀亚里士多德有两种见解，｜㊁当他自己思考时，他有一种见解；‖㊂反驳柏
　　　　　　　　　　　　（解说）　　　　　　　　　　　　　　　（并列）
拉图时，又有一种见解。

(13) ㊀如果一个民族精神颓废了，｜㊁贪图安逸，‖㊂不思进取，‖㊃坐享其成，
　　　　　　　　　　　　　（解说）　　　　（并列）　　　　（并列）
｜㊄即使有好的物质基础，‖㊅也会坐吃山空，‖㊆走向衰败。
（假设）　　　　　　　　　（假设）　　　　　　　（递进）

(14) ㊀没有文化的妻子不懂大道理，｜㊁却很善解人意，‖㊂每次乞讨时，都让丈
　　　　　　　　　　　　　　（转折）　　　　　　　（解说）
夫站在很远的地方，‖㊃要着吃的了，‖㊄就让他和大家一块分享。
　　　　　　　　　（并列）　　　　　（顺承）

(15) ㊀平时要养成定时、定量进食的习惯，‖㊁不暴食暴饮，|㊂以免把胃撑得太
　　　　　　　　　　　　　　　　　（并列）　　　　　　　（目的）
大，‖㊃使胃的蠕动和胃液的分泌功能失常，‖㊄造成消化不良。
（因果）　　　　　　　　　　　　　　　　　（因果）

45. (1) 名词使用不当，改"众多彩民们"为"众多彩民"
    (2) 助词使用不当，改"很好事情"为"很好的事情"
    (3) 副词使用不当，改"分头"为"分别"
    (4) 动词使用不当，改"根据她说"为"根据她的说法"
    (5) 成分多余，改"采取被动"为"被动"
    (6) 量词使用不当，改"第两次"为"第二次"
    (7) 动词使用不当，改"走来"为"走去"
    (8) 搭配不当，改"投入了很大的精力和时间"为"投入了很大的精力和很多的时间"
    (9) 成分残缺，改"接受义务教育"为"接受义务教育的权利"
    (10) 句式杂糅，改"本着自力更生和争取外援相结合为原则"为"以自力更生和争取外援相结合为原则"
    (11) 成分多余，改"必须要"为"必须"
    (12) 语序不当，改"明清时期新翻印的散文选"为"新翻印的明清时期散文选"
    (13) 搭配不当，改"造成了今天医患关系的紧张"
    (14) 成分多余，改"赴宴出席"为"出席"
    (15) 搭配不当，改"青松翠柏"为"松青柏翠"
    (16) 语序不当，改"交换了广泛的意见"为"广泛地交换了意见"
    (17) 成分残缺，改"才使他怒气逐渐平息"为"他的怒气才逐渐平息"
    (18) 分句语义关系错误，改"可是他也不会离开"为"他也不会离开"
    (19) 关联词语使用错误，改"他不但去了"为"不但他去了"
    (20) 结构层次混乱，改"不但要根据他的作为，而且更需要根据他的谈吐"为"不但要根据他的谈吐，而且更需要根据他的作为"

## 六、简述题（本大题共 15 小题）

1. 举例说明名词、动词和形容词的语法特征。

2. 什么是形容词？什么是副词？二者有何区别？

3. 什么是量词？量词可以分为哪些类型？

4. 举例说明时间名词和时间副词的联系与区别。

5. 什么是介词？介词和动词、连词有什么区别？

6. 如何区别语气词和助词？

7. 什么是主语？充当主语的词语有哪些？

8. 什么是谓语？充当谓语的词语有哪些？

9. 什么是宾语？充当宾语的词语有哪些？

10. 举例说明主语和宾语的语义类型。

11. 如何区分宾语和补语、定语和状语？

12. 举例说明多层定语、多层状语的语序。

13. 什么是句型？如何归纳句型？

14. 什么是主谓谓语句？主谓谓语句可以分为哪些类型？

15. 什么是非主谓句？非主谓句和省略句有什么不同？

16. 举例说明"把"字句和"被"字句的特点。

17. 什么是"是"字句？"是"字句可以分为哪些类型？

18. 什么是兼语句？兼语句和主谓短语做宾语句有什么区别？

19. 举例说明疑问句的类型及其特点。

20. 什么是复句？如何区别单句和复句？

# 【实践与研究平台】

### 项目一：汉语词类划分研究综述

目的与要求：

通过本项目，运用词类划分的标准、现代汉语词法等相关知识，了解学术界关于汉语词类划分的观点和理论，弄清汉语划分词类有无必要、现代汉语词类划分标准等问题，掌握撰写学术研究综述的基本方法。本项目要求完成一篇学术小论文，字数为4000。

知识原理：

词类是根据词的语法功能对词所作的分类。词类的划分既是客观存在的词的语法性质的反映，也是语法教学和语法研究的需要。然而，汉语由于受到缺少严格意义上的形态变化、以语序和虚词作为主要语法手段等特点的影响，学术界长期以来在词类划分的标准、类型等问题上都存在着不同的观点。因此，汉语词类的划分一直是语法学界的一个有争议的问题。本项目需要在前人研究的基础之上，对现代汉语教材关于词类划分的标准和结果进行深入的思考。

研究方法：

1. 阅读相关文献资料，分析和整理前人研究成果的观点、理论和方法；2. 使用统计法，总结和归纳学术界相关研究文献的研究概况；3. 使用比较法剖析学术界研究成果的异同，重点阐释汉语词类划分标准的问题。

注意事项：

1. 掌握学术界通行的汉语词类划分标准；2. 注意查阅近年来出版的现代汉语语法研究论著，了解词类研究的新动向；3. 做好文献资料的查阅、索引和整理工作。

参考文献：

1. 赵元任. 汉语口语语法. 北京：商务印书馆，1979
2. 邵敬敏. 汉语语法学史稿（修订本）. 北京：商务印书馆，2006
3. 范开泰，张亚军. 现代汉语语法分析. 上海：华东师范大学出版社，2000
4. 邢福义. 词类辨难. 北京：商务印书馆，2003
5. 袁毓林. 汉语词类的认知研究和模糊划分. 上海：上海教育出版社，2010
6. 郭锐. 现代汉语词类研究. 北京：商务印书馆，2002
7. 周国光，张林林. 现代汉语语法理论与方法. 广州：广东高等教育出版社，2006
8. 徐艳华. 汉语实词语法功能考察及词类体系构建. 北京：中国社会科学出版社，2007

**项目二：区别词的语法特征研究**

目的与要求：

通过本项目，运用现代汉语词类划分标准、现代汉语词法等相关知识，了解区别词的内涵、外延和语法性质，理解现代汉语的区别词和形容词之间的差异，培养思考和分析现代汉语词类及其下位类型的研究能力，能够在语言表达中正确运用区别词。本项目要求完成一篇学术小论文，字数为3 000。

知识原理：

区别词是表示事物特征或者分类的实词，是近年来才被提出的词类。最早提出"区别词"这一概念的学者是朱德熙先生。此外，吕叔湘、饶长溶、赵元任等学者都对区别词及其相关问题进行了讨论。近年来，现代汉语语法学界关于区别词的研究取得了较为丰硕的研究成果，而且在众多问题上也取得了一致的观点和看法。因此，梳理学术界关于区别词的研究成果，有助于深入理解和进一步研究区别词的相关问题。

研究方法：

1. 阅读相关文献资料，分析和整理前人研究成果的观点、理论和方法；2. 使用描写阐释法，说明现代汉语区别词的语法特征；3. 使用比较法剖析区别词与其他词类之间的区别和联系，尤其需要注意区别词和形容词之间的异同。

注意事项：

1. 了解学术界关于现代汉语区别词研究的基本概况；2. 注意查阅近年来出版的现代汉语语法研究论著，了解区别词研究的新动向；3. 关注语言生活中的区别词，并尝试归纳其语法特征。

参考文献：

1. 赵元任. 汉语口语语法. 北京：商务印书馆，1979

2. 朱德熙. 语法讲义. 北京：商务印书馆，2000
3. 吕叔湘，饶长溶. 试论非谓形容词. 中国语文，1981
4. 吕叔湘. 语法分析问题. 北京：商务印书馆，1990
5. 张斌，方绪军. 现代汉语实词. 上海：华东师范大学出版社，2000
6. 李宇明. 非谓形容词的词类地位. 中国语文，1996（1）
7. 齐沪扬. 谈区别词的归类问题. 南京师范大学学报（社科版），1990（2）
8. 齐沪扬. 论区别词的范围. 华东师范大学学报（哲社版），1990（2）

**项目三：现代汉语频率副词用法辨析**

目的与要求：

通过本项目，运用现代汉语词类划分标准、现代汉语词法等相关知识，科学界定现代汉语频率副词的内涵、外延和语法性质，说明现代汉语频率副词的具体用法，培养辨析现代汉语容易混淆的频率副词的能力，能够正确运用现代汉语的频率副词。本项目要求完成一篇学术小论文，字数为3 000。

知识原理：

频率副词是对单位时间内事件、行为或状态等重复的次数加以计量表述的副词。长期以来，现代汉语语法学界对频率副词及其相关问题的研究，一直都存在着争议，如什么是频率副词，频率副词与时间副词、频度类副词有什么区别和联系，频率副词的收词范围等等。因此，本项目需要在学术界相关研究的基础之上，以现代汉语常用的频率副词为例，对其具体用法进行辨析。

研究方法：

1. 阅读相关文献资料，分析和整理前人研究成果的观点、理论和方法；2. 使用描写阐释法，说明现代汉语频率副词的用法；3. 使用比较法剖析现代汉语容易混淆的频率副词，可以把研究的重点放在常用的频率副词上。

注意事项：

1. 注意查阅近年来出版的现代汉语语法研究论著，了解频率副词研究的新动向；2. 做好文献资料的查阅、索引和整理工作；3. 关注语言生活中常用的频率副词，并将其纳入项目的研究内容。

参考文献：

1. 赵元任. 汉语口语语法. 北京：商务印书馆，1979
2. 朱德熙. 语法讲义. 北京：商务印书馆，1982
3. 陆俭明，马真. 现代汉语虚词散论. 北京：语文出版社，1999
4. 张谊生. 现代汉语副词研究. 上海：学林出版社，2000
5. 周小兵. 频度副词的划类与使用规则. 华东师范大学学报，1999（4）
6. 刘月华等. 实用现代汉语语法（增订本）. 北京：商务印书馆，2001
7. 北京大学中文系. 现代汉语虚词例释. 北京：商务印书馆，1982
8. 侯学超. 现代汉语虚词词典. 北京：北京大学出版社，1998

**项目四：多义短语的类型及成因分析**

目的与要求：

通过本项目，运用现代汉语句法、多义短语及其分析等相关知识，理解多义短语的类型及其形成原因，掌握多义短语的主要分析方法，培养运用现代汉语常用句法分析法（如层次分析法、语义分析法等）分析和研究多义短语的能力。本项目要求完成一篇学术小论文，字数为3 000。

知识原理：

词有单义词和多义词之分，短语也有单义短语和多义短语之别。在现代汉语中，凡是具有多种意义的短语就称为多义短语。造成多义短语的原因是多方面的，我们可以从不同的角度归纳和总结多义短语的类型。相应地，多义短语的分析方法也是极为丰富的，如层次分析法、语义关系分析法、语义特征分析法、语义指向分析法、变换分析法等。本项目应从形成多义短语的原因出发，归纳出现代汉语多义短语的主要类型。

研究方法：

1. 阅读相关文献资料，了解多义短语和歧义短语之间的关系；2. 使用描写阐释法，说明现代汉语多义短语的类型和成因；3. 了解现代汉语句法研究常用的分析方法，如层次分析法、语义分析法、配价分析法、变换分析法等，并将其运用到多义短语的研究上。

注意事项：

1. 查阅近年来出版的现代汉语语法研究论著，了解多义短语研究的新动向；2. 做好文献资料的查阅、索引和整理工作；3. 关注多义短语在语言生活中的使用情况，结合语用实际展开研究。

参考文献：

1. 吕叔湘. 汉语语法分析问题. 北京：商务印书馆，1979
2. 吕叔湘. 歧义类例. 中国语文. 1984（5）
3. 朱德熙. 汉语句法中的歧义现象. 中国语文，1980（2）
4. 朱德熙. 语法讲义. 北京：商务印书馆，1982
5. 陆俭明. 现代汉语语法研究教程. 北京：北京大学出版社，2005
6. 陆俭明，沈阳. 汉语和汉语研究十五讲. 北京：北京大学出版社，2003
7. 石安石. 语义研究. 北京：语文出版社，1994
8. 邵敬敏. 歧义分化方法讨论. 语言教学研究，1991（1）

**项目五：主谓谓语句的语用分析**

目的与要求：

通过本项目，运用现代汉语句法、单句的句法分析等相关知识，分析现代汉语主谓谓语句的构成和特点，理解主谓谓语句在语言生活中的功能，培养分析现代汉语单句的句法结构、句法成分等的能力，在语言表达中准确、得体地运用主谓谓语句。本项目要求完成一篇学术小论文，字数为3 000。

知识原理：

主谓谓语句是由主谓短语充当谓语的主谓句。从20世纪60年代开始，现代汉语语法学界关于主谓谓语句的研究取得了众多的研究成果。然而，学术界对主谓谓语句的认识至今也没有取得完全的共识，如主谓谓语句是否能够成立，主谓谓语句是如何形成的，主谓谓语句具有什么功能等等。本项目的研究有助于进一步认清现代汉语主谓谓语句的性质和功能。

研究方法：

1. 阅读相关文献资料，了解现代汉语主谓谓语句的研究概况；2. 使用描写阐释法，说明现代汉语主谓谓语句的性质和功能；3. 理解现代汉语单句的语用分析方法，并将其运用到主谓谓语句的研究上。

注意事项：

1. 了解现代汉语语法研究的三个平面理论，从语用分析的角度对主谓谓语句进行研究；2. 做好文献资料的查阅、索引和整理工作；3. 关注主谓谓语句在语言生活中的运用情况，结合实际展开研究。

参考文献：

1. 胡裕树，范晓. 试论语法研究的三个平面. 新疆师范大学学报，1985（2）
2. 胡裕树. 试论汉语句首的名词性成分. 语言教学与研究，1982（2）
3. 陆俭明. 关于汉语式话题句. 北京：北京大学出版社，2005
4. 范晓. 三个平面的语法观. 北京：北京语言文化大学出版社，1996
5. 范晓，张豫峰. 语法理论纲要. 上海：上海译文出版社，2008
6. 张斌. 现代汉语描写语法. 北京：商务印书馆，2010
7. 李临定. 现代汉语句型（增订本）. 北京：商务印书馆，2011
8. 陈昌来. 现代汉语句子. 上海：华东师范大学出版社，2000

**项目六：疑问句在话语交际中的运用**

目的与要求：

通过本项目，运用现代汉语句法、单句的类型等相关知识，分析现代汉语疑问句在话语交际中的运用情况，从语用的角度说明疑问句的功能，培养分析现代汉语疑问句的句法特点、结构类型、分布情况等的能力。本项目要求完成一篇学术小论文，字数为3 000。

知识原理：

疑问句是表示疑问语气的句子，主要用来表示询问，一般分为是非问、特指问、选择问、正反问等类型。现代汉语语法学界对疑问句的研究成果主要集中在疑问句的类型、语气词、疑问代词、疑问点与答句、疑问程度等方面，对于疑问句在话语交际中的使用情况尚缺乏全方位的统计分析。本项目应对现代汉语疑问句的使用频率、分布范围等情况进行描写和比较，从而具体说明疑问句在话语交际中的功能和作用。

研究方法：

1. 阅读相关文献资料，掌握学术界关于疑问句的基本研究情况；2. 使用统计法分析疑问句的使用频率、分布范围等情况；3. 使用描写阐释法，具体说明疑问句在话语交际中的运用情况；4. 运用 SPSS 软件整理和分析调查结果。

注意事项：

1. 了解现代汉语语法研究的三个平面理论，从语用分析的角度对疑问句进行研究；2. 注意话语交际的外延及其代表语体，科学统计疑问句的使用频率、分布范围等情况；3. 做好文献资料的查阅、索引和整理工作。

参考文献：

1. 林裕文. 谈疑问句. 中国语文，1985（2）
2. 陆俭明. 由"非疑问形式＋呢"造成的疑问句. 中国语文，1982（6）
3. 陆俭明. 关于现代汉语里的疑问语气词. 中国语文，1984（5）
4. 范晓. 三个平面的语法观. 北京：北京语言文化大学出版社，1996
5. 邵敬敏. 现代汉语疑问句研究. 上海：华东师范大学出版社，1996
6. 邢福义. 现代汉语的特指性是非问. 语言教学与研究，1987（4）
7. 刘月华. 语调是非问句. 语言教学与研究，1988（2）
8. 胡炳忠. 有关"呢"的两个问题. 语言教学与研究，1989（2）

**项目七：报刊语言常见语法错误及分析**

目的与要求：

通过本项目，运用现代汉语语法、语法常见错误的识别和修改等相关知识，观察和研究报刊、杂志中常见的语法错误，并对常见的语法错误的类型进行归纳和总结，培养识别和修改现代汉语常见语法错误的能力。本项目要求完成一篇调查报告，字数为 4 000。

知识原理：

语法错误是指不符合现代汉语语法结构规则和运用规则的语言现象，主要包括词类错误、单句错误、复句错误等。造成语法错误的原因是多方面的，如没有掌握词的语法功能、充当句子成分的词语、句子成分的相互搭配等。本项目的研究应在现代汉语本体规范和语言运用规范的平面上进行。

研究方法：

1. 根据调查的目的与要求，以及相关的知识和原理，收集近三年来的报刊、杂志，并以其为研究对象；2. 识别和修改现代汉语语法错误，应结合具体的语境，使用语感直觉法、紧缩法和类比法等方法，同时充分考虑到社会成员的语言习惯和现代汉语语法的发展规律；3. 如研究条件允许，可以选择使用报刊语料库；4. 运用 SPSS 软件整理和分析调查结果。

注意事项：

1. 选择读者较为熟悉的报刊、杂志进行调查，注意调查对象的典型性和普遍性；2. 在修改现代汉语语法错误时，应注意遵循找准病因、称说病因、修改错误、保持原意等基本原则；3. 做好报刊语料的保管工作，如研究条件允许，可进一步思考报刊语料库的建设问题。

参考文献：

1. 黄伯荣，廖序东. 现代汉语（增订四版）. 北京：高等教育出版社，2007
2. 邵敬敏. 现代汉语通论（第二版）. 上海：上海教育出版社，2007
3. 张斌. 新编现代汉语（第二版）. 上海：复旦大学出版社，2008
4. 范开泰，张亚军. 现代汉语语法分析. 上海：华东师范大学出版社，2000
5. 周国光，张林林. 现代汉语语法理论与方法. 广州：广东高等教育出版社，2006
6. 杨岱励. 怎样纠正病句. 上海：上海教育出版社，1981
7. 李行健，余志鸿. 语法病句辨误100例. 广东人民出版社，2009
8. 薛玲. 常见病句辨析. 北京：北京工业大学出版社，2005

**项目八：普通话语法与汉语方言语法比较研究**

目的与要求：

通过本项目，运用现代汉语的词法、句法的相关知识，研究和归纳汉语某一方言的词法和句法，探析该方言语法与普通话语法之间的区别和联系，培养将所学知识运用于语言生活的实践能力，并能对汉语方言语法的存在价值作出客观的评价。本项目要求完成一篇调查报告，字数为4000。

知识原理：

现代汉语语法有广义和狭义两种含义。广义的现代汉语语法包括普通话语法和汉语各地方言语法。狭义的现代汉语语法专指普通话语法。与语音和词汇相比，汉语方言语法和普通话语法的共性最大，但也存在着诸多差异，有词法方面的差异，也有句法方面的差异。本项目的研究可以从两个角度进行：一是考察相同的语法手段在汉语某一方言和普通话里表达的语法意义是否相同；二是考察相同的语法意义在汉语某一方言和普通话里是否用相同的语法手段来表示。

研究方法：

1. 可以通过地方志等文献资料来查阅汉语某一方言语法的宏观特点，以便对调查对象有所了解；2. 根据调查的目的与要求，以及所调查方言区人们的实际言语用例，设计"普通话语法与汉语方言语法比较调查问卷"；3. 细致分析和具体描写汉语某一方言的语法特点、语法意义和语法手段；4. 运用比较法确定普通话语法与汉语某一方言语法的异同。

注意事项：

1. 选择你所熟悉的汉语方言作为调查对象；2. 调查对象应为当地原住民，注意尽量排除生活经历对调查对象汉语方言语法的影响；3. 注意普通话语法与汉语某一方言语法在词法、句法方面的差异；4. 做好田野调查中录音资料的保存和整理工作。

参考文献：

1. 黄伯荣. 汉语方言语法类编. 青岛：青岛出版社，1996
2. 黄伯荣. 汉语方言语法调查手册. 广州：广东人民出版社，2001
3. 陆俭明. 关于汉语方言语法调查研究之管见. 语言科学，2004（3）

4. 郭利霞. 九十年代以来汉语方言语法研究述评. 汉语学习, 2007（6）
5. 李汝龙. 汉语方言学（第二版）. 北京：高等教育出版社, 2007
6. 黄伯荣、廖序东. 现代汉语（增订四版）. 北京：高等教育出版社, 2007
7. 邵敬敏. 现代汉语通论（第二版）. 上海：上海教育出版社, 2007
8. 张斌. 新编现代汉语（第二版）. 上海：复旦大学出版社, 2008

# 第五章 现代汉语语用

## 【学习导论】

### 一、知识梳理

语用是人们在一定的语言环境中对语言的运用。语用学是研究特定语境中语言运用规律的学科，具体内容包括话语的交际过程、话语的语用原则、语用策略和语用含义、制约话语表达和理解的各种因素以及语体和风格等。语境是语用的条件和基础，它能够决定语用的优劣。语境是使用语言的具体环境，由主观因素和客观因素构成。根据语言运用关涉范围的大小、话语交际方式、构成因素的性质及其作用大小，语境可以分为言内语境和言外语境两种类型。言语交际双方要想顺利地实现交际目的，就需要在特定的语境中遵循一定的语用原则。语用原则是人们运用语言进行交际时所应遵循的基本原则和准则，主要包括得体原则与和谐原则。

语用含义是在具体言语过程中产生的同特定语境相联系的意义。根据语用含义的性质及其与语境的关系，语用含义通常分为一般含义和特殊含义两种。一般含义指抽象的语言意义与具体语境结合而形成的语境意义，是不需要特殊语境就能推导出来的语用含义。在推导一般含义的时候，要充分重视指示和指称在具体语境中的具体所指对象和内容。特殊含义指抽象的语言意义在具体语境中产生的一种语境义变，是需要借助特殊语境才能推导出来的语用含义。根据语境的类型，特殊含义大致可以分为语流义变和情境义变两种。

现代汉语常用的语用方法有词语的选择、句式的选择、语篇的选择和修辞格的运用等。词语的选择涉及语音选择、语义选择、语形选择等内容。句式选择涉及长句和短句、整句和散句、主动句和被动句、常式句和变式句的选用等内容。语篇的选择涉及语篇的衔接、语篇的连贯和语篇的结构等内容。修辞格是现代汉语最为常用而有效的一种语用方法。修辞格是为了提高言语的表达效果，根据语境对语言进行有效运用所形成的具有特定结构格式的修辞方式。现代汉语修辞格分为深层修辞格和表层修辞格。深层修辞格是在特定的语境中通过变异或偏离语言规则和语用规则而形成辞面义和辞里义不一致的修辞方式，主要包括比喻、比拟、移就、借代、通感、夸张、双关、反语、拈连、仿拟等辞格。表层修辞格是遵循语言规则和语用规则所形成的辞面义和辞里义完全一致的修辞方式，主要包括对照、衬托、对偶、回环、顶真、反复、排比、层递、设问、反问等辞格。修辞格的运用是多种多样的，主要体现为辞格的连用、兼用和套用三种类型。

语体是在运用全民语言时为适应特定语境需要而形成的语言运用特点的体系，它是人们为适应特定的语境类型而在选择运用语言要素和非语言要素的过程中形成的。语体具有全民性和体系性的特点，它是由不同的具体的语体类型组成的多层次、多序列的系统。根据语体形成的制导因素和物质基础，现代汉语语体分为谈话语体和书卷语体两大类型。谈话语体又分为随意谈话体和专题谈话体等分语体。书卷语体分为文艺语体和实用语体两类。文艺语体通常有诗歌体、散文体和对白体三种表现形式。实用语体一般有政论语体、科学语体、事务语体、报道语体四种表现形式。随着社会的发展和交际领域的扩大，语体也在不断地发展，这就导致了语体交叉和渗透现象的出现。语体的交叉和渗透可以从不同的角度进行类型的划分。从语体交叉渗透的目的上看，分为消极型交叉渗透和积极型交叉渗透；从语体交叉渗透的要素来看，分为个别性交叉渗透和整体性交叉渗透；从语体交叉渗透的结果来看，分为交错式交叉渗透和融合式交叉渗透。

## 二、能力素养

（一）理解和推导语用含义的能力

掌握不同语境类型的语用含义理解和推导的方法，能够分辨一般含义和特殊含义。在日常交际中，能够准确理解现代汉语语用表达的话语内容及发话人的交际意图，以顺利完成话语交际。

（二）运用各种语用方法的能力

掌握词语、句式、语篇以及修辞格选择和运用的基本方法，理解各类语用方法选择的语用功能及其语用效果。掌握各类修辞格的辞格要素、辞格结构、基本类型及其修辞功能，能够辨析容易混淆的修辞格，提高阅读、鉴赏言语作品的能力。培养具有灵活运用各种语用方法得体地进行言语表达的能力。

（三）正确运用语体及其表达手段的能力

熟悉现代汉语语体的类型及其语用特点和风格基调。根据不同的语体类型，对语言要素和非语言要素及其语用表达手段进行得体选择和规范运用，符合各种语体的语用特点，语言表达要求做到准确、合适、得体。

# 【难点探究】

**一、什么是语用学？什么是修辞学？如何理解语用学和修辞的关系？**

语用学是研究语言运用规律的学科，是言语的语言学。修辞学是研究适应特定语境而运用语言及语言表达的方法、技巧或规律的学科。语用学和修辞学是两门不同的学科，它们之间既有联系也有区别。

语用学和修辞学的联系主要表现为：

第一，语用学和修辞学都是研究语言运用的学科，同属于言语语言学。二者有着共同的研究对象——言语交际，都要研究言语的运用，并重点关注为达到交际目的而采取的语用方法及修辞手段选择等方面，都重视言语的表达效果问题。

第二，语用学和修辞学都注重语境的研究。语用学研究的是特定语言环境中的话语，如研究话语交际过程、语用含义、语用原则、语用规律及语体、风格等内容。修辞以适应语境为第一义，语境是修辞的基础，修辞学的研究离不开语境。

语用学和修辞学的区别主要表现为：

第一，语用学侧重研究话语的解码过程，即语用含义的理解。语用学研究一直以口头交际为重要研究对象。修辞学侧重研究话语的编码过程，即词语的选择、句式的选择、语篇的选择以及修辞格的选择与运用等问题。中国传统修辞学历来以书面语言为主要研究对象，很少涉及口头语言交际研究。

第二，语用学不仅研究表达效果，而且还研究接受效果。修辞学更注重话语的修辞手段的选择及其表达效果。

修辞学与语用学都研究言语现象，二者属于言语语言学范畴，就其研究对象和范围而言，修辞学属于语用学的一个分支学科。二者在研究的对象和范围等方面虽有部分接壤，但各自研究对象、范围及其内容因研究目的有其自身学科属性的特点而相互区别。

**二、为什么说得体原则是语用的最高原则？**

语用原则是人们运用语言进行交际时所应遵循的基本原则和准则，主要包括得体原则和和谐原则。得体原则之所以是语用的最高原则，原因主要如下：

第一，得体既是评价话语表达效果的标准，同时也是评价话语接受效果的标准。得体原则包括适度准则和层次准则两方面的内容，并在言语活动中保持话语与言内语境、言外语境之间的适应度。

第二，得体原则具有很强的解释力和涵盖力。得体原则涵括了交际目的、言语内容、言语形式、效果、语境等众多的因素，在所有的语用原则中最具有涵盖性。同时，也能够从多个角度来解释或评判语用实践的优劣。例如：在公交车上，由于拥挤，一男一女发生了碰撞，时髦女郎回头飞眼骂道："你有病啊？"男子觉得莫名其妙，回道："你有药吗？"车上人窃笑。女子觉得生气，回道："你有精神病啊？"男子冷面对道："你能治啊？"在整个交际中，时髦女子无礼骂人，但男子根据当时的场景和交际对象，以得体的回答进行交际。

第三，得体原则适应语用实践中普遍性和特殊性的要求。语用的得体性主要强调"恰当"，即在恰当的时刻，恰当的场合，使用恰当的方式，恰当的表达语义内容。即使在人们采用有悖于其他语用原则的语用手段来达到特殊的语用格式的特殊情形下，得体原则依旧能够评判语用的优劣，并指导语用实践。例如：上面例子中，时髦女子在交际中违背了和谐原则，而整个交际并没有因为这样失去意义，男子的回答适时合理，巧妙地化解了尴尬，遵从了言语交际中的得体原则。

第四，得体原则顺应了语用发展的要求。语用原则具有历时性的特点，会随着社会的变迁，时代的发展而不断发展、更新。得体原则顺应时代的发展，它要求交际者的语言运用保持言内语境和言外语境的动态平衡，这种动态的形式会随着人们语言形式的变化而发生改变，最后适应语用的不断发展变化。

**三、语用含义是不是语言义？为什么？**

语用含义不是语言义。语用含义是在具体言语过程中所产生的同特定语境相联系的意义。它不是语言本身表达的抽象的语言意义，而是具体语境中话语的真正含义。语用含义属于言语义，这种言语义是动态的，具有个别性、具体性、临时性、潜性的语义特点。语言义指词语在语言系统中，所具有的社会约定俗成的一般意义。它是客观事物、现象及它们之间的关系在使用某一语言的人们头脑中的概括反映，这种意义是静态的，具有一般性、抽象性、稳定性、显性的语义特点。语用含义和语言义的区别主要表现为：

第一，语用含义具有个别性，而语言义有一般性。语用含义是个别的，是与特定语境相结合的产物，是一种具体语境义。语言义不会受到言语行为等语境因素的影响，语义是稳定的，不会发生语流义变和情景义变。例如：在"这么大的盘子都看不到，真是大眼睛！"这句话中，"大眼睛"受上下文语境因素的影响，发生了语流义变，其语用含义是"观察不仔细，做事马虎"，属于一种临时的、特殊的语用含义。

第二，语用含义有具体性，语言义有抽象性。例如："细胞"在语言义中是指生物体的基本结构和功能单位，是抽象的。而在具体的语用"电脑成为了现代人的细胞。"中"细胞"具体指代了"电脑"这一事物，不再是某种抽象的意义。

第三，语用含义是话语的言语义，是临时的言语义，语言义是稳定的，不会随语境发生变化。语用含义的语义会受到言语行为及其语境因素的影响。陈述、询问、命令、邀请、警告、宣判、道歉、祝贺、感谢、赞美等言语行为方式所表现出来的语用含义是不一样的。

第四，语用含义是一种潜性义，隐藏在句法意义的后面，字面上是看不见的。语言义是表层的、显性的，具有全民性，它遵循现代汉语的语法规则。例如："咖啡喝完了。"这句话，从语言义的角度看，此句义是陈述一种现象或者事实——没有咖啡了，而在特定的语境中，其深层语用含义则可能是通过间接言语行为的方式表示请求别人续一杯咖啡。

**四、什么是主动句和被动句？它们各有什么语用功能？**

主动句，是句中主语表示动作或行为施事的句子，即主语是动作行为发出者的句子。现代汉语常用以施事作为陈述对象的主动句。主动句的语用功能主要有：

第一，主动句强调句子的主语，即动作行为的发出者。例如：

①和煦的春风播种着希望。

这个句子主要强调的是"春风"，"春风"是动作行为"播种"的发出者，也是句子的主语。

第二，主动句的语义直截了当。主动句的语义是直接表示出来的，通常表述比较直白、严谨，能够避免歧义的产生，易于被人们接受。因此，主动句在科学语体或者是比较严谨、肃穆的语言形式中，使用频率比较高。

被动句有广义和狭义之分。广义的被动句，指的是句中主语表示动作或行为的受事的句子，即主语是动作行为的承受者的句子。狭义的被动句，就是通常所说的"被"字句。被动句也可以分为有标志的被动句和无标志的被动句。例如：

②冰雪被灿烂的阳光消融了。

③冰雪消融了。

两句都是广义的被动句，但例②属于狭义的被动句、有标志的被动句。

被动句的语用功能主要有：

第一，被动句有强调作用，强调的是受事者，如例③强调的就是受事者"冰雪"。

第二，被动句的语义色彩较为丰富、灵活，既可以表示不幸、不愉快的意义，也可以表示愉快的感情，有时也可能会不带有任何感情色彩。

第三，被动句能变换语言形式，使语言形式富于变化，避免语言形式的单调呆板。例如：

④到得长安,兜头一盆冷水,朝廷厉声宣告,他被贬到了更为边远的柳州。

(余秋雨《文化苦旅》)

如果把"他被贬到了更为边远的柳州"改为主动句"又把他贬到了更边远的柳州",则少了很多被贬的无奈和苦楚。原文所使用的被动句把"他"不情愿、不甘心的情绪自然地表现了出来。

**五、语篇衔接的省略手段有哪些类型?各有什么语用功能?**

省略是现代汉语常见的语篇衔接手段之一,它指的是通过略去不需要出现的内容来衔接上下文,被省略的部分一般都可以在上下文中找到。省略通常分为承前省略和蒙后省略两种,其目的主要是为了避免重复,精简语言,同时还能突出重点,使话语前后连续。

承前省略,又叫顺向删除,指语篇上文出现的部分内容在下文中被略去。承前省略的语用功能主要有:

第一,避免语篇上下文信息重复,增加了新信息的辨识度,也使得语篇前后连贯,简洁明快。例如:

①大哥从小便是败家子,吸食鸦片,赌博,钱到手就光,光了便回家打主意,见了香炉便拿出来卖,捞着锡壶便拿出去押。

(胡适《我的母亲》)

例①从第二个分句开始,主语都是"大哥",句子成分承前省略,突出了新信息。

第二,使语篇结构清晰,语义表达明确。语篇承前省略,减少了许多相同词语或句子,使得语篇整体看起来清晰明了,没有千篇一律的厌烦感。

蒙后省略,又叫逆向删除,指语篇上文略去了下文即将出现的成分。蒙后省略的语用功能主要有:

第一,蒙后省略预设了被省略成分的存在,使得语篇前后衔接更加紧凑,同时也避免了语义的重复。例如:

②小时不曾养成活泼游戏的习惯,无论在什么地方,我总是文绉绉地。

(胡适《我的母亲》)

例②的第一、二分句省略了主语"我",而"我"正好是最后一个分句的主语。句子蒙后省略避免了不必要的重复,突出了"我"小时的性格,使得句子表达极为简练。

第二,减少语篇冗余信息,提升语篇中新信息出现的概率。语篇蒙后省略避免了信息的多次重复,在突出新信息的同时,使语篇前后衔接紧密,具有美感。

第三,可以设置悬疑,吸引读者的注意力,增加语篇的耐读性。

除此之外,语篇衔接的省略手段还有其他的分类形式,语言学家韩礼德和哈桑的衔接理论中就把省略分为了名词性省略、动词性省略和小句省略三种形式。语篇的省略手段使得语言表达更加简洁,信息突出,产生更好地交际效果。

**六、语篇结构有哪些类型?各有什么语用功能?**

语篇是由语义上相互联系的若干句子组织起来的。根据句子之间的语义联系,语篇结构可以分为顺承型、转折型、因果型三种:

第一,顺承型语篇,要求各个句子的语义应按照线性呈直线型顺向延伸。顺承型语篇具体可分为并行型、串行型、总分型以及解说型等类型。

第二,转折型语篇,是句子之间通过"但(是)"、"可(是)"、"然而"、"诚然"、

"岂料"、"谁知"等表示转折关系的词语来衔接和连贯的语篇。

第三，因果型语篇，是语句之间存在着因果逻辑联系的语篇。因果型语篇，主要有原因—结果型语篇、条件—结果型语篇、行为—目的型语篇、假设—结果型语篇。

顺承型语篇、转折型语篇、因果型语篇的主要特点和语用功能具体如下：

| 语篇结构 | 分类 | 主要特点 | 语用功能 |
| --- | --- | --- | --- |
| 顺承型 | 并行型 | 句子之间是并列或选择的语义关系 | 语义表达遵循事物的一般发展演变规律或事理的逻辑推理顺序；语篇结构符合人们的一般认知规律，语言表达明快畅达，具有衔接连贯、娓娓道来的特点。 |
| | 串行型 | 按照一定时间或事理顺序把句子串联起来 | |
| | 总分型 | 语句之间为总说和分说的关系 | |
| | 解说型 | 一部分句子对另一部分句子或某一部分加以解释说明 | |
| 转折型 | | 句子之间有表示转折关系的词语，如"但"、"可是"、"然而"、"谁知"等 | 具有峰回路转、引人深思的语用功能。 |
| 因果型 | 原因—结果型 | 说明原因的句子+说明结果或结论的句子 | 语言具有逻辑推理论证的严密性和辩证性；语篇结构层次分明，语言表达严谨，具有层层推进的特点。 |
| | 条件—结果型 | 句子（提出条件）+句子（推导出结论） | |
| | 行为—目的型 | 句子和句子之间为行为和目的关系 | |
| | 假设—结果型 | 表示假设的句子+表示结果的句子 | |

### 七、什么是表层修辞格？什么是深层修辞格？二者各有什么特点？

表层修辞格，是遵循语言规则和语用规则所形成的辞面义和辞里义完全一致的修辞方式，如对照、衬托、对偶、回环、顶真、反复、排比、层递、设问、反问等。表层修辞格的主要特点有：

第一，辞面与辞里相吻合。表层修辞格重视语义表达的准确、明白，言语形式的简洁、通顺，它是逻辑思维的典型载体。受话人在把握表层修辞格时，完全可以按照辞面去理解。例如：

①遗憾的是，历代文人不知写了多少春花秋月，却极少有夏的影子。大概，春日融融，秋波澹澹，而夏呢，总是浸在苦涩的汗水里。有闲情逸致的人，自然不喜欢这种紧张的旋律。我却要大声赞美这个春与秋之间的黄金的夏季。　　　　（梁衡《夏感》）

例①用"历代文人"赞美"春花秋月"，反衬自己要赞美的"夏季"，采用了衬托的辞格，话语意义可以直接从辞面得出。

第二，符合语法规范，遵行的是"定法"。例如：

②阅读文学作品，是一种文化的积累，一种知识的积累，一种智慧的积累，一种感情的积累。　　　　（赵丽宏《为你打开一扇门》）

这句话使用了排比的修辞格。由四个定中短语构成排比辞格，这种句法符合规范，也较全面地展示出"阅读文学作品"的好处。

深层修辞格，是在特定的语境中通过变异或偏离语言规则和语用规则而形成辞面义和辞里义不一致的修辞方式，如比喻、比拟、移就、借代、通感、夸张、双关、反语、拈连、仿拟等。深层修辞格的主要特点是：

第一，辞面和辞里具有不吻合性。深层修辞格传递的信息是潜在的，是暗含在辞里的实际信息。因此，它所传达的话语意义与特定的语境相联系，会随着语境的变化而变化。例如：

③在无边的旷野上，在凛冽的天宇下，闪闪地旋转升腾着的是雨的精魂……是的，那是孤独的雪，是死掉的雨，是雨的精魂。（鲁迅《雪》）

在例③中作者笔下的"雪"是"孤独的"，是"死掉的雨"和"雨的精魂"，包含了作者对寒冷环境的反抗，也有对不屈的、斗争的品格的歌颂；有极度彷徨的孤寂之感，也有永不停息战斗的倔强精神。这些话语意义是潜在的，需要依据当时的社会文化背景和作者的感情倾向来推导。

第二，具有对语法的偏离性。深层修辞格遵行的是"活法"，常常通过冲破常规的语法范式来获取话语表达的美感。例如：

④明耀的星月和轻微的凉风看守着整夜。（叶圣陶《没有秋虫的地方》）

例④的"星月"和"凉风"都属于客观事物，不会产生"看守"的行为和动作，从语法的角度属于"搭配不当"。但是，这种违背语法规范的搭配却使得句子具有了轻松、闲适的美感。

第三，具有强烈的情感性。深层修辞格的形成与特殊心理活动有关，它靠情感描述来反映信息，是情感思维的载体。例如：

⑤母亲呵！你是荷叶，我是红莲。心中的雨点来了，除了你，谁是我在无遮拦天空下的荫蔽？（冰心《荷叶 母亲》）

例⑤作者积极联想，把自己比作"红莲"，母亲比作"荷叶"，通过荷叶为红莲遮蔽雨点这一自然现象，表达了母亲对女儿无私的爱，以及女儿对母亲感恩的心。

**八、现代汉语辞格的系统性表现在哪些方面？**

修辞格，是为了提高言语的表达效果，根据语境对语言进行有效运用所形成的具有特定结构格式的修辞方式。现代汉语修辞格的数量大约有一百种左右，这些辞格之间在辞格要素、辞格结构、辞格类型、辞格功能等方面，具有一定的层次性和等级性，体现了现代汉语辞格的系统性。

第一，现代汉语辞格的分离性。现代汉语辞格按照一定的规则进行分类，各自成为一个整体，并能独立使用。目前，现代汉语修辞格系统的划分标准较为繁多，有按表达效果标准分的，有按语言要素标准分的，有按形式和内容的标准分的，有按美学标准分的等等。但是，无论哪一种方式分离出的辞格都具备独立使用的能力，也能相互聚合在一起，形成一个整体。

第二，现代汉语辞格的层级性。辞格的分离、聚合并非是散乱无章的，它们之间具有层级性。根据辞面义与辞里义之间的语义关系以及"家族相似性"原理，现代汉语的修辞格可依次划分为一级辞格群、二级辞格群、三级辞格群、四级辞格群等层级系统。一级辞格群分为深层修辞格和表层修辞格两大辞格群。深层修辞格是在特定的语境中通过变异或偏离语言规则和语用规则而形成辞面义和辞里义不一致的修辞方式的类聚。深层修辞格群下面又包含二级辞格群，如比喻、比拟、移就等。表层修辞格群是遵循语言规则和语用规则所形成的辞面义和辞里义完全一致的修辞方式的类聚，它的下面又包含着二级辞格群，如对照、衬托、对偶等。以此类推，每种二级辞格又包含各种三级辞格类型，三级辞格又包含四级辞格。

由此可知，现代汉语的修辞格并不是杂乱无章、毫无联系的，它们之间具有一定的层次性和等级性。根据修辞格之间的层次性和等级性，科学建立现代汉语修辞格系统，将有助于提高现代汉语修辞学的研究水平。

### 九、如何区别比喻与比拟？

比喻，是根据联想，抓住甲乙两种本质不同事物之间的相似点，用乙事物来描写或说明所要表现的甲事物的修辞方式。比拟是基于想象，化物为人或化人为物，或化此物为彼物的修辞方式。比喻和比拟都有"比"的特点，二者之间的区别具体如下：

第一，产生的心理基础不同。比喻产生的心理基础是联想，本体和喻体之间是通过相似点连接在一起的，本体自身没有发生变化，一般都是静态形象描写。比拟产生的心理基础是想象，是通过人的想象，使得本体具有了拟体的特点，本体发生了改变，临时具有某种动作行为或是感情态度，属于动态形象的刻画。例如：

①在静静的院子里，夜雨敲打在窗外的修竹上，叶叶萧萧，那淅沥的声响仿佛是一串串细碎轻柔的脚步。

②舞动青春吧！

例①是比喻，"夜雨"和"脚步"在声响上具有相似之处，作者通过联想把它们放在一起，但"夜雨"还是"夜雨"，并没有因为比喻而变成了"脚步"，本体没有发生实质性的变化。例②是比拟，"青春"这个抽象的词汇临时具有了"人"的行为动作"舞动"，本体发生了变化。

第二，结构要素不同。比喻主要由本体、喻体、比喻词和相似点四个要素构成；其中，相似点是连接本体和语体的重点；比喻词在句中起衔接或指示的作用；喻体一定要出现，本体可以不出现。比拟主要由本体、拟词和拟体三个要素构成，本体和拟词必须出现，拟体可以不出现。例如：

③煤矿工人，努力地在地底下挖掘黑金。

例③是借喻，句中只出现了喻体"黑金"，"黑金"代替了本体"煤炭"，本体没有出现。但在例②中，本体"青春"和拟词"舞动"都出现，拟体"人"是不出现的。

### 十、比喻与借代有什么区别？

比喻，是根据联想，抓住甲乙两种本质不同事物之间的相似点，用乙事物来描写或说明所要表现的甲事物的修辞方式。借代是利用借体和本体之间的相关性来进行换名替代的修辞方式。借代和借喻在格式上都是代替本体，本体不出现，但在其他方面却有着显著的区别：

第一，借喻和借代构成的客观基础不同。借喻的客观基础是"相似"，本体和喻体之间没有实质性的关联。借代的客观基础是"相关"，本体和借体之间存在着一定的逻辑联系。例如：

①360和QQ掐架一事虽过了些时日，很多用户至今心有余悸。

(佑想《不许把用户当人质》)

例①用"360"来代指360杀毒软件,用"QQ"来代指腾讯公司的聊天软件,都是用具体的标志来代替本体,它们之间存在相关性,因而属于借代。

第二,借喻可以用"像"之类的比喻词转换为明喻,而借代不能。例如:

②天上的银盘皎洁明亮。

例②可以转换为明喻的格式"天上的月亮像银盘一样皎洁明亮",但例①就不能转换。

第三,本体和喻体、本体和借体之间的关系不同。借喻的本体和喻体本质不同,二者之间没有任何实际联系;借代的本体和借体之间具有不可分割的关系,看来好像是两种事物,实际上是同一种事物,借体是本体的固有的一部分或者属性特征。例如:例②的本体"月亮"和喻体"银盘"是两种不同属类的事物,本质不同。例①中的"360"、"QQ"本身就是杀毒软件和腾讯公司的聊天软件名称,本体和借体是不可分割的同一种事物。

**十一、举例说明比喻与移就的区别。**

比喻,是根据联想,抓住甲乙两种本质不同事物之间的相似点,用乙事物来描写或说明所要表现的甲事物的修辞方式。移就是把用于修饰甲事物性质状态的词语移来修饰乙事物的修辞方式。比喻和移就都是用描绘体来描绘被描绘体,二者之间的区别如下:

第一,辞格的构成要素不同。移就的构成要素本体和移词必须出现,而比喻的构成要素本体、喻体、比喻词和相似点只有喻体必须出现。例如:

①三月的大雁则不同。……一触到水,我们刚到的客人就会叫起来,似乎它们溅起的水花能抖掉那脆弱的香蒲身上的冬天。　　　　　　　　　　　(郭海萍《大雁归来》)

例①中的"客人"是喻体,指"大雁",运用了比喻;而"脆弱的香蒲"把描写人的形状的词语"脆弱"用于描写"香蒲",运用了移就。

第二,辞格的功能不同。移就的修辞功能主要是托物抒情,物仍然是物,只是把人的思想情感移用到其他事物上,具有抒情和渲染气氛的作用。比喻的修辞功能主要是通过抓住本体和喻体之间的相似点,增强语言的形象性和生动性,引起人们的丰富联想或将道理说得具体明白。例如:

②金色的童年令人难忘。

③童年像一幅画,五彩缤纷的。

例②是移就,用色彩词"金色"来修饰抽象名词"童年",使得"童年"产生了象征的意义,但"童年"本身的意义并未发生改变。例③是比喻,本体"童年"和喻体"画"之间具有相似点"五彩缤纷",通过喻体的新颖性特征,使抽象的"童年"显得更加形象生动。

第三,辞格的结构格式不同。移就的结构多数为偏正关系,充当定语的词语一般是表示性质状态的形容词或形容词短语。比喻的结构多数为陈述和被陈述的关系,也有偏正关系和同位关系的。在偏正结构关系的比喻中,充当定语的名词往往就是本体。例如:"赢弱的风帆"、"潮湿的回忆"、"灰色人生"是移就辞格,而"思恋的清风"、"希望的水碗"、"历史长河"则是比喻辞格。

**十二、如何区别比喻与通感?**

比喻,是根据联想,抓住甲乙两种本质不同事物之间的相似点,用乙事物来描写或说明所要表现的甲事物的修辞方式。通感,又叫移觉,是在描述客观事物时,使视觉、听觉、嗅觉、味觉、触觉等感官之间互通的修辞方式。比喻和通感都是具有显著心理色彩的修辞方式，是发话主体情感外泄的一种表现，都具有语义表达的模糊性和多义性。二者之间的区别具体如下：

第一，辞格要素不同。通感由甲感官的感知、乙感官的感知构成，两个要素必须同时出现，具有互通性。比喻有本体、喻体、比喻词和相似点四个构成要素，喻体必须出现，且本体、喻体属于同一感官范畴，具有同一性。例如：

①这里除了光彩，还有淡淡的芳香。香气似乎也是浅紫色的，梦幻一般轻轻滴笼罩着我。

（宗璞《紫藤萝瀑布》）

②西湖，就是镶嵌在这天堂里的一颗明珠。　　　　　　（佚名《西湖》）

例①中的"香气"是嗅觉，"浅紫色"是视觉，二者属于不同感官，嗅觉感知和视觉感知相通，构成通感。例②中的"西湖"和"明珠"都是视觉感知的本质不同的事物，属于比喻辞格。

第二，修辞效果不同。通感主要是凭借已有的审美经验，运用丰富的想象力，将不同的感官感觉进行挪移转换，从而创造出新颖、独特的意象。比喻的特点主要在于本体与喻体之间要有相似点，其作用是化平淡为生动，化深奥为浅显，化抽象为具体，化冗长为简洁。例①中"浅紫色的香气"通过不同感官之间的转化，把抽象的气味具体化为视觉的颜色，具有新奇感和陌生感。例②把"西湖"比作"明珠"，省略了一系列可用于描绘"西湖"的修饰性词语，如"明亮"、"透明"、"干净"等，使表达避免落于俗套，也给读者留下了想象的空间。

**十三、双关在民俗文化中有哪些具体表现？**

双关，是利用语音或语义条件，有意使语句同时具有表层和深层双重意义，言在此而意在彼的修辞方式，可分为谐音双关和语义双关两种类型。民俗文化巧妙运用双关，可以使语义丰富而含蓄深刻，具有一箭双雕的表达效果。

第一，谐音双关。在民俗文化中，为了满足吉利、平安、祝福等趋吉避凶的心理需求，形成了颇具民族特色的谐音双关文化。例如：过春节时，常把"福"字倒写或倒贴在门上，谐音为"福到了"的意思，以表达人们对新年的祝福；吃年糕，以谐音"年年高"；吃鱼，以谐音"年年有余"；抱柴，以谐音"抱财"；年画中喜鹊立于梅花枝头，谐音"喜上眉梢"。又如：婚礼习俗中，新婚夫妇的婚床上要撒枣子、花生、桂圆、莲子，以谐音"早生贵子"；江浙一带新娘子落轿以后，要从一条铺满麻袋的路上走过，谐音"传宗接代"；闹洞房让新人相互咬苹果，祝福新人一生"平平安安"。再如：日常禁忌习俗中，渔家忌讳说"翻"，谐音"翻船"；吃梨时忌讳分吃，谐音"分离"；给人送礼物，忌讳送钟、送伞，谐音"送终"、"妻离子散"。这些都是汉民族借助词语谐音的修辞方式所形成的口彩文化和礼仪文化。

第二，语义双关。语义双关在民俗文化中的使用频率很高，人们在婚丧嫁娶、请客吃饭或是在对联、商店名称、广告语中，都会运用到语义双关。例如：汉民族常常把"设宴欢迎远道而来的人"称为"接风"、"洗尘"，既有迎接来宾之意，又是吃饭做客的意思；过年时，人们为了讨吉利，会在门上贴春联，而春联的内容大多都有辞旧迎新的含义，如"春晚迎春春不晚，瑞年降瑞瑞满年"等。又如：各种小商店的店名也常常会运用到语义双关，如某一卖面食的小吃店就叫做"天天见面"，字面上看是一句问候语，实际上却暗含了本店主要经营内容和请顾客再次光临的意思。

### 十四、如何看待广告语中的仿拟现象？

仿拟，是在旧有语言形式的基础上，通过变异的方法，创造出一种新异、独特的语言形式，给人以一种陌生化的新奇感。仿拟在广告语中的使用频率比较高，它能够使受众对广告语产生过目不忘的印象，从而达到促进消费、增强购买欲望的目的。

广告语中的仿拟，通常以仿词、仿短语、仿句、仿语篇等四种形式出现。

第一，仿词。广告语经常使用仿词来突出广告的重点，展现产品的性能、品牌、特点或效益等。例如：优酸乳的广告语为"有酸有甜，有'自'有味"，其中的"自"就仿照了"滋"，意在说明优酸乳口味众多，不但可以任意选择，还可以突显自己的特色。

第二，仿短语。仿短语往往会作为独立的广告语出现，它短小精悍，言简意赅，又能凸显事物的品牌特色，因而被大多数广告语所使用。例如：某酒广告"一声朋友，天'尝'地'酒'"，其中的"天'尝'地'酒'"仿自成语"天长地久"，便于记忆，有朋友长长久久的意思，也有喝酒聚友的意思。

第三，仿句。仿句形式的广告语通常出现在事物的包装或宣传单上，很少作为标语或是广告词来使用。它的特点是使用人们耳熟能详的诗词语句或经典名言名句来提高品牌的知名度，从而给受众留下深刻印象。例如：某运动系列产品的广告语"我动故我在"，仿自句子"我思故我在"，不仅形象生动，而且具有运动品牌的特色，容易吸引人们的注意。

第四，仿篇。仿篇主要出现在电视广告上，以广告语或是广告歌词的形式出现，这种形式能够增添许多趣味性，比较受年轻受众的喜爱。

总之，仿拟是广告宣传的一种有效修辞手段。创造性的模拟和仿造一些现有的词语或句子，尤其是一些经典的谚语、诗句或俗语，并赋予它们以新的时代内涵，从而产生一种"旧瓶装新酒"的修辞效果，这不仅是一种有效的商业宣传手段，同时也是一种文化的传播和宣传途径。但需要注意的是，在广告语中，仿拟的滥用、乱用现象也是存在的，一定要从广告语言的表达需要出发，真正发挥仿拟在广告语中的重要作用。

### 十五、怎么区分对照和衬托？

对照是两种不同的事物或者同一事物的不同方面放在一起相互比较的修辞方式，由本体和对照体两个辞格要素构成。衬托，又叫映衬，是为了突出主要事物，用相似、相关或者相反的事物做陪衬、烘托的修辞方式，由本体和衬体两个辞格要素构成。对照和衬托都属于表层修辞格，都是把事物放在一起进行比较，辞面义和辞里义完全一致。对照和衬托的区别主要有：

第一，表现形式不同。对照的结构格式为"本体＋对照体"，本体和对照体必须同时出现。衬托的结构格式是"（本体）＋衬体"，本体可以出现也可以不出现，但衬体必须出现。例如：

①仰望只是一种崇拜，登攀才是一种升华。

例①以"仰望"和"登攀"形成鲜明的对照，本体和对照体都出现了，是对照辞格。

第二，辞格要素之间的关系不同。对照中的本体和对照体是同一个事物或是同一类事物，而衬托中的本体和衬体可以是同类事物，也可以是毫不相干的不同事物。例如：

②骑马穿行林中，只听见马蹄溅起在岩石上漫流的水声，树林越发的安静起来。

（碧野《天山景物记》）

例②使用了衬托，衬体"水声"、"马蹄声"和本体"树林"是不同类属的事物。而例①中的"仰望"和"登攀"都是动词，属于相同的词类。

第三，修辞效果不同。对照中的本体和对照体属于平行、并列的关系，目的是采用比较的方式揭示事物的本质，使好的显得更好，坏的显得很坏。衬托以衬体为陪衬物，突出本体，衬体是为本体服务的，两者主次分明，可以表达强烈的思想感情。

### 十六、反复就是重复吗？为什么？

反复不是重复。分析如下：

第一，反复是表层修辞格的一种，而重复是一种语病。反复是故意重复某个词、短语、句子等语言单位两次或两次以上，从而突出、强调某一思想感情的修辞方式。例如：

①沉默啊，沉默！不在沉默中爆发，就在沉默中灭亡。（鲁迅《纪念刘和珍君》）

例①中的"沉默"出现了四次，目的是突出作者无比悲愤的心情，属于反复辞格。重复则不同，它大多表现为某一词语或句子的单调重复，而且这种重复是毫无意义的，没有任何规律性，往往使人感到语义内容空虚、表达形式累赘，读起来单调乏味。

第二，反复具有一定的结构格式，重复是杂乱无章的。反复要求重复的语言单位必须出现两次或两次以上，因而它的结构格式可以描写为"$甲_1, 甲_2, \cdots\cdots 甲_n$"。重复是杂乱的，随意而为之的，因而没有任何结构可言。例如：方便面的广告"面对面的关怀，面对面的爱"，其中的"面"出现了四次，而且每一次的意义都各不相同，通过"面"的反复，不仅表达了对"面"的喜爱，也从"面"的不同词义中表现出了人与人之间的相互关爱。

第三，反复是分析文章层次、突出思想主题、抒发强烈感情的需要，因而能够形成有规律的节奏，突出语言所表达的思想情感内涵，具有一唱三叹的韵律和节奏。重复则是相同语言单位的单一呈现，没有任何规律，也没有任何语用价值。

### 十七、排比和层递是否可以合并为一个辞格？为什么？

排比和层递从形式上看，都要求有三项或三项以上的相同或相似的语言单位，但它们不能合并为一个辞格。原因具体分析如下：

第一，结构格式不同。从形式上看，排比是结构相同或相似的语言单位的排列，层递不受语言结构相同或相似的约束，只要求语义内容的递升或递降。因此，排比的结构格式可描写为"$甲_1, 甲_2, 甲_3, \cdots\cdots 甲_n$"，层递的结构格式可描写为"甲＜乙＜丙……"或"甲＞乙＞丙……"。

第二，语义内容不同。从内容上看，排比在语句的排列上虽然具备一定的原则和依据，但它基本上是平列的，是流水式的，而层递在语句的排列上是以语义逻辑为依据的，按照轻重、深浅、大小、远近、多少的顺序层层递进，步步深入，是阶梯式的。例如：

①工作是等不来的，有无前途，看你怎么走。工作是靠不来的，有无出路，看你怎么想。工作是要不来的，有无机会，看你怎么做。（"下岗再就业"公益广告）

例①是三个复句构成的排比，通过分析三种消极态度，使下岗人员明确再就业需要有积极、主动、踏实的工作态度，不能抱有幻想，也不能气馁，非常具有说服力。

第三，修辞效果不同。排比在结构形式上要求严格，给人以一种韵律匀称、声韵和谐、气势畅达的美感，读来朗朗上口，铿锵有力。层递注重语义上的逻辑关系，要求语言单位之间具有递升或递降的语义关系，因而层层递进，逻辑严密，思维严谨，感情逐渐加强。

### 十八、设问就是一般疑问句吗？为什么？

设问和一般疑问在形式上比较相似，都是以疑问的形式出现，书面上都以问号作为句子标志。但设问不是一般的疑问句。原因如下：

第一，设问是一种表层修辞格，而一般疑问句是单句中的一种句类。设问，是有意提出问题以引起注意和思考，接着自己回答问题，或问而不答的一种修辞方式。它由问句和答句两个辞格要素构成。

第二，设问是"无疑而问"，发话人自问自答，其目的是启发、引导读者去领悟作者的表达意图，然后自己思考和寻求心中的答案。例如：

①就像我们人，当谁在我们周围默默流汗，悄无声息的奋斗时，又能引起谁的注意呢？

（苍术《冬青花》）

②为何血浓于水？因有爱在其中。

（公益广告）

例①是问而不答的设问辞格，目的是引发读者的思考，答案及其中的意蕴需要读者通过自己的思考或是想象来慢慢品味。例②是自问自答的设问辞格，形成"问句（为何血浓于水）+答句（因有爱在其中）"的结构格式，目的是以此来增强思想感情的表达。

一般的疑问句则不同。它是"有疑而问"，提出的问题是发话人自己不知道或是不全知道答案的，它需要受话人进行回答。例如：

③甲：好几天都没见你来上班，干嘛去了？

乙：哎，母亲病了，这几天都在医院陪着呢。

在例③中，甲提出疑问，乙针对甲的疑问提供答案。两人之间的交流并不存在修辞效果的问题。

### 十九、如何理解语体的体系性？

语体是在运用全民语言时，为了适应特定语境需要而形成的语言运用特点的体现。语体的体系性主要表现在以下三个方面：

第一，语体是由全民通用的语言要素和非语言要素彼此联系而构成的整体。单一的或个别的语言要素和非语言要素是不可能构成某种独立的语体的。例如：在判断某一话语的语体时，不能因为该话语出现了几个方言俚语，就断定它是口头语体；也不能因为该话语运用了一些科学术语，就说它是科学语体。语体之所以能够成为一个相对独立的系统，就是因为它具有一系列区别于其他语体的言语特点和表达功能。

第二，语体是由不同的具体的分支语体组成的多层次、多序列的系统。一是现代汉语语体可分为谈话语体和书卷语体两个基本语体类型，而这两个基本语体类型之下又有其不同类型的分支语体。每一种分支语体又因为构成物质基础的不同而呈现出系列性的语用特点。二是语体的系统性主要表现为抽象性和概括性：上位语体的形成总是表现为对下位语体语言运用特点的抽象和概括，而下位语体的运用总是受制于上位语体的特点。三是语体系统的层级性是有一定限度的，不可能毫无节制、无休无止地划分下去。

第三，语体系统在特定的历史时期内具有相对的稳定性和封闭性。一是在一定的历史时期，语体系统内部每一种独立的语体都有自己典型的、高频率使用的语言要素和非语言要素。这些要素是在长期的言语实践中形成的，具有一定的稳定性。二是语言要素和非语言要素的存在让语体成为了一个相对封闭的系统，从而使得不同的语体能够相互区别、彼此独立。三是语体是不断发展的，不同语体之间是相互联系的。任何语体的丰富和完整都离不开对其他语体一些语言要素和非语言要素的吸收。

# 【思考与练习参考答案】

思考与练习一

**四、有人认为：在现实生活中，应该"见人说人话，见鬼说鬼话"。你同意这种观点吗？为什么？**

不同意。"见人说人话，见鬼说鬼话"违背了现代汉语语用"以诚立言"的特点。

第一，"以诚立言"是现代汉语语用的出发点和立足点，它要求发话人和受话人双方要真诚，交际双方的话语内容要真实，语用态度要诚恳，能够做到坦诚以待。

第二，在现实生活中，"以诚立言"也是人们交际的基础，诚实的话语和真挚的态度不仅能够树立良好的个人形象，而且还有助于建立良好的人际关系。相反，"见人说人话，见鬼说鬼话"虽然能根据受话人的身份、职业等主观因素和自然环境、文化环境等客观因素的变化来改变话语交际的内容或形式，但它违背了现代汉语语用"以诚立言"的特点，属于一种不诚实的交际方式。

第三，"见人说人话，见鬼说鬼话"常常失信于人，只能"哄人一时"，不能"哄人一世"，更谈不上形成良好的语用效果，也不符合汉民族的语言观和民族精神。

**五、有人认为：语境可以分为狭义语境和广义语境或小语境和大语境两种。你同意这种观点吗？为什么？**

不同意。原因如下：

第一，把语境分为狭义语境和广义语境或小语境和大语境，无法准确区分狭义语境和广义语境或小语境和大语境的内涵和外延。狭义语境和广义语境或小语境和大语境都是一组相对的概念，没有准确的依据或科学的标准说明它们之间的界限，因而缺乏一定的严谨性和科学性。

第二，语境的分类，应该根据语言在运用中关涉范围的大小、话语交际的方式、构成因素的性质及作用来进行。据此，语境可以分为言内语境和言外语境两种类型。

言内语境是语言性质的，包括词语、句子及语篇各要素内部在语音、语形、语义、语法等方面的联系及以此形成的语体和风格。它可以通过书面语的上下文或者口语的前后语体现其构成因素，属于可以通过视觉或听觉感知的语言因素，因而是一种显性的、语言性质的语境。

言外语境是潜性的，非语言性质的，是交际时具体的物理语境（如自然环境、社会环境）、文化环境和心理环境，包括交际时特定的时间、地点、场合、交际目的、交际方式和参与交际者的身份、职业、思想、性格、修养、文化水平、价值观念和交际时的心态等非语言因素。

第三，言内语境和言外语境的划分，是从语言本体的角度和语境构成要素的性质角度进行的划分方法，具有一定的科学性。

## 思考与练习五

**十二、联系你所学的专业，谈谈学习和研究修辞格的意义。**

修辞格是为了提高言语的表达效果，根据语境对语言进行有效运用形成的具有特定结构格式的修辞方式。学习和研究修辞格具有重要的意义，主要表现在以下方面：

第一，修辞格是一种能够有效提高人们说话或写作的修辞方法或者修辞手段，它能有效地帮助人们表情达意，提高语言表达能力。例如：对于一个抽象事物，我们可以找到乙事物与之相似的地方，运用比喻的方式加以说明，能形象生动地传达出抽象事物的特征，帮助人们了解和认识新事物。

第二，修辞格可以产生特定的表达效果，能够有效地帮助说写者实现其交际目的和情感诉求。每一种辞格具有其独特的修辞效果，根据不同辞格的修辞功能，灵活得体地运用修辞格，可以形成不同修辞效果和语言风格特征。例如：比拟能激发人的想象，达到一种物我交融的情境；双关语义丰富而深刻，具有一箭双雕的表达效果；拈连语气连贯顺畅，语言形式凝练紧凑，新颖别致；仿拟具有讽刺、幽默、诙谐的表达效果。

第三，修辞格可以提高人们阅读、鉴赏言语作品的水平。通过学习修辞格，了解每种辞格的构成要素、结构类型、修辞功能等基本知识，能有效地帮助听读者了解说写者的心理运思过程及其所追求的表达效果，迅速而准确地理解语言及其表达意旨，从而提高听读者的话语理解能力和欣赏语言的水平。

## 思考与练习六

**五、当前，通过手机短信发送天气预报已为人们所熟悉，如"昆明：今晚到明天多云；气温：19～28度。浮云天清凉地，逢周末亲朋聚，放飞心情快乐到底！"请从语体交叉渗透的角度，谈谈你是怎样理解这类言语现象的。**

第一，通过手机短信发送天气预报，既符合现代科学技术发展的方向，又能够为人们日常生活的出行提供方便。天气预报的语言属于科学语体，它用科学术语及相关的表达形式为人们传递天气信息。天气预报手机短信在科学语体的基础上，加入了文艺性质的语言，从而通过一种语体交叉渗透现象，充分体现了一种人文关怀。

第二，天气预报手机短信，从语体交叉渗透的类型看，属于积极的、个别性的、交错式交叉渗透。它在准确传达天气信息的同时，加入了带有文艺性质的个别句子或词语，在引起人们关注的同时，还给人们带去了问候或祝福，愉悦了短信接收者的身心。

第三，在现代社会中，语体交叉渗透的现象较为常见，但有的语体交叉渗透现象却不值得提倡。例如：互联网上经常出现一些融入各种现代语言元素的各种新型语体，这些语体有的容易误导人们对语言文字的规范运用，有的则带有消极的价值观或人生观，是不值得提倡的。

## 【自测题及参考答案】

一、单项选择题（在每小题的四个备选答案中，选出一个正确答案，并将其字母写在题干后的括号内。本大题共 40 小题）

1. 研究语言运用规律的学科是 （    ）
   A. 语音学　　　　B. 词汇学　　　　C. 语法学　　　　D. 语用学

2. "修辞立其诚"出自 （    ）
   A.《周易》　　　B.《论语》　　　C.《孟子》　　　D.《文心雕龙》

3. "昆明的冬天很温暖。"这句话中，"昆明"是 （    ）
   A. 人称指示　　　　　　　　　B. 时间指示
   C. 地点指示　　　　　　　　　D. 人际指示

4. "周总理，我们的好总理。你在哪里呵，在哪里？"这句话中，"周总理"是 （    ）
   A. 人称指示　　　　　　　　　B. 时间指示
   C. 地点指示　　　　　　　　　D. 人际指示

5. "冶方同志的品格，多么像雪莲花啊！"这句话中，"雪莲花"是 （    ）
   A. 无指　　　　B. 任指　　　　C. 定指　　　　D. 虚指

6. "姑娘的幻想是挂在心头上的彩虹。"这句话中，"姑娘"是 （    ）
   A. 无指　　　　B. 任指　　　　C. 定指　　　　D. 虚指

7. 我国最早提出"修辞格"这个术语的是 （    ）
   A. 孔子　　　　B. 刘勰　　　　C. 唐钺　　　　D. 陈望道

8. "妻子的目光是清澈的长河。"这句话中，"长河"是 （    ）
   A. 喻体　　　　B. 拟体　　　　C. 拈体　　　　D. 本体

9. "解放军的机枪响了，敌人像乌龟一样躲进了碉堡里。"这句话中，"敌人"是 （    ）
   A. 喻体　　　　B. 拟体　　　　C. 拈体　　　　D. 本体

10. 下面句子中使用了比喻修辞格的是 （    ）
    A. 她长得像她妈妈。　　　　　B. 历史岂是任人随意打扮的女孩子！
    C. 月光恋着海洋。　　　　　　D. 起来，不愿做奴隶的人们！

11. 下面句子中未使用暗喻修辞格的是 （    ）
    A. 乡愁是一枚小小的邮票。
    B. 友情这棵树上只结一个果子，叫做信任。
    C. 高尚是高尚者的墓志铭。
    D. 酒好不怕巷子深。

12. 下面句子中使用了借喻修辞格的是　　　　　　　　　　　　　　　（　）
    A. 小草也青得逼你的眼。
    B. 最可恨那些毒蛇猛兽，吃尽了我们的血肉。
    C. 生命之树常青。
    D. 大家都不做声，唯恐丢了乌纱帽。

13. 下面句子中使用了比拟修辞格的是　　　　　　　　　　　　　　　（　）
    A. 那河畔的金柳，是夕阳中的新娘。
    B. 枪杆子里出政权。
    C. 种下一棵树苗，种下一份希望。
    D. 油蛉在这里低唱，蟋蟀们在这里弹琴。

14. 下面句子中未使用移就修辞格的是　　　　　　　　　　　　　　　（　）
    A. 空气中弥漫着春天绿绿的气味。
    B. 给我留下一个粉红的回忆。
    C. 灰色的星期天，我的爱情飘走了。
    D. 那段金色的年华，在记忆中散发出阵阵幽香。

15. "孤帆一片日边来。"这句诗中使用的修辞格是　　　　　　　　　　（　）
    A. 比喻　　　　B. 比拟　　　　C. 借代　　　　D. 移就

16. 下面句子中未使用通感修辞格的是　　　　　　　　　　　　　　　（　）
    A. 秦淮河的水却尽是这样冷冷地绿着。
    B. 她心里酸酸的，有种想哭的感觉。
    C. 盲女清脆的歌声唱响了坚强的人生。
    D. 妈妈抱着孩子，脸上漾起甜蜜的笑容。

17. "君不见高堂明镜悲白发，朝如青丝暮成雪。"这句话中使用的修辞格是（　）
    A. 比喻、移就　　B. 借代、夸张　　C. 比喻、夸张　　D. 借代、移就

18. 下面句子中使用了夸张修辞格的是　　　　　　　　　　　　　　　（　）
    A. 冬季干燥，小心上火！　　　　B. 他心里蹿出一道无名火。
    C. 他觉得喉咙像火烧一样。　　　D. 这首歌被他翻唱后才火了。

19. "这件事啊，咱们四两棉花——免谈！"这个句子中使用了　　　　　（　）
    A. 借代　　　　B. 比喻　　　　C. 夸张　　　　D. 双关

20. "智识高超而眼光远大的先生们开导我们：生下来的倘不是圣贤，豪杰，天才，就不要生；写下来的倘不是不朽之作，就不要写；改革的事倘不是一下子就变成极乐世界，或者，至少能给我有更多的好处，就万万不要动！"这句话中使用的修辞格是　　　　　　　　　　　　　　　　　　　　　　　　　　　（　）
    A. 排比、反语　　　　　　　　　B. 排比、比喻
    C. 层递、反语　　　　　　　　　D. 层递、比喻

21. "红烛啊！是谁制的蜡——给你躯体？是谁点的火——点着灵魂？"下面句子中使用修辞格的是 （  ）
    A. 反问、比喻　　　B. 反问、拈连　　　C. 设问、比喻　　　D. 设问、拈连

22. "辛楣因为韩学愈没请自己，独吃了一客又冷又硬的包饭，这吃到的饭在胃里作酸，这没吃到的饭在心里作酸。"这句话中使用了 （  ）
    A. 主谓式拈连　　　B. 述宾式拈连　　　C. 偏正式拈连　　　D. 述补式拈连

23. 下面句子中属于语义仿拟的有 （  ）
    A. 某酒广告：风声、颂声，声声入耳；雅韵、酒韵，韵韵关情。
    B. 某空调广告：多快好省，静在其中。
    C. 某花露水广告：六神有主，一家无忧。
    D. 某汽车广告：千里江铃一日还。

24. "嘴甜心苦，两面三刀；上头一脸笑，脚下使绊子；明是一盆火，暗是一把刀。"这句话中使用的修辞格是 （  ）
    A. 层递、对照　　　B. 排比、对照　　　C. 衬托、对照　　　D. 排比、衬托

25. "我常想：杨柳婀娜多姿，可谓妩媚极了，桃李绚丽多彩，可谓鲜艳极了，但它们只是给人一种外表好看的印象，不能给人以力量。松树却不同，它可能步入杨柳与桃李那么好看，但它却给人以启发与深思和勇气，尤其是想到它那崇高的松树的风格的时候，不由人油然而生敬意。"这段话中使用的修辞格是 （  ）
    A. 排比、正衬
    B. 反衬、对照
    C. 反衬、排比
    D. 对照、正衬

26. 下面属于严式对偶的是 （  ）
    A. 谦受益，满招损。
    B. 有的人死了，他还活着；有的人活着，他已经死了。
    C. 当面不说，背后乱说；开会不说，会后乱说。
    D. 远远的街灯明了，好像是闪着无数的明星。天上的明星现了，好像是点着无数的街灯。

27. 下面句子中未使用回环修辞格的是 （  ）
    A. 真与伪，实与虚，美与丑，善与恶；真中之伪，伪中之真，实中之虚，虚中之实，美中之丑，丑中之美，善中之恶，恶中之善，都逃不过他的慧眼。
    B. 清白清白，清就是白，白就是没得。没得当然最干净，最纯洁，最适合上天、出国。
    C. 登那土阜上望去，康桥只是一带茂林，拥戴着几处婷婷的尖阁。妩媚的康河也望不见踪迹，你只能循着那锦带似的林木想象那一流清浅。村舍与树林是这地盘上的棋子，有村舍处有佳荫，有佳荫处有村舍。
    D. 膝前有了四个小女儿，老是缠绕不清，等于背上四个小包袱，更觉得家离不了我，我离不了家。

28. 下面句子中未使用顶真修辞格的是 （　）
    A. 有翼的床头仿佛靠着个谷仓，谷仓前边有几口缸，缸上面有几口箱，箱上面有几只筐，其余的小东西便看不见了。
    B. 茵茵牧草绿山坡，山坡畜群似云朵，云朵游动笛声起，笛声悠扬卷浪波。
    C. 这间门外有个十里街，街内有个清巷，巷内有个古庙，因地方狭窄，人皆呼作"葫芦庙"。
    D. 掐指一算，啊呀！不好！只剩下四千三百七十九天。愈算便愈少，愈少便愈要算，心中好比滚油煎，身上有蚂蚁在那边爬。

29. 下面关于反复辞格的描述，哪一项不正确 （　）
    A. 反复是为了强调、突出某个内容而故意重复的修辞方式
    B. 反复要求重复的语言单位必须出现两次或两次以上
    C. 进行反复的语言单位中间没有其他词语的间隔
    D. 反复可以形成一种反复咏叹的韵律美和节奏感

30. 下面层递和排比兼用的句子是 （　）
    A. 日本鬼子的武运并不长久，从硬逼着北京人吃混合面那天起，就头朝下走了背字儿。眼看着气数一年不如一年，一月不如一月，一天不如一天，一会儿不如一会儿，一阵儿不如一阵儿。
    B. 那双眼睛，如秋水，如寒星，如宝珠，如白水银里头养着两丸黑水银。
    C. 夏日暴烈的阳光下，牵牛花偃旗息鼓，美人蕉慵倦无力，富贵的牡丹也早已失去神采。
    D. 选择博爱，就是选择对情感的珍视；选择博爱，就是选择对万物的眷恋；选择博爱，就是选择高远的人生志向。

31. 下面说法正确的一项是 （　）
    A. 设问是有问有答，反问是问而不答。
    B. 设问和反问都属于明知故问。
    C. 设问采用了疑问句发问，反问不采用疑问句发问。
    D. 设问一般用在句、段、篇的后面，反问一般用在句、段、篇的开头。

32. 下面句子中使用了反问修辞格的是 （　）
    A. 呵，你终于如预言中所说的无语而来，又无语而去了吗，年轻的神？
    B. 冰川纪过去了，为什么到处都是冰凌？好望角发现了，为什么死海里千帆相竞？
    C. 我的小说主人公基本上没干什么事，就这么混混沌沌过着。这就是生活。为什么一定要高于生活？
    D. 好久不见，你还好吗？你的小狗，长大了吗？我的围巾，还围着吗？我的相片，都丢了吧？

33. "小河清澈见底，如同一条透明的蓝绸子，静静地躺在大地的怀抱里。"这句话中使用的修辞格是 （　）

A. 比拟　　　　　　　　　　　　B. 比喻
　　C. 比喻和比拟连用　　　　　　　D. 比喻和比拟兼用

34. 下面哪一项不属于日常交际中的语言要素　　　　　　　　　　（　　）
　　A. 词汇　　　　B. 语法　　　　C. 修辞格　　　　D. 体态语

35. 语体是由不同的具体的语体类型组成的多层次、多序列的系统。这反映了语体的
　　　　　　　　　　　　　　　　　　　　　　　　　　　　　　（　　）
　　A. 全民性　　　B. 体系性　　　C. 抽象性　　　D. 概括性

36. 下面哪一项不属于随意谈话体的特点　　　　　　　　　　　　（　　）
　　A. 语调的单一化　　　　　　　　B. 词语的通俗性
　　C. 句子短小简略　　　　　　　　D. 语篇结构松散

37. 电影中的人物对话属于　　　　　　　　　　　　　　　　　　（　　）
　　A. 随意谈话体　B. 文艺语体　　C. 实用语体　　D. 事务语体

38. 电脑使用说明书属于　　　　　　　　　　　　　　　　　　　（　　）
　　A. 科学语体　　B. 事务语体　　C. 报道语体　　D. 政论语体

39. 下面哪一项是语体交叉渗透产生的内部原因　　　　　　　　　（　　）
　　A. 科技发展　　B. 交际对象　　C. 文化交流　　D. 语体间的联系性

40. 从语体交叉渗透的目的来看，可分为　　　　　　　　　　　　（　　）
　　A. 交错式交叉渗透和融合式交叉渗透　B. 个别性交叉渗透和整体性交叉渗透
　　C. 消极性交叉渗透和积极型交叉渗透　D. 内部交叉渗透和外部交叉渗透

**答案：**

| 1. D | 2. A | 3. C | 4. D | 5. B | 6. A | 7. C | 8. A | 9. D | 10. B |
| 11. D | 12. B | 13. D | 14. A | 15. C | 16. B | 17. C | 18. D | 19. D | 20. A |
| 21. D | 22. A | 23. C | 24. B | 25. B | 26. A | 27. B | 28. D | 29. C | 30. A |
| 31. B | 32. C | 33. C | 34. D | 35. B | 36. A | 37. B | 38. A | 39. D | 40. C |

**二、多项选择题**（在每小题的五个备选答案中，选出二至五个正确答案，并将其填写在题干后的括号内，答案没有选全或选错的，该题无分。本大题共20小题）

1. 语用学研究的是　　　　　　　　　　　　　　　　　　　　　（　　）
　　A. 话语的交际过程　　B. 话语的语用原则　　C. 语用策略和语用含义
　　D. 语体和风格　　　　E. 制约话语表达和理解的各种因素

2. 下面属于语境的主观因素的有　　　　　　　　　　　　　　　（　　）
　　A. 社会角色　　　　　B. 交际时间　　　　　C. 职业
　　D. 心理状态　　　　　E. 交际场合

3. 下面属于言内语境的有 （    ）
   A. 语音语境　　　　　B. 语义语境　　　　　C. 文化语境
   D. 心理语境　　　　　E. 语体和风格

4. 下面关于语用与语境的关系说法正确的有 （    ）
   A. 语用和语境之间是一种彼此关联、相互作用的关系。
   B. 语境是语用的条件和基础。
   C. 语境赋予语用以具体的意义。
   D. 语境决定语用的优劣。
   E. 语用能创造适切的语境。

5. 关于"以诚立言"，下面说法正确的有 （    ）
   A. "以诚立言"由《周易·乾·文言》中最早提出。
   B. "以诚立言"是现代汉语语用的特点之一。
   C. "以诚立言"要求交际双方的语用态度要真诚。
   D. "言而有信"、"言行一致"等反映出汉民族追求"以诚立言"的语言观。
   E. "以诚立言"反对"假言"。

6. 下面关于语用原则，说法错误的有 （    ）
   A. 言语交际活动中，要想顺利地实现交际目的，交际双方需要遵循一定的语用原则。
   B. 得体原则既是评价话语表达效果的标准，也是评价话语接收效果的标准。
   C. 在言语交际活动中，话语本身得体，就一定能产生好的语用效果。
   D. 言语交际活动中，创设一种和谐的交际环境，需要注意尊重准则和接纳准则。
   E. 为了符合接纳准则，听话人应该无条件地接受说话人的观点。

7. 下面加点部分属于无指的有 （    ）
   A. 《故乡》是一篇小说，读者自应去当做小说看，不管它里面有多少事实。
   B. 天边飘过故乡的云。
   C. 青春的印记很深很深，可以对于感情的记忆，却始终很浅很浅。
   D. 我的青春小鸟一样不会来。
   E. 时光永不停息的穿梭着，渐行渐远的青春年华，总有一种怀念却永远镌刻在我们的心中。

8. 甲："我们出去散步吧！"乙："你看，下雨了！"关于这个对话，下面表述正确的有 （    ）
   A. 甲采用的是直接言语行为方式
   B. 乙采用的是直接言语行为方式
   C. 甲采用的是间接言语行为方式
   D. 乙采用的是间接言语行为方式
   E. 甲和乙采用的都是间接言语行为方式

9. 下列各项中表述不正确的有 （    ）
   A. 双声、叠韵、叠字、平仄都是汉语中极富特色的语音表达手段。
   B. 所谓语义的选择，就是指对同义词的选择。
   C. 反义配置包括临时被赋予反义关系的词语的并置。
   D. 同素逆序词的区别在于语形，在语义和语法功能上没有差异。
   E. 通过对词语的语音选择，不仅可以增强语言音律的表现力，还能增强感染力。

10. 下面属于短句的特点的是 （    ）
    A. 表意严密精确　　　　B. 结构短小　　　　C. 生动明快
    D. 适用于政论性的文章　E. 适用于表现紧张的气氛

11. 下列表述正确的有 （    ）
    A. 从语用的角度来看，主动句突出的主动者，被动句突出的是被动者。
    B. 散句形式自由，表意灵活，在日常话语交际中使用频率较高。
    C. 变式句的表达效果要强于常式句。
    D. 长句适用于表达细腻丰富的情感，短句适用于表达激越的情绪。
    E. 整句要求几个句子的字数相同，结构和语气一致。

12. 现代汉语常用的语篇衔接手段有 （    ）
    A. 照应　　　　　　　　B. 省略　　　　　　　C. 连接
    D. 同义手段　　　　　　E. 词汇手段

13. "日出江花红胜火，春来江水绿如蓝，能不忆江南？"这句诗中用到了 （    ）
    A. 对偶　　　　　　　　B. 比喻　　　　　　　C. 比拟
    D. 反问　　　　　　　　E. 设问

14. 下面哪些辞格的本体在句中必须出现 （    ）
    A. 比喻　　　　　　　　B. 比拟　　　　　　　C. 移就
    D. 借代　　　　　　　　E. 拈连

15. "五岭逶迤腾细浪，乌蒙磅礴走泥丸"使用了 （    ）
    A. 超前夸张　　　　　　B. 缩小夸张　　　　　C. 扩大夸张
    D. 比喻兼夸张　　　　　E. 借代兼夸张

16. 下列属于深层修辞格的有 （    ）
    A. 通感　　　　　　　　B. 双关　　　　　　　C. 排比
    D. 反语　　　　　　　　E. 仿拟

17. 下列属于表层修辞格的有 （    ）
    A. 拈连　　　　　　　　B. 设问　　　　　　　C. 层递
    D. 衬托　　　　　　　　E. 顶真

18. 下列说法正确的有 （    ）
    A. 反问和设问都属于"明知故问"、"无疑而问"。

B. 反问是用反问句的形式表示确定的意思，问而不答。

C. 设问是有意提出问题以引起注意和思考，可以自问自答，也可问而不答。

D. 设问的目的是加强语气，以不容置疑的语气表明自己的看法。

E. 反问一般用在句、段、篇的前面，设问一般用在句、段、篇的后面。

19. 文艺语体包括 （　　）
 A. 诗歌体　　　　B. 对白体　　　　C. 谈话体
 D. 散文体　　　　E. 政论体

20. 下面属于科学语体的有 （　　）
 A. 生产合同书　　B. 社论宣言　　　C. 学术论文
 D. 研究专著　　　E. 新闻消息

**答案：**

| 1. ABCDE | 2. ACD | 3. ABE | 4. ABCDE | 5. BCDE |
| 6. CE | 7. BCE | 8. AD | 9. BD | 10. BCE |
| 11. ABD | 12. ABCE | 13. ABD | 14. BCE | 15. BD |
| 16. ABDE | 17. BCDE | 18. ABC | 19. ABD | 20. CD |

### 三、判断改错题（在你认为正确的题后括号内打"√"，错误的打"×"，并改正。本大题共 30 小题）

1. 语用总是在一定的语言环境中进行的，语境是语用的基础和条件。（　　）

2. 语用学和修辞学是两门不同的学科，前者关注接受效果，后者更关注表达效果。
（　　）

3. 语用学研究的是语用含义，语义学研究的是语言意义。（　　）

4. 语境的客观因素和主观因素各自发挥作用，互不影响。（　　）

5. 言内语境指由上下文或前后语所形成的语言环境，不包括语体和风格。（　　）

6. 出于禁忌、避讳等方面的考虑，汉民族会采用一些委婉、含蓄的表达方式。
（　　）

7. 得体原则是语用原则的最高原则，其他语用原则都必须服从于得体原则。（　　）

8. 接纳准则要求交际双方尽可能提供多的信息，保证交际内容丰富切题。（　　）

9. 在进行话语交际效果评价时，应侧重某一原则，要么根据得体原则，要么根据和谐原则，这样的评价，才比较客观、真实和科学。（　　）

10. 语用含义就是语言本身所表达的语言意义。（　　）

11. 语用中的一般含义是不需要特殊语境就能推导出来的语用含义。（　　）

12. 方位词语只能用作地点指示。（  ）

13. 名词只有进入到具体的语境中并与特定对象发生关联时，才会形成具体的指称意义。（  ）

14. 词语在连续的语流中会受到邻近词语意义的影响而产生特殊意义，这属于语流义变。（  ）

15. 不同的同义形式可以表达相同的语用含义。（  ）

16. 同一语言形式在不同的语境中只能表示相同的语用含义。（  ）

17. 同义配置就是对同义词或同义短语进行取舍，使表意更为准确。（  ）

18. 反义词配合使用，往往使同一事物的不同侧面或不同事物之间形成正反对照。（  ）

19. 在具体的言语活动中，长句的语用效果比短句的好一些。（  ）

20. 整句结构匀称，语势贯通，语义鲜明，多用于诗歌、散文等文艺语体中。（  ）

21. 省略不仅能避免重复，精简语言，还能突出重点，起到衔接作用。（  ）

22. 语序的变化能产生一定的语用效果。（  ）

23. 表层修辞格的辞面意义和辞里意义完全一致，如夸张、双关、仿拟。（  ）

24. 常使用深层修辞格是谈话语体的特征。（  ）

25. 把物当做人来写，这样的辞格就叫做拟人，比如"那河畔的金柳是夕阳中的新娘"。（  ）

26. 排比是三个或三个以上的语言单位组成，层递只要求语义逻辑关系递升或递降，不受语言单位数量的制约。（  ）

27. 顶真和回环都具有言语形式首尾相接的特点。（  ）

28. "木讷"、"拔俗"、"蕃息"等词语是书卷语体。（  ）

29. 电视里的新闻报道是通过口头语言表达的，因此属于谈话语体。（  ）

30. 语体的交错式交叉渗透到融合式交叉渗透，是一个从量变到质变的过程。（  ）

**答案：**

1. √
2. ×（改"前者关注接受效果"为"前者不仅研究表达效果，也研究接受效果"）
3. √
4. ×（改"各自发挥作用，互不影响"为"是相互影响、相互制约的辩证关系"）
5. ×（改"不包括"为"包括"）
6. √

7. √
8. ×（改"尽可能提供多的信息"为"提供必要的有用的信息"）
9. ×（改"应侧重某一原则，要么根据得体原则，要么根据和谐原则"为"不能侧重某一原则，既要结合得体原则，又要结合和谐原则"）
10. ×（改"语言所表达的语言意义"为"具体语境中话语的真正含义"）
11. √
12. ×（改"只能用作地点指示"为"通常用作地点指示，也能用作时间指示"）
13. √
14. √
15. √
16. ×（改"只能表示相同的语用含义"为"可能表示不同的语用含义"）
17. ×（改"同义配置"为"同义选择"）
18. √
19. ×（改"长句的语用效果比短句的好一些"为"长句和短句各有各的语用效果，应兼收长句和短句的优点，综合使用长句和短句"）
20. √
21. √
22. √
23. ×（改"夸张、双关、仿拟"为"对偶、排比、反复"）
24. ×（改"谈话语体"为"文艺语体"）
25. ×（改"把物当做人来写"为"把物化作人来写"；改"那河畔的金柳是夕阳中的新娘"为"那河畔的金柳羞涩而幸福地等待着"）
26. ×（改"不受语言单位数量的制约"为"也要求由三个或三个以上语言单位组成"）
27. √
28. ×（改"是书卷语体"为"具有书卷语体色彩"）
29. ×（改"因此属于谈话语体"为"但使用的语体是报道语体"）
30. √

## 四、术语解释题（本大题共15小题）

1. 语用　　　2. 语用学　　　3. 语境　　　4. 语用原则　　　5. 适度准则
6. 语用含义　7. 人际指示　　8. 语流义变　9. 变式句　　　　10. 修辞格
11. 深层修辞格　12. 比拟　　13. 衬托　　14. 语体　　　　　15. 报道语体

## 五、分析运用题（本大题共35题）

1. 请分析下列语例中加点部分的语用含义，并指出其类别。

(1) 医生听了听通讯员的心脏，默默地站起身说："不用打针了。"我过去一摸，果然手都冰冷了。

(2) 钟声复起，天已黎明……中国正到了"复旦"的黎明时期，但愿你做中国的——新中国的——钟声，响遍世界，响遍每个人的心。

2. 下面语例违背了"以诚立言"的语用特点，请用语用原则分析这则语例。

"我想去学生物学，先生教给我的学问，也还有用的。"其实我并没有决意要学生物学，因为看得他有些凄然，便说了一个慰安他的谎话。（鲁迅《藤野先生》）

3. 请分析下面言语活动中所使用的语用准则。

(1) 作家　陶师傅，你找我有事？
　　陶影　作家，求您个事，您看看我写的这些行吗？
　　作家　我算个什么作家，不过是在报上发个豆腐块儿就是了。
　　陶影　您可是咱们厂里最有学问的人了，您得帮我这个忙。
　　作家　好，那我就给你看看。

（毕淑敏《一厘米》）

(2) 齐仰之　不不不，陈市长一片赤诚，枉驾来访，如此礼贤下士，已使我深为感动。在此以前我之所以未能从命，一是我对共产党人的革命化学毫无所知，二是……二是我这个知识分子身上还有着不少酸性……
　　陈　毅　我的身上倒有不少碱性，你我碰在一起，不就中和了？
　　齐仰之　（大笑）妙，妙！陈市长真不愧是共产党人的化学家，没想到你的光临使我这个多年不问政治、不问世事的老朽也起了化学变化！
　　陈　毅　我哪里是什么化学家哟！我只是一个剂，是个催化剂！

（沙叶新《陈毅市长》）

4. 请分析下列句子中画线部分的指示方式，并说明其指示的具体内容。

(1) 散场后，我被允许到后台去见这位穿着华丽戏装的演员。<u>她</u>站在那里向我微笑，一头金发披散在肩上。

(2) "糙米五块，谷三块。"米行里的先生有气无力地回答他们。"什么！"<u>旧毡帽朋友</u>几乎不相信自己的耳朵。美满的希望突然一沉，一会儿大家都呆了。

(3) 我曾经使用过一辆纺车，离开延安那年，把它跟一些书籍一起留在蓝家坪了。<u>后来</u>常常想起它。

(4) 在我们面前，天边远处仿佛有一片紫色的阴影从海里钻出来。<u>那</u>就是哲尔赛岛了。

5. 请分析下列句子中画线部分的指称方式。

(1) 戴维来了，一位深棕色头发、精干、灵活的高个子<u>青年</u>，一脸迷惑外人的天真快乐。

(2) "那真是件<u>理想</u>的衣服！"皇帝心里想。

(3) 父亲的朋友送给我们两缸<u>莲花</u>，一缸是红的，一缸是白的，都摆在院子里。

(4) 又是<u>荷花</u>开的时候，沿着湖堤漫步，看风中荷叶翻飞。

6. 请分析下面这些句子各用了哪些语音修辞手段。
   （1）我站在高山之巅，望黄河滚滚，奔向东南。惊涛澎湃，掀起万丈狂澜；浊流宛转，结成九曲连环。
   （2）蒹葭苍苍，白露为霜。所谓伊人，在水一方。溯洄从之，道阻且长，溯游从之，宛在水中央。

7. 请分析下面句子中画线部分的语用功能。
   （1）"天资"，我本来想用"天才"，但天才是个稀见现象，其中不少是"偏才"，所以我弃而不用，改用"天资"。
   （2）暗恋，是一种疼痛的幸福。你在哪里？你好吗？这种牵挂，甜蜜而又忧伤。
   （3）这篇散文，用非常精彩、极其简练的文字，抒写了作者对白鹭的独特的感受和独到的认识。
   （4）打好基础，才能有大发展，这正如"根深才能叶茂"啊！

8. 请分析下面两句分别是长句还是短句，并说明各自的特点。
   （1）植物的抽青开花等物候现象在春夏两季越往高处越迟，而到秋天乔木的落叶则越往高处越早。
   （2）"炉子怎样了？""海水淹了。""火呢？""灭了。""机器怎样了？""停了。"

9. 分析下面句子分别是整句还是散句，并说明各自的功能。
   （1）过去的日子如轻烟，被微风吹散了，如薄雾，被初阳蒸融了。
   （2）笑的声音有大有小；有远有近；有高有底；有粗有细；有快有慢；有真有假。
   （3）人们看到，文昌市的海岸线已被海水抽打得如锯齿般，浸泡在海水中的树木在海涛的拍打下不肯倒下，它们拼尽全力向目睹这一惨状的人们呼喊：救救我们！
   （4）人世命运莫测，但有了一个好家，有了命运与共的好伴侣，莫测的命运仿佛也不复可怕。

10. 请分析下列变式句的类型。
    （1）就这样，简单而又美好地，北大为一个渴望以有限的生命拥抱永恒的小女孩打开一扇神奇的窗子。
    （2）林晓梅这丫头最不欣赏进行曲，运动会上，她放的都是流行音乐，软绵绵的，运动员不打瞌睡就算万幸。

11. 请分析下列言语现象中画线部分的语篇衔接方式。
    （1）妈妈的体质不好，怀孕时又吃了这么多苦头，所以我出生那天来了不少亲友看望她。姨姨从门缝窥见我被倒拎着，大喊："是男孩！"爸爸颓然应声："糟了！"姨姨气急："我姐姐千辛万苦，哪怕养出个蟑螂来，你都该叫好极了！"
    （2）这样的时刻，会有一个小女孩，扬起双眉，唱着童音说：我喜欢夏天，因为可以穿裙子。这样的时刻，会有一个小男孩，昂起头颅，扮作男子汉说：我喜欢不作准备，就扑通一声跳入清凉的水池。

（3）那些浅紫色的二月兰，是那样矮小，那样默默无闻。她们从没有想过自己有什么特殊招人喜爱的地方。

12. 请分析下列语篇的结构类型。
    （1）我有我的爱，有我的恨，有我的欢乐，也有我的痛苦。但是我并没有失去我的信仰：对于生活的信仰。
    （2）遗憾的是，历代文人不知写了多少春花秋月，却极少有夏的影子。大概，春日融融，秋波澹澹，而夏呢，总是浸在苦涩的汗水里。有闲情一致的人，自然不喜欢这种紧张的旋律。
    （3）小男孩是被一声惊叫吵醒的。他揉揉眼睛，站起来。他听见钥匙碰撞的金属声。他看见有人开九号的房门。

13. 请将下列句子按照恰当的顺序进行排列，并说明其语篇衔接的方式和语篇的结构类型。
    ①最好玩的是把灶王爷的神像揭下来，火化之前，从糖瓜上抠下几块糖粘儿，抹在灶王爷的嘴唇上，叮嘱他上天言好事，下届才能保平安。
    ②腊月二十三过小年，香烛纸马送灶王爷上天。
    ③邪魔鬼祟就不敢登门骚扰了。
    ④灶王爷走了，门神爷也换岗了，摆在影壁后面竖起天地杆儿，悬挂着一盏灯笼和在寒风中哗啦啦响的秫秸棒儿，天地杆上贴一张红纸："姜太公在此。"

14. 模仿造句。
    春之色为冷的绿，如碧波，如嫩竹，贮满希望之情；
    夏之色为＿＿＿＿＿＿＿＿＿＿＿＿＿＿＿＿＿＿＿＿＿＿＿＿＿＿＿＿＿＿＿＿＿；
    秋之色为＿＿＿＿＿＿＿＿＿＿＿＿＿＿＿＿＿＿＿＿＿＿＿＿＿＿＿＿＿＿＿＿＿；
    冬之色为＿＿＿＿＿＿＿＿＿＿＿＿＿＿＿＿＿＿＿＿＿＿＿＿＿＿＿＿＿＿＿＿＿。

15. 请分析下面各句哪些是比喻句，哪些不是比喻句。
    （1）在那个健美班里，绝大多数是来减肥的，他们翻滚、举杠铃，脸色十分苦恼。唉，这么拼命干嘛，像电视台聘请他们上荧屏当节目主持人似的。
    （2）笑，你是美的姐妹，艺术家的娇儿。
    （3）汤姆竭力想法子安慰她，但那些鼓劲儿的话都因为说了多遍而成了陈词滥调，听着倒像是在挖苦似的。
    （4）夜莺的颂歌唱得温存似的软和，醉心融骨似的热烈。
    （5）如果我们只是一般性地参加世界经济，那不遵守国际规则也可以，就像担着菜篮卖小菜的那种小贩，尽管市场就在那里，你也可以不进入市场，工商部门的规则也可以不遵守。
    （6）眼睛也像他父亲一样，周围都肿得通红。

16. 请分析下列各段话中使用的比喻的类型。
    （1）我知道生活的激流是不会停止的，且看它把我载到什么地方去！
    （2）在康河的柔波里，我甘心做一条水草！

(3) 这时，我的心变成了一只风筝，风筝的线绳就在母亲的手中。

(4) 事实上如一个硬币的两面，科学和艺术源于人类活动最高尚的部分，都追求着深刻性、普遍性、永恒和富有意义。

(5) 桥下水流如线，过水早不必登桥了。

(6) 夜色加浓，苍空中的"明灯"越来越多了。而城市各处的真的灯火也次第亮了起来。

17. 请分析下列各段话中使用的夸张的类型。

(1) 本来也算有点气魄的昆明湖，看起来只像一盆清水。万寿山，佛香阁，不过是些点缀的盆景。

(2) 夏蚊成雷，私拟作群鹤舞空。

(3) "啊，谢谢老天爷！"小鸭舒了一口气，"我丑得连猎狗也不咬我了！"

(4) 粉面含春威不露，丹唇未启笑先闻。

18. 请分析下列各段话中使用的双关的类型。

(1) 小草有生命，足下请留青。

(2) 距离产生美，谢绝亲密接触。

(3) 万事俱备，只欠东风。（东风汽车广告）

(4) 默默无蚊的奉献。（某电蚊香广告）

19. 请分析下列各段话中使用的拈连的类型。

(1) 他说不出的新鲜而且高兴，烛火像元夜似的闪闪的跳，他的思想也迸跳起来了……

(2) 在那翠绿的茶园里，我们喝出了酽酽的茶香，也品出了酽酽的乡情。

(3) 这吃到的饭在胃里作酸，这没吃到的饭在心里作酸。

(4) 喜欢读北大的书，更喜欢读北大的人。

20. 分析下列句子中哪里使用了比喻，哪里使用了比拟，并归纳它们的区别。

(1) 绿色是生命，是希望，是慰安，是快乐！

(2) 小兴安岭上的积雪化净了，树木睁开惺忪的睡眼。

(3) 片片雪花，如同一群活泼的小精灵，在空中飘洒。

(4) 小雪花特别害羞，一下子就不见了。

21. 分析下列句子中哪里使用了借喻，哪里使用了借代，并归纳它们的区别。

(1) 我似乎打了一个寒噤；我就知道，我们之间已经隔了一层可悲的厚障壁了，我再也说不出话。

(2) 你可想得到，一个机关三百职员有一百五十支烟枪，是个什么光景？

(3) 一串碎玉从夜莺的喉咙里吐出来。

(4) 几年来的文治武力，在我早如小时候所读过的"子曰诗云"一般，背不上半句了。

22. 分析下列句子中哪里使用了移就，哪里使用了比拟，并归纳它们的区别。

(1) 依稀是十年前的园柳，屋顶上飘着一缕寂寞的炊烟。
(2) 鱼对水说：我很寂寞，因为我只能待在水里。
(3) 她的青丝飞舞在忧伤的江南。
(4) 只有杜鹃在夕阳中忧伤哀啼。

23. 分析下列句子中哪里使用了移就，哪里使用了通感，并归纳它们的区别。
(1) 往事依依，金色的回忆唤起我的青春激情，催我不断奋进。
(2) 倾听春风掠过大地时那绿色的旋律。
(3) 秋之色为热的赤，如夕阳，如红叶，标志着事物的终极。
(4) 在那晚霞淡下去的天幕上，突然升起一团迷雾，扩散着紫色的忧伤。

24. 分析下列句子中哪里使用了对照，哪里使用了对偶，并归纳它们的区别。
(1) 我从这件事认识到，我如果公开反抗，保卫自己的权利，我父亲就软了下来；可是如果我仍温顺驯服，他反而打骂我更厉害。
(2) 不消片刻，她的眼睛就会闪出亮光，她的脸上就会现出笑容。
(3) 饥寒的年代里，理想是温饱；
温饱的年代里，理想是文明。
离乱的年代里，理想是安定；
安定的年代里，理想是繁荣。

25. 分析下列句子中哪里使用了衬托，哪里使用了对偶，并归纳它们的区别。
(1) 当夜幕降临的时候，整个城市都是繁弦急管，都是红灯绿酒。而我们在寂静里，我们在黑暗里，我们在不被了解的孤独里。
(2) 某心理学专家小组以实际从事创造性工作的人与不从事此类工作的人为对象进行了调查研究，并得出如下结论："富于创造力的人，认为自己具有创造力；缺乏创造力的人，不认为自己具有创造力。"
(3) 每天，他只希望早点放学，躲在家里，在自己理想和希望的世界漫游。当他的同班同学还在全等三角形的浅水中"扑腾"的时候，他已在微积分的大海中畅游了。

26. 分析下列句子中哪里使用了排比，哪里使用了对偶，并归纳它们的区别。
(1) 他以微笑战胜暴力，以嘲笑战胜专制，以讥讽战胜宗教的自以为是，以坚毅战胜顽固，以真理战胜愚昧。
(2) 虽然，但须托体得人，则德行因美而益彰，恶行见美而愈愧。
(3) 此后我每次登上满眼风光的北固楼，望着滚滚长江水，回顾千古兴亡事，总是感慨万端。
(4) 因此不常作文者须记忆特强，不常讨论者须天资聪颖，不常读书者须欺世有术，始能无知而显有知。

27. 分析下列句子中哪里使用了排比，哪里使用了层递，并归纳它们的区别。
(1) 宇宙与人开始以全新的面目呈现在我眼前，我开始思索，开始怀疑，开始摒弃，开始相信。

(2) 看吧，有澄清的河水，慢慢往上看吧，空中，半空中，天上，自上而下全是那么清凉，那么蓝汪汪的，整个的是块空灵的蓝水晶。
(3) 缓缓盘旋上升的鹤群，愈来愈小。开始大小如麻雀，转眼间有如蝴蝶，不久像飞蛾，最后小如蚊。

28. 分析下列句子中哪里使用了顶真，哪里使用了回环，并归纳它们的区别。
   (1) 它是师长，是朋友，是我的一部分，一部分的我。
   (2) 在血雨腥风里，毛竹青了又黄，黄了又青，不向敌人弯腰。竹叶烧了，还有竹枝；竹枝断了，还有竹鞭；竹鞭砍了，还有深埋在土里的竹根。
   (3) 人类一面为生活而劳动，一面也是为劳动而生活。

29. 分析下列句子中哪里使用了设问，哪里使用了反问，并归纳它们的区别。
   (1) 端午一早，鸭蛋煮熟了，由孩子自己去挑一个，鸭蛋有什么可挑的呢？有！一要挑淡青壳的。鸭蛋壳有白的和淡青的两种。二要挑形状好看的。
   (2) 宇宙是一个硕大无比、永恒的生命，那永恒的运动、那演化的过程，不正是她生命力的体现吗？如果没有生命，怎么会从中开出灿烂的生命之花？
   (3) 我已记不得当这噩耗传来的时候，是怎样哭倒在母亲的怀里，仰视泪痕斑斑的母亲，孩子的心，已深深体验到人世的变幻无常。我除了恸哭，更能以什么话安慰母亲呢？
   (4) 历尽千辛万苦，无尽的痛苦烦恼，风餐露宿——这一切究竟是为了什么？还不是为了这些梦想，可现在这些梦想全完了。

30. 请分析下列句子中运用到的深层修辞格。
   (1) 他头晕眼花，腰酸背痛，两腿千斤重，但他仍咬着牙坚持前进。
   (2) 马背上，驮着一片忧郁的月光。
   (3) 那娇红中又透出一点蓝，显得十分凝重，正配得上空气中摸得着的寒意。
   (4) 远瀛观的断石柱，在灰蓝色的天空下，依然寂寞地站着，显得四周那样空荡荡，那样无依无靠。
   (5) 过去的日子如轻烟，被微风吹散了，如薄雾，被初阳蒸融了。
   (6) 这就是文人学士究竟比不识字的奴才聪明，党国究竟比贾府高明，现在究竟比乾隆时候光明：三明主义。

31. 请分析下列句子中运用到的表层修辞格。
   (1) 飘悠悠，飘悠悠，盘旋的秋叶在落下之前，似乎忧心忡忡。
   (2) 石榴有梅树的枝干，有杨柳的叶片，奇崛而不枯瘠，清新而不柔媚，这风度实兼备了梅柳之长，舍去了梅柳之短。
   (3) 就在这时，我们的小燕子，二只，三只，四只，在海上出现了。
   (4) 一日三餐，它需要三样东西下饭：一样是水，一样是泥，一样是草。先吃一口冷饭，次吃一口水，然后再到某地方去吃一口泥及草。
   (5) 对于一个在北平住惯的人，像我，冬天要是不刮风，便觉得是奇迹；济南的冬天是没有风声的。对于一个刚由伦敦回来的人，像我，冬天要能看得见日光，便觉得是怪事；济南的冬天是响晴的。
（6）大门朝东，对着大车路。大车路前面是一片沙滩，沙滩的尽头，横着一条小河。小河的那边又是沙滩……

32. 请分析下列语句中修辞格的综合运用。
（1）那粗如巨蟒、细如草蛇的树根，盘根错节，从一个石缝间扎进去，又从另一个石缝间钻出来，于是沿着无情的青石，它们延伸过去，像犀利的鹰爪抓住了它栖身的岩石。
（2）童年就像鸡尾酒，色彩斑斓，甜美之味令人回味；青年就像冰镇的啤酒，色彩浓黑，清凉的同时又让人觉得苦涩；中年就像烈性酒，纯净无色，辛辣之味使你五脏六腑都会灼热；老年就像葡萄酒，久存弥香，滴滴让你感受到香中之甜。
（3）只要像当初一样，在朋友般的35号楼下小立片刻，所有逝去的岁月都会重新开花结果，所有往昔的梦幻都会再现，我将不顾头上苍苍的白发，再次像个16岁的女孩那样，轻依在你湖光塔影的胸前……
（4）风失去了先前的野性，轻轻地抚摸着草根；水珠在草尖上闪光，像粒粒珍珠在闪耀；朵朵野花开得那么娇丽，红的似火，黄的似金……
（5）有智慧的书，是每字每句，都如珠玉似的晶莹，斧凿般的犀锐，可以启发人的心灵，开辟人的思想。
（6）骤雨一样，是急促的鼓点；旋风一样，是飞扬的流苏；乱蛙一样，是蹦跳的脚步；火花一样，是闪射的瞳仁；斗虎一样，是强健的风姿。

33. 请分析下列文字属于什么语体（请说出其小类）。
（1）如果把人生比作一种漂流——它确实是的，对于有些人来说是漂过许多地方，对于所有人来说是漂过岁月之河——那么，家是什么呢？
（2）谷雨之后
　　故国啊
　　故国的江南何处
　　江南的柔柔深情
　　在妻的吴侬软语
　　在妻充满水声的双瞳
（3）针鼹的外形和刺猬差不多，长300～450毫米，宽不到70毫米，雄的略大一些。不论雌雄，身上都披挂着粗硬、尖锐的刺。
（4）陈鲁豫：听说你的手保险价格是很高的。
　　理查德：我确实给手上了保险，保险对我很重要。
　　陈鲁豫：哇，好贵的手。来握一下好贵的手。我也想起了我上学的时候听他，现在想想应该是听他的一些专辑，那也是很多年前的事情了，因为今年是他来中国巡演的第20个年头嘛。这20年你的中文有进步吗？
　　理查德：很不幸，没有，我会说你们好，谢谢，再见，没了，中文太难了。

陈鲁豫：没了，谢谢，你好，再见，没了，20 年呢。
理查德：我很抱歉。
陈鲁豫：我告诉你还有一个秘密，钢琴家很多，我觉得帅还是比较重要的。
理查德：谢谢。
陈鲁豫：我们也的确在北京的街头去做了一个随机的采访，还真的是很多的中国老百姓可能也不说法语，我们也不弹钢琴，但是会知道理查德·克莱德曼和他的音乐。
理查德：非常好。

(《鲁豫有约》)

34. 请指出下列实用语体的具体类型。
   (1) 第十条　学校及其他教育机构以普通话和规范汉字为基本的教育教学用语用字。法律另有规定的除外。学校及其他教育机构通过汉语文课程教授普通话和规范汉字。使用的汉语文教材，应当符合国家通用语言文字的规范和标准。

   (《中华人民共和国国家通用语言文字法》)

   (2) 推行异地高考对于拥有异地户口的家庭来说，无疑是好事。但如果"高考移民"合法了，那么对于甘肃和其他一些录取分数线低的省份，势必会带来巨大的冲击。异地高考从长远来看是需要解决的，从目前来讲还需要逐步探索，真正推行之前，还需要化解一些尖锐的矛盾，扫清很多障碍，才能最终解决这个大家关注的问题。

   (《异地高考还需要进一步探索》，《光明日报》2012-3-9)

   (3) 我和我的学生注意到每支雁队组成的数字。六年之后，在对孤雁的解释上，出现了一束不曾预料的希望之光。从数字的分析中发现，六只或以六的倍数组成的雁队，要比偶尔出现一只，多得多。换句话说，雁群是一些家庭，或者说是一些家庭的聚合体，而那些孤雁正好大致符合我们先前所提出来的那种想象，它们是丧失了亲人的幸存者。单调枯燥的数字竟能如此进一步激发爱鸟者的感伤。

   (利奥波德《大雁归来》)

   (4) 腾讯体育讯 北京时间 3 月 11 日晚上，国际田联 2012 年室内世锦赛男子 60 米栏决赛展开较量，中国飞人刘翔出现打栏失误，以 7 秒 49 屈居亚军，这是刘翔个人职业生涯第四块室内世锦赛的奖牌。美国的梅里特以 7 秒 44 夺冠，首获世界大赛冠军。法国的拉加德获得了季军。

35. 请分析下列语句中所体现出的语体交叉的类型。
   (1) 我国数学家苏步青把每天零碎的业余时间称为"零布头"，他的一些重要的学术论文，就是利用这些"零布头"制成的。
   (2) 大约一千万颗以上的恒星组成一个铁饼形状的东西，我们把它叫做银河系，太阳在其中。从地球上望出去，银河就像一个环，套在地球周围。这是一个美丽的环,当它一般没在地平线下,另一半横过天空的时候,人们就说,这时天河,它把多情的织女和牛郎隔开了。

 **答案:**

1. (1)"不用打针了"和"手都冰冷了"指"牺牲了",属于情境义变。
   (2)"'复旦'的黎明时期"指"新中国即将成立前的时期",属于语流义变。

2. 由于考虑到先生的心理感受,"我"说了谎话。这虽然不符合"以诚立言"的语用特点,但是却表达了自己不愿让先生难过的善意,是出于对对方的尊重。这样说有助于将言内语境和言外语境保持一种动态平衡,符合语言运用的得体原则和和谐原则。

3. (1)"陶影"求"作家"帮忙,言语之中体现出尊重准则;"作家"对于"陶影"的夸奖,体现出适度准则和接纳准则。
   (2)"齐仰之"的话语中体现出接纳准则和尊重准则;"陈毅"的话语体现出适度准则和接纳准则。

4. (1)人称指示;"她"指"这位穿着华丽戏装的演员"。
   (2)人际指示;"旧毡帽朋友"指"戴着旧毡帽的人","朋友"反映了作者对其同情。
   (3)时间指示;"后来"指"离开延安那年"之后的日子。
   (4)地点指示;"那"指"哲尔赛岛"。

5. (1)有指(实指);(2)无指;(3)有指(实指);(4)有指(任指)。

6. (1)运用了押韵(南、澜、环)、叠字(滚滚)、叠韵(澎湃、宛转)等语音修辞手段。
   (2)运用了押韵(苍、霜、方、长、央)、双声(蒹葭)、叠字(苍苍)等语音修辞手段。

7. (1)"天资"和"天才"属于同义配置,作者将两个意义相近的词语放置在一起进行对比,强调二者的区别。
   (2)"疼痛的幸福"、"甜蜜又忧伤"都属于反义配置,反映出人物内心的矛盾性和复杂的体验。
   (3)"非常"和"极其"、"独特"和"独到"、"感受"和"认识"都属于同义配置,使言语形式有变化美。
   (4)"根深才能叶茂"是对成语的拆用,属于语形的选择。这种拆用更加揭示出"根深"和"叶茂"之间的逻辑关系。

8. (1)长句。特点:词语较多,结构复杂,形体较长,表意严密精确,逻辑性强。
   (2)短句。特点:词语较少,结构简单,形体较短,节奏短促,表现紧张的气氛。

9. (1)和(2)是整句。功能:结构匀称,语势贯通,语义鲜明。

(3) 和 (4) 是散句。功能：形式自由，表意灵活。

10. （1）状语挪位。
    （2）定语后置。

11. （1）连接；（2）词汇手段；（3）照应。

12. （1）转折型；（2）因果型；（3）顺承型。

13. 话语顺序：②①④③。前三句的衔接方式是运用词汇手段，重复"灶王爷"；最后一句的衔接方式是连接，通过具有关联作用的副词"就"来连接。语篇结构类型是顺承型。

14. 夏之色为热的红，如骄阳，如火焰，充满磅礴之势；秋之色为暖的黄，如稻浪，如菊华，蓄着丰收之美；冬之色为清的白，如冰凌，如月光，韵着纯净之心。

15. （1）不是；（2）是；（3）不是；（4）不是；（5）是；（6）不是。

16. （1）暗喻；（2）暗喻；（3）暗喻，借喻；（4）明喻；（5）明喻；（6）借喻。

17. （1）缩小性夸张；（2）扩大性夸张；（3）扩大性夸张；（4）超前性夸张。

18. （1）谐音双关；（2）语义双关；（3）语义双关；（4）谐音双关。

19. （1）主谓式拈连；（2）偏正式拈连；（3）主谓式拈连；（4）述宾式拈连。

20. （1）<u>绿色是生命，是希望，是慰安，是快乐</u>！（比喻）
    （2）小兴安岭上的积雪化净了，<u>树木睁开惺忪的睡眼</u>。（比拟）
    （3）<u>片片雪花，如同一群活泼的小精灵</u>，在空中飘洒。（比喻）
    （4）<u>小雪花特别害羞</u>，一下子就不见了。（比拟）

区别：比喻和比拟都有"比"的意思，在使用时，应注意二者的区别。第一，心理基础不同。比喻的心理基础是联想，本体和喻体通过相似点进行联想，喻体不发生本质变化；比拟的心理基础是想象，本体和拟体通过拟人化或拟物化进行想象，本体会临时具有拟体的动作情态或性状特征。第二，在句中出现的要素不同。比喻的四个要素中，喻体必须出现，其他要素可以出现也可以不出现；比拟的三个要素中，本体和拟词必须出现，拟体不出现。第三，比喻重在静态形象的描写，比拟重在动态形象的刻画。

21. （1）我似乎打了一个寒噤；我就知道，我们之间已经隔了一层可悲的<u>厚障壁</u>了，我再也说不出话。（借喻）
    （2）你可想得到，一个机关三百职员有<u>一百五十支烟枪</u>，是个什么光景？（借代）
    （3）<u>一串碎玉</u>从夜莺的喉咙里吐出来。（借喻）
    （4）几年来的文治武力，在我早如小时候所读过的"<u>子曰诗云</u>"一般，背不上半句了。（借代）

区别：第一，构成的基础不同。构成借喻的基础是相似点，即要求喻体跟本体有某方面的相似；构成借代的基础是事物的相关性，即要求借体跟本体有某种联系，如借体是本体的局部、形象上的特征、穿着、商标、产地、作者等。第二，借喻着重在"喻"，用喻体来打比方；借代着重在"代"，干脆用借体称代本体。第三，借喻往往可以改变成明喻或暗喻，借代却不能换作明喻或暗喻。

22.（1）依稀是十年前的园柳，屋顶上飘着一缕<u>寂寞的炊烟</u>。（移就）
　　（2）<u>鱼对水说：我很寂寞</u>，因为我只能待在水里。（比拟）
　　（3）她的青丝飞舞在<u>忧伤的江南</u>。（移就）
　　（4）只有<u>杜鹃在夕阳中忧伤哀啼</u>。（比拟）

区别：首先，辞格要素不同。移就的辞格要素是本体和移词，移词主要是修饰人的形状形容词或短语，本体不发生变化；比拟的辞格要素是本体、拟词和拟体，拟词主要是描写人或物所具有的动作或性状特征的动词和形容词，本体发生本质变化。其次，辞格结构不同。移就中，移词和本体组成定中关系的短语，其特点是"移"；比拟中，本体和拟词之间的句法结构关系多为主谓关系，目的是形成本体与拟体的统一体，其特点是"拟"。

23.（1）往事依依，<u>金色的回忆</u>唤起我的青春激情，催我不断奋进。（移就）
　　（2）倾听春风掠过大地时那<u>绿色的旋律</u>。（通感）
　　（3）秋之色为<u>热的赤</u>，如夕阳，如红叶，标志着事物的终极。（通感）
　　（4）在那晚霞淡下去的天幕上，突然升起一团迷雾，扩散着<u>紫色的忧伤</u>。（移就）

区别：由一种感官感知的事物移到另一感官感知的事物是通感；由一种不能用感官感知的抽象事物移到某种感官感知到的事物是移就。通感被描写的对象往往是具体名词，移就被描写的对象往往是抽象名词。

24.（1）<u>我从这件事认识到，我如果公开反抗，保卫自己的权利，我父亲就软了下来；可是如果我仍温顺驯服，它反而打骂我更厉害</u>。（对照）
　　（2）不消片刻，<u>她的眼睛就会闪出亮光，她的脸上就会现出笑容</u>。（对偶）
　　（3）<u>饥寒的年代里，理想是温饱；
　　　　温饱的年代里，理想是文明。
　　　　离乱的年代里，理想是安定；
　　　　安定的年代里，理想是繁荣</u>。（对照、对偶兼用）

区别：首先，特点不同。对偶以结构为特征，要求结构相同，字数相同；对照以意义为特征，要求意义相反或相对。对偶的特点是"对称"，对照的特点是"对立"。其次，作用不同。对偶是利用均衡、对称的语言形式、和谐优美的语音节奏，以加强艺术感染力；对照主要是为了加强语言的鲜明性。

25.（1）当夜幕降临的时候，整个城市都是繁弦急管，都是红灯绿酒。<u>而我们在寂静里，我们在黑暗里，我们在不被了解的孤独里</u>。（衬托）
　　（2）某心理学专家小组以实际从事创造性工作的人与不从事此类工作的人为对象进行了调查研究，并得出如下结论："<u>富于创造力的人，认为自己具有创造力；缺乏创造力的人，不认为自己具有创造力</u>。"（对照）
　　（3）每天，他只希望早点放学，躲在家里，在自己理想和希望的世界漫游。<u>当他的同班同学还在全等三角形的浅水中"扑腾"的时候，他已在微积分的大海中畅游了</u>。（衬托）

区别：第一，衬托是以宾托主，有主宾之分；对照表明对立现象，是并列关系，无主次之分。第二，衬托写的是两个事物；对照可以是两个事物，也可以是同一个事物的不同方面。第三，修辞效果不同：衬托以宾衬主，表达强烈的思想感情；对照用比较的方式揭示事物的本质，加强语言的鲜明性。

26. （1）他<u>以微笑战胜暴力，以嘲笑战胜专制，以讥讽战胜宗教的自以为是，以坚毅战胜顽固，以真理战胜愚昧</u>。（排比）
    （2）虽然，但须托体得人，则<u>德行因美而益彰，恶行见美而愈愧</u>。（对偶）
    （3）此后我每次登上满眼风光的北固楼，<u>望着滚滚长江水，回顾千古兴亡事</u>，总是感慨万端。（对偶）
    （4）因此<u>不常作文者须记忆特强，不常讨论者须天资聪颖，不常读书者须欺世有术</u>，始能无知而显有知。（排比）

区别：第一，排列的结构数目不同。排比是三项或更多项结构相同或相似的句子、分句和短语的平行排列。对偶只是两项的并列对称。第二，各结构的字数要求不同。排比每项的字数可以不完全相等；对偶两项的字数必须相等。第三，排比常用相同的词语；对偶力避字面的重复。第四，各结构之间的意义联系有所不同。对偶的两个结构在意义上可以有多种联系，形成正对、反对、串对等不同格式；而排比的各个结构在意义表达上必须是平行或相关的，不能相反或相对。

27. （1）宇宙与人开始以全新的面目呈现在我眼前，我<u>开始思索，开始怀疑，开始摒弃，开始相信</u>。（排比）
    （2）看吧，有澄清的河水慢慢网上看吧，<u>空中，半空中，天上</u>，自上而下全是那么清凉，那么蓝汪汪的，整个的是块空灵的蓝水晶。（层递）
    （3）缓缓盘旋上升的鹤群，愈来愈小。<u>开始大小如麻雀，转眼间有如蝴蝶，不久像飞蛾，最后小如蚊</u>。（层递）

区别：首先，从形式上看，排比是相似结构的排迭；层递不受语言结构的约束。其次，从内容上看，排比在语句的排列和布置上，虽然也有一定的原则和根据，但它基本是并列的；层递在语句的排列和布置上以内容为根据，按照轻重、深浅、大小、远近、多少等顺序依次递进，步步深入，是阶梯式的。

28. （1）它是师长，是朋友，是<u>我的一部分，一部分的我</u>。（回环）
    （2）在血雨腥风里，毛竹<u>青了又黄，黄了又青</u>，不向敌人弯腰。<u>竹叶烧了，还有竹枝；竹枝断了，还有竹鞭；竹鞭砍了，还有深埋在土里的竹根</u>。（回环；顶真）
    （3）人类<u>一面为生活而劳动，一面也是为劳动而生活</u>。（回环）

区别：回环是通过"甲—乙，乙—甲"的圆形结构来揭示两种事物之间的辩证统一关系，甲、乙两个部分重复使用两次，目的是循环往复。顶真是通过"甲—乙，乙—丙，丙—丁……"的层层推进式直线结构来展示客观世界事物普遍联系的特点，首尾的语言单位只出现一次，而中间上递下接的语言单位则出现两次，目的是直线延伸。

29. （1）端午一早，鸭蛋煮熟了，由孩子自己去挑一个，<u>鸭蛋有什么可挑的呢？有！</u>

一要挑淡青壳的。鸭蛋壳有白的和淡青的两种。二要挑形状好看的。（设问）

(2) 宇宙是一个硕大无比、永恒的生命，<u>那永恒的运动、那演化的过程，不正是她生命力的体现吗？如果没有生命，怎么会从中开出灿烂的生命之花？</u>（反问；反问）

(3) 我已记不得当这噩耗传来的时候，是怎样哭倒在母亲的怀里，仰视泪痕斑斑的母亲，孩子的心，已深深体验到人世的变幻无常。<u>我除了恸哭，更能以什么话安慰母亲呢？</u>（反问）

(4) 历尽千辛万苦，无尽的痛苦烦恼，风餐露宿——<u>这一切究竟是为了什么？还不是为了这些梦想</u>，可现在这些梦想全完了。（设问）

区别：反问和设问都属于"明知故问"，都要运用疑问句发问，而且发话人对问题的答案是最清楚的。区别在于，反问只有问句这一个要素，通常用反问句式提出问题，问而不答，答句寓于问中，一般用在句、段、篇的后面，目的是加强语气，用不容置疑的口气表明自己的看法。设问由问句和答句两个要素构成，有时自问自答，有时问而不答，一般用在句、段、篇的前面，目的是引起读者的注意和思考。

30. (1) 他头晕眼花，腰酸背痛，<u>两腿千斤重</u>，但他仍咬着牙坚持前进。（夸张）

(2) 马背上，<u>驮着一片忧郁的月光</u>。（比拟；移就）

(3) <u>那娇红中又透出一点蓝，显得十分凝重</u>，正配得上空气中<u>摸得着的寒意</u>。（比拟；通感）

(4) <u>远瀛观的断石柱，在灰蓝色的天空下，依然寂寞地站着</u>，显得四周那样空荡荡，那样无依无靠。（比拟；比拟）

(5) <u>过去的日子如轻烟，被微风吹散了，如薄雾，被初阳蒸融了</u>。（比喻；比拟；比喻；比拟）

(6) 这就是文人学士究竟比不识字的奴才聪明，<u>党国究竟比贾府高明</u>，现在究竟比乾隆时候光明：<u>三明主义</u>。（双关；仿拟；反语；借代）

31. (1) <u>飘悠悠，飘悠悠</u>，盘旋的秋叶在落下之前，似乎忧心忡忡。（反复）

(2) 石榴有梅树的枝干，有杨柳的叶片，<u>奇崛而不枯瘠，清新而不柔媚</u>，这风度实兼备了梅柳之长，舍去了梅柳之短。（对偶；对偶）

(3) 就在这时，我们的小燕子，<u>二只，三只，四只</u>，在海上出现了。（层递）

(4) 一日三餐，它需要三样东西下饭：<u>一样是水，一样是泥，一样是草</u>。先吃一口冷饭，次吃一口水，然后再到某地方去吃一口泥及草。（排比；层递）

(5) 对于一个在北平住惯的人，像我，冬天要是不刮风，便觉得是奇迹；<u>济南的冬天是没有风声的</u>。对于一个刚由伦敦回来的人，像我，冬天要能看得见日光，便觉得是怪事；<u>济南的冬天是响晴的</u>。（衬托；衬托）

(6) 大门朝东，对着<u>大车路。大车路</u>前面是一片沙滩，<u>沙滩</u>的尽头，横着一条小河。<u>小河</u>的那边又是沙滩……（顶真）

32. (1) 那粗如巨蟒、细如草蛇的树根，盘根错节，<u>从一个石缝间扎进去</u>，又从另一
       对偶中套用两个比喻                         比拟

个石缝间钻出来，于是沿着无情的青石，它们延伸过去，像犀利的鹰爪抓住了它栖身的岩石。
　　　　　　　比拟　　　　　　　移就　　　　　　　　　比喻和比拟连用
　　（2）童年就像鸡尾酒，色彩斑斓，甜美之味令人回味；青年就像冰镇的啤酒，色彩浓
　　　　　　　比喻　　　　　比拟　　　　比拟　　　　　　　比喻　　　　　比拟
黑，清凉的同时又让人觉得苦涩；中年就像烈性酒，纯净无色，辛辣之味使你五脏六腑都
　　　　　　　　　　比拟　　　　　　　比喻　　　　　　比拟　　　　比拟和夸张兼用
会灼热；老年就像葡萄酒，久存弥香，滴滴让你感受到香中之甜。
　　　　　　　　比喻　　　　　比拟　　　　比拟
　　　　　　　　　　　　　　　　　　　　　（层递中套用比喻、比拟、夸张）
　　（3）只要像当初一样，在朋友般的35号楼下小立片刻，所有逝去的岁月都会重新开
　　　　　　　　　　　　　　　比喻　　　　　　　　　　　　　比拟
花结果，所有往昔的梦幻都会再现，我将不顾头上苍苍的白发，再次像个16岁的女孩那
样，轻依在你湖光塔影的胸前……
　　比拟
　　（4）风失去了先前的野性，轻轻地抚摸着草根；水珠在草尖上闪光，像粒粒珍珠在闪耀；
　　　　　　　　比拟　　　　　　　比拟　　　　　　　　　　　　　　　　比喻
朵朵野花开得那么娇丽，红的似火，黄的似金……
　　比拟　　　　　　　　对偶中套用两个比喻
　　（5）有智慧的书，是每字每句，都如珠玉似的晶莹，斧凿般的犀锐，可以启发人的心灵，
　　　　　　　　　　　　　　　　比喻中套用两个比喻　　　　　　　　　　　　对偶
开辟人的思想。
　　（6）骤雨一样，是急促的鼓点；旋风一样，是飞扬的流苏；乱蛙一样，是蹦跳的脚步；
　　　　　　比喻　　　　　　　　比喻与夸张兼用　　　　　　　　　　比喻
火花一样，是闪射的瞳仁；斗虎一样，是强健的风姿。
　　比喻　　　　　　　　　比喻
　　　　　　　　　　　　　　　　　　　　（排比中套用四个比喻，四个比喻连用）

　　33.（1）书卷语体；文艺语体；散文体
　　　　（2）书卷语体；文艺语体；诗歌体
　　　　（3）书卷语体；实用语体；科学语体
　　　　（4）谈话语体；专题谈话体

　　34.（1）事务语体；（2）政论语体；（3）科学语体；（4）报道语体。

　　35.（1）属于随意谈话语体和书卷语体交叉。积极型交叉渗透；个别性交叉渗透；交
　　　　　错式交叉渗透。
　　　　（2）属于科技语体与文艺语体交叉渗透。积极型交叉渗透；整体性交叉渗透；融
　　　　　合式交叉渗透。

### 六、简述题（本大题共 15 小题）

1. 什么是语用学？请简述语用学和语义学的关系。

2. 有人认为，语境是语用的条件和基础，因此，语境不适宜交际，就不能交际。你认为这种观点正确吗？请简述理由。

3. 什么是得体原则？为什么说得体原则是语用原则的最高准则？

4. 什么是和谐原则？和谐原则包括哪些准则？

5. 什么是语用含义？语用含义有哪些特点？

6. 什么是语用中的特殊含义？它可分为哪些类型？

7. 在选择和运用词语时，可以从哪些方面进行考虑？请举例说明。

8. 什么是句式的选择？举例说明现代汉语的句式选择可从哪些方面进行考虑。

9. 现代汉语常见的语篇衔接手段有哪些？请举例说明。

10. 什么是修辞格？现代汉语修辞格有哪些特点？

11. 如何理解修辞格的系统性？

12. 什么是拈连？拈连有哪些类型？请举例说明。

13. 反复就是重复吗？请举例说明二者的区别。

14. 对白体与随意谈话体有什么区别？请举例说明。

15. 语体和文体有什么区别和联系？

## 【实践与研究平台】

**项目一：语境对语用含义理解的作用**

*目的与要求：*

通过本项目，运用语用学、语境、语用含义等相关知识，结合具体的语例，从语用学的角度分析语境对语用含义理解的作用，培养根据不同语境分析具体语用含义的能力，以及在语言实践中根据语境得体地使用语言的能力。本项目要求完成一篇学术小论文，字数为 3 000。

*知识原理：*

语境是指使用语言的具体环境，分为言内语境和言外语境。语境是语用的条件和基础，赋予语用以具体的意义，并决定着语用的优劣。在话语交际中，人们常常借助话语表达不同的语用含义，有时是一般含义，有时是特殊含义。说话者的意图有时与言辞没有直接的联系，需要听者依靠语境来判断言外之意。本项目需要结合日常生活以及现有文本中鲜活具体的语用现象，依据其使用的具体语境对其语用含义进行细致的分析，并能归纳总结出语境对语用含义理解的不同作用。

研究方法：

1. 阅读相关文献资料，了解前人关于语境对语用含义理解的研究情况；2. 使用案例分析法，选择不同语境中的典型语例进行具体分析；3. 使用归纳法，从语用学角度归纳出语境对于语用含义理解的具体作用。

注意事项：

1. 查阅近年来出版的语用学著作及发表的相关论文，了解语境、语用含义研究的新动向；2. 选择典型语例时，应考虑到不同的文体、交际对象、交际场合、时代背景和文化背景等因素；3. 关注语言生活中新出现的语用现象，能根据语境分析其语用含义。

参考文献：

1. 索振羽. 语用学教程. 北京：北京大学出版社，2000
2. 何兆熊. 新编语用学概要. 上海：上海外语教育出版社，2000
3. 胡壮麟. 语言学教程. 北京：北京大学出版社，2002
4. 姜望琪. 当代语用学. 北京：北京大学出版社，2003
5. 朱永生. 语境动态研究. 北京：北京大学出版社，2005
6. 刘焕辉. 语境是一种语义氛围. 修辞学习，2007（2）
7. 谭学纯. 语用环境：语义变异和认知主体的信息处理模式. 语言文字应用，2008（1）
8. 谭学纯. 语用环境中的义位转移及其修辞解释. 语言教学与研究，2011（2）

**项目二：跨文化交际中的语用失误及语用策略研究**

目的与要求：

通过本项目，运用语用原则的相关知识，结合具体的语例，分析话语交际中语用失误的现象及其原因，培养根据语用原则来辨别语用失误、分析语用失误原因、指导自身语用实践的能力。本项目要求完成一篇学术小论文，字数为3 000。

知识原理：

语用原则是人们运用语言进行交际时所应遵守的基本原则和准则，主要包括得体原则与和谐原则。得体原则包括适度准则和层级准则，和谐原则包括尊重准则和接纳准则。语用失误分为语用语言失误和社会语用失误。前者是指忽视语言使用时的语境或违反语言习惯而盲目套用母语的表达方式所产生的语言失误；后者是指交际中因不了解或忽视谈话双方的社会文化背景差异而出现的语言表达失误，它与谈话双方的身份、会话的语域和话题的熟悉程度等因素有关。在跨文化交际活动中，由于一方对另一方的社会文化传统缺乏了解，在不同的文化背景下人们的说话方式或习惯不尽相同，人们总是习惯于用自己的说话方式来解释对方的话语，从而影响有效的交际。本项目要求根据语用原则及准则，对跨文化交际中的语用失误现象进行具体分析，并探究其语用失误的原因。

研究方法：

1. 阅读相关文献资料，了解前人关于语用原则、跨文化交际的研究情况；2. 使用描写阐释法，说明跨文化交际中语用失误的类型和成因；3. 使用案例分析法，选择跨文化交际中的语用失误现象进行具体分析。

注意事项：

1. 查阅近年来出版的语用学、跨文化交际的研究论著，了解语用原则、跨文化言语交际的新动向；2. 做好文献资料的查阅、索引和整理工作；3. 关注跨文化语言交际中的语用失误情况，注意搜集语料。

参考文献：

1. 索振羽. 语用学教程. 北京：北京大学出版社，2000
2. 何兆熊. 新编语用学概要. 上海：上海外语教育出版社，2000
3. 胡壮麟. 语言学教程. 北京：北京大学出版社，2002
4. 姜望琪. 当代语用学. 北京：北京大学出版社，2003
5. 何自然，陈新仁. 当代语用学. 北京：外语教学与研究出版社，2004
6. 徐行言. 中西方文化比较. 北京：北京大学出版社，2004
7. 李瑞华. 语用的最高原则——得体. 外国语（上海外国语大学学报），1994（3）
8. 李建忠. 导致跨文化交际障碍的几种要因. 外语教学，2002（9）

**项目三：电视栏目命名分析**

目的与要求：

通过本项目，运用语境、语用原则、语用方法的选择等相关知识，结合具体的语例，分析当下电视栏目命名的特色、策略及其原因，培养根据语境、语用原则来辨别电视栏目命名优劣的能力，并提高选择恰当的语用方法进行语用实践的能力。本项目要求完成一篇学术小论文，字数为4 000。

知识原理：

语境是语用的基础和条件，语用原则是言语实践活动中交际双方要顺利实现交际目的而必须遵循的基本原则。在具体的语言实践中，语用方法的选择是否得当，取决于是否切合语境以及是否符合语用原则。电视栏目命名是一种集文学性和趣味性于一体的语言现象，是一个栏目的记忆点，也是维系观众与栏目的纽带。一个好的电视栏目名称不仅应注重语言本身的锤炼，也需要具备丰富的文化内涵，还需要容易为观众接受和记忆。本项目要求以当下电视栏目命名的具体语例为研究对象，分析电视栏目名称所展示的语言特点、反映出的社会文化特征，并能从认知的角度分析其优劣。

研究方法：

1. 查阅近年来出版的语用学、认知语言学研究的相关论著，了解语用原则、语用方法的选择等研究的新动向；2. 关注当下电视栏目命名现象，注意根据电视栏目的内容分类搜集语料；3. 使用案例分析法，针对典型案例进行分析，并总结其命名的特点，评价其优劣。

注意事项：

1. 分析电视栏目名称的语言特点时，应根据语用方法的选择的相关知识；2. 分析电视栏目名称所体现的文化内涵时,应结合栏目的内容及语境;3. 适当结合认知语言学的相关原理,尝试总结评判电视栏目命名优劣的方法。

参考文献:
1. 王德春. 社会心理语言学. 上海:上海外国语出版社,1993
2. 索振羽. 语用学教程. 北京:北京大学出版社,2000
3. 陈炯. 中国文化修辞学. 南京:江苏古籍出版社,2001
4. 姜望琪. 当代语用学. 北京:北京大学出版社,2003
5. 胡壮麟. 认知隐喻学. 北京:北京大学出版社,2004
6. 何自然,陈新仁. 当代语用学. 北京:外语教学与研究出版社,2004
7. 曹炜. 现代汉语词义学. 广州:暨南大学出版社,2009
8. 郭锦桴. 汉语与中国传统文化. 北京:商务印书馆,2010

**项目四:变式句的语用功能研究**

目的与要求:

通过本项目,运用变式句、语用功能等相关知识,结合具体的语例,分析具体的言语活动中变式句在句法、语义方面的特点和语用功能,培养识别变式句和病句的能力,并根据语境恰当使用变式句进行语用实践的能力。本项目要求完成一篇学术小论文,字数4 000。

知识原理:

变式句是根据某种语用的需要,故意超脱和违背一般的语法结构顺序而形成的句子。常见的变式句有主谓倒装、状语挪位、定语后置、宾语前置、偏正倒置等类型。在语言的实际运用尤其是口头交际中,人们常常打破常规语序,自觉或不自觉地使用变式句。变式句的使用受到语境、语篇连贯性、焦点化等因素的制约,具有衔接照应、凸显焦点、形式审美及排除歧义等语用功能。本项目要求以不同语体中的变式句为研究对象,通过与句法语病的对比,分析其在句法、语义方面的特点,归纳其语用功能。

研究方法:

1. 查阅近年来出版或发表的变式句、语用功能研究的相关论著或论文,了解变式句、语用功能等研究的新动向;2. 关注不同语体中变式句的使用情况,注意根据变式句的不同类型进行语料搜集;3. 使用比较法,对比变式句和病句,特别注意二者在句法上的相似性,在语义表达和语用功能上的本质区别。

注意事项:

1. 注意变式句语用功能的实现是建立在其表层句法结构的"违法"和深层语义结构的"合理"的基础上的;2. 不同类型的变式句具有不同的语用功能;3. 关注口语中的变式句运用,将其纳入项目的研究内容。

参考文献:
1. 骆小所,周芸. 修辞学导论. 昆明:云南人民出版社,1999
2. 沈家煊. 不对称和标记论. 南昌:江西教育出版社,1999

3. 李庆荣. 现代实用汉语修辞. 北京：北京大学出版社，2002
4. 李维琦，黎千驹. 现代汉语实践修辞学. 长沙：湖南师范大学出版社，2004
5. 邵敬敏. 汉语语义语法论集. 上海：上海教育出版社，2007
6. 王希杰. 汉语修辞学. 北京：商务印书馆，2006
7. 徐杰，钟奇. 汉语词汇·句法·语音的相互关联. 北京：北京语言大学出版社，2007
8. 屈承熹. 语法与修辞之间（上）——"同义异形"的篇章语法学意义. 修辞学习，2007（3）

**项目五：修辞格在文艺语体中的分布调查**

目的与要求：

本项目要求运用修辞格、文艺语体等相关知识，在相当数量的语料支持下，通过确实可靠的统计数字，揭示不同修辞格在文艺语体中的分布情况。通过本项目，培养修辞格的识别、辨析和使用能力。本项目要求完成一篇科研报告，字数3 000。

知识原理：

修辞格是为了提高言语的表达效果，根据语境对语言进行有效运用所形成的具有特定结构格式的修辞方式。从现代汉语的语用实践出发，现代汉语修辞格可分为深层修辞格和表层修辞格两大类。文艺语体是为了满足艺术生活交际需要而形成的一种书卷语体，主要适用于文学创作领域，诗歌、小说、散文、戏剧文学等语言体式均属于文艺语体。文艺语体通过不同修辞格的运用实现其独特的表现功能；修辞格能在文艺语体中使语言呈现出特殊的审美效果。本项目应选择一定数量的文艺语体语料，进行封闭式统计，揭示不同修辞格在所选文艺语体语料中的分布差异。

研究方法：

1. 查阅近年来出版的修辞格研究的相关论著，了解修辞格研究的新动向；2. 根据本学习指导配套教材所要求学习的修辞格，对其进行调查统计；3. 选取10万左右的文艺语体语料，对其进行封闭式研究，力求准确揭示出其中常用修辞格的分布情况。

注意事项：

1. 由于现代汉语修辞格的种类繁多，可根据本学习指导配套教材所要求学习的修辞格类型进行统计；2. 注意对不同修辞格的辨析；3. 所选取的文艺语体语料，应考虑到类型的多样性，如小说、散文、诗歌、戏剧等。

参考文献：

1. 陈望道. 修辞学发凡. 上海：上海世纪出版集团，2006
2. 黄岳洲，陈本源. 文艺语体和文艺作品教学中的语体训练. 语言教学与研究，1998（4）
3. 李熙宗. 关于语体的定义问题. 复旦学报（社会科学版），2005（3）
4. 王希杰. 汉语修辞学. 北京：商务印书馆，2006
5. 周芸. 基于统计学的艺术语言研究——以跨体式文学语言为例. 楚雄师范学院学

报，2006（7）

6. 曾毅平．语言材料语体分化论析．福建师范大学学报（哲学社会科学版），2008（2）

7. 骆小所．现代修辞学（修订版）．昆明：云南人民出版社，2010

8. 王寅，王天翼．汉语明喻成语构式的特征分析．语言教学与研究，2010（4）

**项目六：新闻报道中的语体交叉渗透研究**

目的与要求：

通过本项目，运用新闻学、语体学等相关知识，分析具体的新闻报道中语体交叉和渗透的类型和表达功能，培养识别、辨析语体的各种类型的能力以及在具体语篇中分析不同语体交叉渗透运用的能力。本项目要求完成一篇学术小论文，字数3 000。

知识原理：

报道语体是新闻工作者通过媒体向大众传播新闻消息的一种语体，主要包括消息、报道等新闻作品的语言体式。从传播学的角度看，新闻报道对现实世界的信息传播是全方位的、立体的，手段也是丰富多彩的。因此，报道语体中常常出现各种语体交叉渗透的现象。语体的交叉和渗透能够整合不同语体的表达功能，具有增强语言表现力的作用。本项目应从语体的各种类型出发，归纳出新闻报道中语体交叉渗透的各种类型。

研究方法：

1. 查阅近年来出版或发表的报道语体、语体交叉渗透研究的相关论著或论文，了解其研究的新动向；2. 使用案例分析法，根据新闻报道语料中典型的语体交叉渗透现象及其表达功能进行具体分析；3. 使用归纳法，总结新闻报道中语体交叉渗透的各种类型。

注意事项：

1. 做好文献资料的查阅、索引和整理工作；2. 案例分析时，应注意选取典型的语料；3. 关注语体交叉渗透现象在语言生活中的使用情况，结合语用实际展开研究。

参考文献：

1. 黎运汉．现代汉语语体修辞学．南宁：广西教育出版社，1989

2. 王德春，陈瑞瑞．语体学．南宁：广西教育出版社，2000

3. 沈爱国主编．新闻学基础．杭州：浙江大学出版社，2001

4. 袁晖，李熙宗主编．汉语语体概论．北京：商务印书馆，2005

5. 袁晖．语体的通用成分、专用成分和跨体成分．烟台大学学报（哲学社会科学版），2005（1）

6. 祝克懿．新闻语体的交融功能．复旦学报（社会科学版），2005（3）

7. 周芸．从跨体式新闻语言看传媒语言的规范．云南师范大学学报（哲学社会科学版），2006（6）

8. 周芸，吴蕾．从跨体式新闻语言看新闻报道语言风格的形成．学术探索，2009（4）

# 第六章　现代汉语书写符号

## 【学习导论】

### 一、知识梳理

文字是记录语言的书写符号系统，是字形、字音和字义的结合体。汉字是记录汉语的书写符号系统，它是自源性的音节——语素文字，也是方块体文字，不实行分词连写，它的形、音、义之间具有理据性。汉字是中华文化的载体，体现着中华文化的基本精神。

汉字的结构是汉字字形的形体构造，包括造字法、结构单位和结构格式等内容。汉字的造字法主要有象形、指事、会意、形声四种，其中形声是汉字最主要的造字法。由象形、指事构成的汉字基本都是独体字，由会意、形声构成的汉字都是合体字。合体字的组合方式主要有左右结构、上下结构、包围结构等其他类型。汉字的结构单位分为笔画和部件两级。笔画是构成汉字字形的各种点和线，是现代汉字的最小结构单位。现代汉字的基本笔画有五种，即"一"（横）、"丨"（竖）、"丿"（撇）、"丶"（点）、"乛"（折）。五种基本笔画可派生出36种变形笔画。笔顺是书写汉字时笔画的走向和先后次序。汉字笔顺的基本规则是：先横后竖、先横后撇、先撇后捺、从上到下、从左到右、从外到内、从内到外、先里头后封口、先中间后两边。部件是由笔画组成的能独立运用且具有组配汉字功能的基本构字单位。在对部件进行层次分析时，第一次切分所得到的部件叫一级部件，第二次切分所得的部件叫二级部件，以此类推，最后切分出来的部件就叫做末级部件。部件和偏旁都是构字单位，但部件是对合体字进行多次切分后得到的多个构字单位，而偏旁是采用二分法对合体字进行一次性切分后得到的结构单位。现代汉字的偏旁分为表义偏旁、表音偏旁和记号偏旁三种类型。部首是汉字检索中的一个概念，它是字典编纂者根据汉字形体结构的特点，把一群字共有的偏旁提出来作为标目，以便排列和查检汉字。

汉字的字体从古至今大体经历了甲骨文、金文、篆书、隶书、楷书、草书、行书等发展阶段。汉字分为古代汉字和现代汉字两大发展阶段，隶书是古今汉字的分水岭。现代汉字从书写的手段来看，可以分为印刷体和手写体，常见的印刷体有宋体、仿宋体、楷体、黑体等几种，常用的手写体汉字是楷书和行书。

汉字规范化主要包括汉字的简化、汉字的标准化和使用规范汉字等内容。汉字简化涉及简化笔画、精简字数以及整理异读词和异形词等内容。汉字的标准化是对现行汉字的用字数量、标准字形、标准字音和排列顺序作出明确的规定，即定量、定形、定音、定序。规范汉字是国家有关部门发布的经过简化和整理的字表所规定的汉字，使用规范汉字主要包括正确书写汉字和纠正错别字两方面的内容。汉字信息处理是中文信息处理的核心部分，主要包括汉字的编码、输入、存储、编辑和输出五个部分。

标点符号是现代书面语不可缺少的辅助文字记录语言的符号，它具有辅助文字记录语言，表示停顿、语气以及词语的性质或作用。标点符号通常可以分为标号、点号、符号三大类：标号包括引号、括号、破折号、省略号、着重号、书名号、间隔号、连接号、专名号等九种；点号包括句号、问号、感叹号、逗号、顿号、分号、冒号等七种；符号包括注释号、隐讳号、虚缺号、斜线号、标识号、代替号、下脚号、箭头号、示亡号等九种。标点符号的变异使用分为标号的变异使用、点号的变异使用和标点符号复合变异三种类型。不同类型的标点符号变异使用，往往能够以一种艺术化的表达形式传递出特殊的语用功能和审美价值。

### 二、能力素养

（一）培养规范使用现代汉字的能力

掌握汉字的笔画、部件、偏旁与部首等结构单位的分析方法及汉字的结构格式，能够运用所学理论和知识分析汉字的笔画、部件、偏旁和部首，科学指导汉字分析，书写汉字时能够遵循汉字笔顺规则，笔顺规范正确。理解汉字规范的具体内容，树立明确的汉字规范观念。不使用不规范汉字，不写错别字，主动纠正日常生活中的不规范汉字和错别字，自觉提高正确书写汉字和使用规范汉字的能力。

（二）正确使用标点符号的能力

熟悉汉语标点符号的各种类型，理解各种标点符号的具体用法，掌握《中华人民共和国国家标准·标点符号用法》中颁布的运用标点符号的规范标准。能够识别和纠正标点符号的不规范现象，在日常生活中自觉遵行标点符号的规范标准，正确使用标点符号。

## 【难点探究】

### 一、怎样看待汉字和汉语的关系？

汉语是汉民族最重要的交际工具。汉字是记录汉语的书写符号系统。汉字和汉语是相互促进、相互影响、协调发展的关系。具体表现为：

第一，汉字拓宽了汉语使用的时空限制，延伸了汉语的使用功能。汉字从产生开始，就一直为汉语服务。汉语是第一性的，汉字是第二性的。

第二，汉字和汉语具有内在的一致性。从记录的语言单位看，汉字是记录汉语的书写符号系统，它记录的最小语音单位是音节，记录最小的音义结合体是语素。通常，一个汉字记录的就是一个音节、一个语素，如"水"、"火"、"大"、"小"、"走"、"跳"、"一"、"不"等。汉字、音节和语素绝大多数是一一对应的关系，只有少部分情况例外，如"画儿"是两个汉字记录一个音节、两个语素；"奥林匹克"是四个汉字记录四个音节、一个语素。

第三，汉字和汉语相互补充。从汉字所体现的音义关系上看，绝大多数汉字具有声旁和形旁，声旁有提示字音的作用，形旁有提示字义的作用。现代汉语有 1 200 多个音节，较为常用的语素有五六千个，利用汉字声旁表音和形旁表义的特点，可以有效地识记其读音，如"占"、"站"、"战"、"沾"、"粘"、"毡"等都以"占"为声旁，读音与其相同或相似；也可以区别同音语素和同音词，如"羔"和"糕"，"动土"和"冻土"。

第四，汉语方言语音上的分歧可以通过汉字来整合。汉语方言众多，不同地区的方言语音差异很大,彼此之间仅靠语音交流是很难准确地传递信息的,而汉字则具有"存于异地,传于异时"的功效。汉字记录的信息相对稳定,语义的共性较大,能够为不同方言区的人们提供信息交流的服务。

第五,汉语作为交际工具的客观需要推动了汉字的简化。语言发展的速度越来越快,所传达的信息也越来越多。为了能够更好地适应汉语的发展,汉字就要随着语言的变化进行调整和变革。于是简化汉字就成为汉字发展的必然。

**二、汉字造字的理据性表现在哪些方面?**

从构字的原理来看,汉字造字是具有一定的理据性的:

第一,象形、指事、会意、形声这四种造字法体现了汉字造字的理据性。象形造字的理据性表现在利用形体上的相似性构造出表示这个事物名称的汉字,如"山"就是根据客观世界中"山"的外在形体来确定的。指事造字的理据性表现在指示性符号的使用上,如"本"在树木的底端加一短横,表示那里是树根。会意造字的理据性表现为组合几个象形或指事符号,将它们合起来表示意义,如"尖"用上"小"下"大"表示"末端细小"的状态。形声造字的理据性表现在它是由形旁和声旁组配而成的,声旁可以提示字音,形旁可以提示字义,如"吧"、"爸"、"把"的声旁都是"巴",读音与"巴"相同或相似;"树"、"桐"、"杉"的形旁都是"木",意义与"树木"有关。

第二,汉字的简化也表现出汉字造字的理据性。有的汉字简化后仍能体现汉字的造字理据,如"迁"(遷)、"战"(戰)、"护"(護)等字简化后仍符合形声造字法。有的汉字简化后可以类推一系列繁体字:一是声旁的简化,如"長"简化为"长"之后,能以此类推出一组繁体字"张"(張)、"涨"(漲)、"帐"(帳)等;二是形旁的简化,如"飠"简化为"饣",能以此类推出一组繁体字"饮"(飲)、"饭"(飯)、"馆"(館)等。

**三、什么是形声字?形声字的形旁和声旁具有哪些作用?**

形声字是由声旁和形旁组合而成的汉字;其中,与字义发生联系的偏旁叫形旁,与字音发生联系的偏旁叫声旁。例如:用"火"做形旁的"烧"、"燃"、"灶"等字,字义都与"火"有关;用"分"做声旁的字,读音都与"分"有关,如"芬"、"汾"、"粉"等。

形旁的作用主要有:第一,提示字义。形旁有提示字义的作用,但形旁并不表示字的确切含义,而是表示字的类属意义,能够缩小字义信息的联想范围。例如:看到"鹃"、"鹂"、"鸠"会联想到"鸟",看到"牲"、"犁"、"犊"会联想到"牛"等。第二,区别同音字。同音字是语音相同而语义不同的汉字。利用形声字的形旁,可以从字形上有效区别同音字。例如:"刚"、"钢"、"纲"都念 gāng,但由于形旁不同,所提供的字义信息也就不一样。

声旁的作用主要有:第一,提示字音。声旁能够从视觉上给人们提供汉字的读音信息,使人们通过声旁的提示,将该字同某一音节相联系,进而确定汉字的读音。因此,认识某个声旁,可以类推出一系列汉字的读音,如"唐"(táng)和"糖"、"塘"、"溏"等。第二,区别字形。一是区别同类字。有的汉字由于意义具有关联性,因而往往选用同一个形旁,构成同一义类的字。这些字可以通过声旁来进行区别,如"江"、"河"、"湖"、"海"等。二是区别形近字。有些形声字的形体十分相近,很容易混淆,但借助声旁表音的作用，就可以把它们区别开来，如"沦"和"沧"、"伦"和"伧"等。第三，类推字音，纠正方音。汉语方言众多，普通话中的一些音在方言中常常会混淆，声旁具有辨识字音的作用。例如："令"的声母是"l"，以"令"为声旁的字有"零"、"玲"、"龄"等。

值得注意的是，形声字在发展演变中，形旁表义、声旁表音的作用已具有一定的局限性，主要表现为：第一，形旁有时不表义。例如："物"、"特"的形旁都是"牛"，但随着词义的演变，"物"、"特"的意思和"牛"的意思很难对应起来了。第二，声旁有时不表音。例如："绽"的声旁是"定"，"溢"的形旁是"益"，但现代汉语中"绽"和"溢"的读音都与它们的声旁"定"和"益"差别很大。第三，形旁和声旁难以辨认。例如："在"的声旁是"才"，形旁是"土"；"布"的声旁是"父"，形旁是"巾"。

#### 四、如何对汉字的部件进行层级切分？

部件，也叫字根、字元、字素，是由笔画组成的能独立运用且具有组配汉字功能的基本构字单位。汉字是由若干个部件按照一定的结构规则组合而成的。有的汉字由一个部件构成，如"人"、"口"等。有的字由两个或两个以上部件组成，如"休"、"慧"等。对汉字进行部件切分，主要是便于汉字教学和汉字信息处理。

通常，对汉字的部件进行层级切分要遵循以下三条原则：

第一，层级原则。部件的切分是有层级的。独体字一般不能进行多次层级切分，如"不"、"小"等。合体字可以进行多次层级切分，一般是切分到末级部件为止。第一次切分所得到的部件叫一级部件，第二次切分所得的部件叫二级部件，以此类推，直至末级部件。例如："臆"字的部件可切分如下：

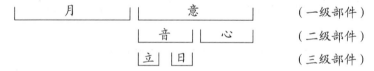

第二，成字原则，即切分下来的最小部分还能成字。如上文所说的"臆"字，切分出来的最小部件分别是"月"、"立"、"日"、"心"。又如："斯"字，切分出来的最小部件分别是"口"、"其"、"斤"。

第三，组配原则，即切分出来的部件如果不能单独成字，则应该具有组配成其他字的功能。例如："蒋"字可以切分为"艹"、"丬"、"夕"、"寸"四个部件，"夕"、"寸"两个部件满足成字原则，"艹"、"丬"两个部件满足组配原则，如"艹"可以和"乙"、"心"、"之"、"于"等组成"艺"、"芯"、"芝"、"芋"等字，"丬"可以和"士"、"女"、"犬"等组成"壮"、"大"、"妆"、"状"等字。

#### 五、繁体字在当代社会生活中有什么价值？

繁体字通常是指国家1964年发表的《简化字总表》（1986年重新发布）中与规定的简体字相对应的那些笔画较多的字。《中华人民共和国国家通用语言文字法》第十七条规定："有下列情形的，可以保留或使用繁体字：（一）文物古迹；（二）书法、篆刻等艺术作品；（三）题词和招牌的手书字；（四）出版、教学、研究中需要使用的；（五）经国务院有关部门批准的特殊情况。"

在当代社会生活中，繁体字的价值主要表现在以下几个方面：

第一，保留汉字的造字理据。汉字在经过"隶变"以后，字形越来越趋向稳固，特别是汉字在"米"字格中遵循"从左到右，从上到下"的书写原则出现以后，其形体就没有多少变化。因此，从繁体字的结构当中，可以明显地看出汉字造字的理据性。例如："寻"的繁体字写作"尋"，像上下两只手在整理杂乱的东西；"画"的繁体字写作"畫"，像用笔划分界线；"类"的繁体字写作"類"，"頪"表示读音，左下角的"犬"表示意义，本义是种类相似，"犬"旁表示犬类动物最为相类似。

第二，获取古典文献的信息。文字的形体像化石一样保存着古代文化和文化传播的情况，通过繁体字可以了解到古代文化及其传播的基本面貌。中国是文献名邦，浩如烟海的古代典籍都是用繁体字记录下来的，如果不能认读繁体字，文献典籍中的很多重要信息就无法提取，也就谈不上对古代文化典籍的继承和发扬了。

第三，扩大汉字文化圈的影响力。当前，"汉语学习热"已在全球范围内形成，但在汉字文化圈内，我们已经不再普遍使用繁体字，但一些受繁体字影响而创制自己文字的国家和地区现在仍然保留着繁体字的影子，如日本、韩国等国家。因此，在特定的语言环境中使用繁体字，可以在一定程度上强化汉文化在汉字文化圈中的影响。

第四，弘扬中国传统文化。繁体字是了解历史和传统文化的"活化石"。就某种程度而言，汉字的变迁也反映了历史的变迁和文化的演进。由于繁体字在较长的一段时间内为中国的历史和文化服务，因此一些历史问题和文化问题都可以从繁体字当中去窥探，对于继承和发展中国传统文化具有一定的价值和意义。

第五，艺术价值。中国书法艺术创作经常使用繁体字，繁体字有着极高的"艺术价值"。在书法作品中，很多精品都是用繁体字写成的。

**六、标点符号的变异使用应注意哪些问题？**

标点符号是现代书面语不可缺少的辅助文字记录语言的符号，一般分为标号、点号、符号三类。在书面交际中，标点符号的运用必须遵循一定的规范。然而，有时出于表情达意的需要，可以临时超越标点符号的常规用法，灵活使用变异的标点符号，从而获取某种特殊的表达效果。这就是标点符号的变异使用。

通常，标点符号的变异使用主要表现为标号的变异使用、点号的变异使用和标点符号复合变异使用三种类型。由于受到交际对象、交际内容、交际环境等因素的影响，变异地使用标点符号，往往能够给人一种新奇的感觉，并传递出特殊的语用功能和审美价值。

在对标点符号进行变异使用时，应注意以下三方面的问题：

第一，注意得体性。得体性是语言运用的最高准则。在特定语境中变异使用标点符号，必须要能够被受话人所理解和接受，不能产生歧义和引起误解。因此，标点符号的变异使用大多出现在文艺语体中，在科学语体、事务语体中的使用频率就相对要低得多。例如：

①痛苦和欢乐，生活和梦幻，摆脱和追求，都在这舞姿和鼓点中，交织！旋转！凝聚！奔突！辐射！翻飞！升华！　　　　　　　　　　　（刘成章《安塞腰鼓》）

例①连用七个双音节词语及感叹号，使语言如鼓点般鲜活生动起来，表达出充沛的气势、鲜明的节奏和强烈的感情。

第二，正确区分标点符号的变异使用和错误使用。标点符号的变异使用属于语用层面的一种表达策略，它形式新颖别致，表意生动含蓄，具有特殊的语用效果。标点符号的错误使用是对标点符号的一种不规范用法，不能辅助书面语传达正确的信息，往往会造成信息理解和分析的障碍。例如：

②布的绸的麻的纱的绞的缎的素的尖的肥的新的都有。　　　（冯骥才《三寸金莲》）

③他们围着西湖走，游览了苏小小墓、岳坟、苏堤、白云庵，三潭印月、西泠印社。

（《大众电视》2005 年 6 期）

例②没有使用任何标点符号，只在句末使用了句号，目的是通过堆积一长串读起来令人窒息的词语，以书面语形式的乏味反映出缠足的无聊，属于标点符号的变异用法。例③的"苏小小墓"、"岳坟"、"苏堤"、"白云庵"、"三潭印月"、"西泠印社"属于句子内部并列的词语。中间的停顿要统一使用顿号，而不能既用顿号又用逗号，这属于标点符号的错误使用。

第三，注意标点符号的正确用法。标点符号的运用，既有标准化、规范化的一面，也有灵活性、变通性的一面。标点符号的变异使用必须是语用主体熟练运用标点符号的结果，不能违背标点符号使用的一些基本规律。只有全面、深入、细致地掌握标点符号的基本用法，认真揣摩语言表达的特点和要求，才能不断提高标点符号变异使用的水平。

# 【思考与练习参考答案】

## 思考与练习一

**一、什么是文字？怎样理解"语言是第一性的，文字是第二性的"这句话？**

文字是记录语言的书写符号系统。"语言是第一性的，文字是第二性的"这句话可以从以下几个方面进行理解：

第一，从产生的时间上看，先有语言，后有文字。语言的产生标志着人类社会的产生。在语言产生以后的很长一段时间内，人们都是依靠语音来传递意义的。当语言发展到一定程度后，才逐渐产生了文字。文字是在有声语言的基础上创造出来的。

第二，从功能上看，语言是人类最重要的交际工具和信息载体，文字是人类最重要的辅助性交际工具。文字最突出的作用是突破了有声语言传递信息的时空限制，把属于听觉符号的有声语言转换为视觉符号，使人类历史、文化、政治等信息得以长久地保存下来，有效地扩大了语言的交际功能。文字还能打破因地域文化、方言差异造成的信息传播不畅，是辅助和扩大语言交际的最重要的工具。

第三，从存在形态上看，语言的独立性要比文字强得多。一种语言从产生到发展，可以没有记录它的文字。例如：我国的哈尼族有自己的语言——哈尼语，但长期以来都没有本民族的文字。直至 1957 年，人民政府才为其创制了一套哈尼文字。就此而言，文字的产生必须依附于语言，只有在某种语言的基础上，才能创造出相应的文字。但是，文字产生之后，就具有了相对的独立性。例如：我国的古代汉字是在古代汉语的基础上产生的，虽然古代汉语已经消亡了，但古代文字一直存在，人们通过古代文字还能学习古文、阅读典籍。

**四、怎样理解"汉字是音节—语素文字"？**

第一，从语音上看，汉字记录的是汉语语音的基本单位——音节。除儿化音节外，一个汉字代表一个音节，如"大"、"红"、"哭"。但这并不意味着汉字属于表音体系的音节文字。音节文字以字形对应音节，一个符号表示一个音节，音节总数不多，文字符号的总数也不多。例如：日文的平假名和片假名各 50 个，而汉语的音节数量只有 400 多个，但汉字的总数却在五六万以上，即使是现代通用汉字也有 7 000 个左右，音节和汉字之间并不是一一对应的关系。所以，汉字同语音并无直接联系，不属于表音体系的音节文字。

第二，从意义上看，汉字记录的是汉语中最小的音义结合体——语素。一般来说，一个汉字记录的就是一个语素。例如："电脑"中的"电"、"脑"都具有一定的意义，是两个汉字、两个语素。此外，汉字中的象形字、会意字和指事字，都是直接表示意义的。例如："火"字像火焰的形状；"明"字是日、月的结合，表示明亮的意思；"旦"是太阳从地平线上升起，表示天亮的意思。所以，汉字具有表意的特点，属于表意文字体系中的语素文字。

第三，汉字是形、音、义的结合体。一般情况下，一个汉字对应的是一个音节，也是一个语素，因此汉字属于音节—语素文字。

**六、有人认为，为了更好地区分词和词之间的界限，汉字应该实行分词连写。你同意这个观点吗？为什么？**

不同意。分词连写，也叫词式书写，是书写时以词为单位，词与词之间用空格隔开，从而显示词的分界的书写方式。这种书写方式主要通行于表音体系文字，如英语、法语等。例如：英语的"I am a student."如果不采用分词连写，就会变成"Iamastudent"，容易造成理解和交流的障碍。汉字不应该实行分词连写的原因如下：

第一，汉字是自源文字，在书写形式上同英语、法语、德语等拼音文字，具有不同之处。汉字形体的区别性特征十分明显，自古以来就没有分词连写的历史，所以其本身的特点决定了汉字不需要实行分词连写。

第二，汉字是方块体文字，书写时总能够在一个方块中进行安排和分布。每一个汉字都是一个独立的个体，相互之间不会出现混淆的情况，字与字之间的分辨是清晰的。

第三，汉字记录的是汉语最小的音义结合体——语素。在文言文中，字与字之间的界线往往就是词与词之间的界线，词界可以通过字界得以彰显，因而无需借助分词连写来区分词与词的界限。在白话文中，虽然字界与词界之间的整齐对应关系已不复存在，但其表意性还没有丧失，因而凭借其表意性，人们还可以继续沿用传统书写方式，尽管这种书写方式会对计算机中文信息处理带来一定的困难，但就汉字的普遍使用领域来看，暂无较大的不便之处。

## 思考与练习二

**四、什么是偏旁？什么是部首？什么是部件？三者之间有什么关系？**

偏旁是用二分法对合体字进行一次性切分而获得的结构单位，可分为表义偏旁、表音偏旁和记号偏旁三类。部首是字典编纂者根据汉字形体结构的特点，把一群字共有的偏旁或笔画提出来作标目，以便排列和查检汉字。凡是有同一个形体偏旁或笔画的字，都隶属在该标目下，这就是一部。部目放在一部的开头作为一部之首，即部首。部件是由笔画组成的能独立运用的具有组配汉字功能的基本构字单位。偏旁、部首与部件三者之间既有联系又有区别：

第一，偏旁与部首的关系。偏旁是汉字结构基本单位的名称，部首是字典排列汉字的依据。就合体字而言，部首绝大多数都是偏旁，但偏旁不一定是部首。例如："昨"、"晖"、"晓"等字都有两个偏旁，但只有"日"旁是部首。独体字没有偏旁，但有部首。例如："丁"、"七"、"开"等字是独体字，没有偏旁，但部首都是"一"。

第二，偏旁与部件的关系。偏旁与部件都是介于整字和笔画之间的单位，但二者分属于不同的汉字分析系统。部件是对合体字进行多次切分后得到的多个构字单位，偏旁是采用二分法对合体字进行一次性切分后获得的构字单位。就一部分简单合体字而言，部件就是偏旁。例如："讲"、"仙"、"性"等字，其偏旁和部件相同，分别是"讠"和"井"、"亻"和"山"、"忄"和"生"。就一部分复杂的合体字而言，部件小于偏旁。例如："岔"字只有"分"和"山"两个偏旁，却有"八"、"刀"和"山"三个部件；"湖"字只有"氵"和"胡"两个偏旁，却有"氵"、"十"、"口"、"月"四个部件。就一些独体字而言，整字就是其部件，但不是偏旁，如"日"、"十"、"力"等字。

第三，部首与部件的关系。部件是对汉字进行形体分析得出来的，部首是从检字法角度得出来的。就合体字而言，一个合体字有多个部件，有些部件可作为部首，有些部件不能作部首。例如："她"有两个部件"女"和"也"，只有"女"是部首。对于独体字而言，一个独体字只有一个部件，该部件有时可作为部首，有时则不能。例如："夕"字的构成部件是"夕"，"夕"是部首；"上"字的构成部件是"上"，但"上"不是部首。

**五、为什么说独体字在汉字系统中占有十分重要的地位？**

独体字是由一个基础部件构成的字，不能再切分出其他的构字部件。独体字在汉字系统中所占的比例虽然不大，但却占有十分重要的地位。原因可分析如下：

第一，稳定性强。独体字主要来源于象形字和会意字，如"日"、"月"、"上"、"下"、"山"、"火"、"木"等。而象形字和会意字是最基本的造字法，从视觉上看，直观性很强，具有启示词义的作用，因而在汉字系统中的稳定性极强，由此构造形成的新字很容易流传和推广。正因如此，独体字在汉字系统中形成了悠久的历史，从古代沿用至今，字形和字义的变化都很小。

第二，构词能力强。大多数独体字都是合体字的构字部件，具有极强的构字能力。合体字一般由会意字和形声字构成，基本都是由两个或两个以上的独体字（或偏旁）组成的汉字，字义与作为其构成成分的独体字（或偏旁）具有一定的联系。例如："休"字由独体字"人"、"木"组成，表示人靠树休息；"男"字由独体字"田"、"力"组成，表示在田里劳动的人为男子；"汐"字由"水"、"夕"组成，表示晚上的潮水；"密"字由"宓"、"山"组成，本义是形状像堂屋的山。又如：以"虫"为偏旁构成的现代常用汉字有300多个，以"木"为偏旁构成的现代常用汉字则有400多个。由此不难看出，独体字强大的构词能力。

第三，在形声字中具有独特的作用。一是独体字可以做形声字的形旁，能提示所统摄单字的词义类属范围，对字义分析具有重要的作用。例如："片"字像劈成片装的木头，以"片"为形旁的"牌"、"版"、"牒"等字，字义大多跟木板有关。二是独体字可以做形声字的声旁，起指示字音的作用。例如：以"丁"为声旁的"盯"、"叮"、"钉"、"酊"等字，都读"dīng"；以"千"为声旁的"迁"、"仟"、"纤"、"芊"等字，都读"qiān"。三是独体字在形声字中既有指示字音的作用，又有提示字义的作用。例如：形声字"堑"的形旁为"土"，提示字义与土地有关，声旁"斩"既指示字音又提示字义——"斩"是古代一种车裂肢体的酷刑，有裂开、断开的意思，故"堑"字表示土地断开处、壕沟等义。

**九、查阅相关书籍，说明"六书"说与现代汉字构造方法之间的关系。**

古人把汉字的结构方式和使用方式归纳为六种类型，称为"六书"。其中，象形、指事、会意、形声反映的是汉字的结构方式，一般称为造字法；转注、假借反映的是汉字的使用方式，一般称为用字法。"六书"与现代汉字构造方法之间的关系具体表现为：

第一，"六书"能较好地说明现代汉字的造字理据。"六书"说是传统文字学理论的核心，对古代汉字的构造具有极强的分析能力和解释能力，对于研究和揭示古代汉字的构造原理也具有很高的参考价值。现代汉字是从古代汉字发展而来的，许多现代汉字字形中仍保留着古代汉字的造字理据。例如：象形字"木"、"刀"、"人"等，通过模拟事物的形状来表示字义；指事字"本"、"刃"、"中"等，通过符号标出事物的特点来表示字义；会意字"林"、"明"、"从"等，通过组合两个或两个以上的字形来表义；形声字"沐"、"忍"、"种"等，用意符和音符的组合来表示字音和字义。

第二，现代汉字中的新造字常通过"六书"中的形声造字法进行创制。形声造字法一经产生，就较好地适应了社会发展、汉语演变的需要，并逐步成为汉字的主要造字法。现代汉字中的一些新造字基本上都是通过形声造字法创制出来的，如"镭"、"锌"、"镍"等。

第三，部分汉字的发展、简化与"六书"说大体一致。随着社会的发展，汉字的形体结构也在不断地发生变化，并朝着简化的方向逐步发展。其中，一些汉字的简化是大致符合"六书"的原理的。例如："輪"、"淪"、"論"简化为"轮"、"沦"、"论"，仍保留了其形声造字的特点。当然，也有一些汉字简化之后，用"六书"说无法很好地对其形体进行解释和说明，如"飞"、"义"、"对"等。

**十、有人说：形声是汉字造字法的重大突破，是一次质的飞跃。你同意这种观点吗？为什么？**

同意。形声是由表示意义的形旁和表示读音的声旁组合而成的造字方法。用形声造出来的汉字就叫形声字。形声之所以是汉字造字法的重大突破，是一次质的飞跃，可分析如下：

第一，由形声字的作用决定。形声字的特点是据形可知义、据声可知音。这是由形旁和声旁的作用所决定的。一是形旁可以提示字的类属意义和区别同音字。例如：用"鸟"作形旁的"鸣"、"鸥"、"鸦"等字，字义与鸟有关。又如："望"、"旺"、"忘"等字都读"wàng"，但由于形旁不同，各自所表示的字义也就不同。二是声旁可以指示字音和区别字形。例如:"珠"、"株"、"诛"、"蛛"等字均以"朱"为声旁,都读"zhū"。又如:"河"、"汤"、"酒"、"鸿"的形旁都是"水",借助声旁可以把它们清晰地区别出来。

第二,由形声的造字能力决定。由形声造出来的形声字能够很好地适应社会发展和汉语发展的需要,容易流传和推广,造字能力非常强,因而逐步成为了汉字最主要的造字法。形声字在甲骨文、金文时期只占20%左右,战国时期占50%左右,到了东汉便上升到了80%以上,近、现代创制的新字基本上都是形声字。据统计,形声字在现代汉语7 000个通用字中占到了80%,成为了现行汉字的主体。

第三,形声字的产生,标志着汉字从纯粹的表意发展到了既表音又表意的新阶段,是汉字发展史上的一个重大突破。

## 思考与练习三

**四、在日常生活中,你接触最多的字号主要有哪些?这些字号的适用范围有什么特点?**

字号指印刷体的字号,即铅字的大小规格。我国通行的印刷体字号分为号数制和点数制两种。目前,计算机上常见的号数制共计16种,点数制共计21种。日常生活中接触最多的字号主要有一号、二号、三号、四号、小四号、五号、小五号和六号等字号。

不同的字号,有不同的适用范围。同一字体的不同字号,可以表示书面语言的题目、段落、层次之间的逻辑关系,还可以表示题目、正文、注释之间的关系与差别。通常,初号字主要用于标题、封面、广告等;一号至小四号字常用于各种不同的标题;儿童读物、教科书、诗词、文件等书面材料,一般用四号或小四号字;各种书刊报纸的正文,多使用五号和小五号字;六号字主要用于书刊、工具书的注释;七号字使用频率比较低,只适用于版权页。一般说来,字号的选择往往要根据文本和排版的需要进行选择。

## 思考与练习四

**四、瑞典汉学家高本汉曾经说过:"中国人抛弃汉字之日,就是放弃他们的文化基础之时。"请谈谈你对这句话的认识和理解。**

汉字在漫长的历史发展进程中,与汉语相互适应,成为灿烂辉煌的中华文化的载体,传承着中华文化,体现着中华文化的精神。瑞典汉学家高本汉所说的"中国人抛弃汉字之日,就是他们放弃他们文化基础之时",可从以下几个方面进行理解:

第一,汉字的字形承载着丰富的文化信息。一是汉字有很多合体字,通过对其部件进行拆解、组合、错位、变形等构成不同的汉字,就可以创造出字谜等传统文化。例如:"蚕非虫,丝未停"打一字,谜底为"天"字;"刀无眼,另人惊"打一字,谜底是"别"字等。二是汉字为方块体文字,可大可小,可横可竖,可正可倒,反映了中国文化的哲学思辨性,体现出中国人对事物认识的整体性。三是现代汉字一般采取从左到右、从上到下的书写原则,且不实行分词连写,可以形成回文诗等独特的文化现象,如"画上荷花和尚画,书临汉帖翰林书"、"雾锁山头山锁雾,天连水尾水连天"等。

第二,汉字中存在着大量的同音现象,利用这种现象可以创造出丰富多彩的谐音文化。例如:姚雪垠的《李自成》中有这么一段话"要强借房租一年,所以百姓们都把

'崇祯'读做'重征'。"这句话中的"重征"与"崇祯"谐音，言外之意不言自明。

第三，汉字属于表意体系的文字，其字形与所表达的意义之间存在着诸多的联系，反映了中华民族源远流长的历史文化。例如："货"、"贸"、"贷"、"赊"等以"贝"为偏旁的汉字，反映了汉民族曾以"贝"为货币的商贸文化；"社（土地之神）"、"福（祈祷后万事顺利）"、"祭（以手持肉祭祀神灵）"等以"示"为偏旁的汉字，反映了汉民族的神灵崇拜和祭祀活动文化。又如：在远古时代，人们的姓氏大多同"女"字有关，黄帝姓"姬"、虞舜姓"姚"、夏禹姓"姒"、神农姓"姜"等，充分反映了母系氏族社会的阶级关系。

第四，汉字在几经演变中，逐渐形成了自己独特的书写艺术，如书法、篆刻、牌匾等文化瑰宝的出现，不仅丰富了汉字文化的内涵，也丰富了中华文化载体的形式。不同历史时期的汉字书写艺术，风格多样，个性鲜明。在汉字形体趋于稳定后，更是形成了各具特色的书法艺术，如篆书古朴典雅，隶书静中有动，楷书工整秀丽，草书风驰电掣，行书易识好写等。

第五，汉字记录并保存了中国不同历史时期的历史文献典籍。中国的历史、文学、政治、哲学等经典思想，都通过汉字得以记录、保存并长期流传。汉字是汉民族文化得以保存、传承、发展和繁荣的重要载体。同时，书写汉字所使用的书写材料，如陶器、甲骨、金石、竹木、绵帛、纸等，在世界上可以说是独具特色的，具有各自不同的文化功能和历史印记，承载着深厚的文化内涵。

## 【自测题及参考答案】

一、单项选择题（在每小题的四个备选答案中，选出一个正确答案，并将其字母写在题干后的括号内。本大题共 40 小题）

1. 下列关于文字的表述，不正确的一项是　　　　　　　　　　　　　（　　）
   A. 文字是记录语言的书写符号系统
   B. 文字是字形、字音和字义的结合体
   C. 文字属于视觉符号
   D. 文字是最重要的交际工具

2. 下列关于汉字的表述，不正确的一项是　　　　　　　　　　　　　（　　）
   A. 汉字是记录汉语的书写符号系统
   B. 汉字是表意体系的文字
   C. 汉字的每个符号记录的是语言中最小的语音单位音素
   D. 汉字有效地扩大了汉语的交际功能

3. 从文字的来源看，文字可以分为　　　　　　　　　　　　　　　　（　　）
   A. 自源性文字和他源性文字　　　　B. 表意文字和表音文字
   C. 音素文字和音节文字　　　　　　D. 语素文字和音节—语素文字

4. 从文字记录语言的单位看，汉字属于 （  ）
   A. 自源性文字　　B. 他源性文字　　C. 表意文字　　D. 音节—语素文字

5. 我国历史上第一部字典是 （  ）
   A.《尔雅》　　B.《说文解字》　　C.《康熙字典》　　D.《字汇》

6. 下列各组字中没有指事字的一组是 （  ）
   A. 要、亦　　B. 本、来　　C. 大、人　　D. 山、下

7. 下列各组字中没有会意字的一组是 （  ）
   A. 武、梅　　B. 牧、信　　C. 益、国　　D. 修、闻

8. 下列各组字中没有形声字的一组是 （  ）
   A. 祭、家　　B. 辩、荷　　C. 林、视　　D. 桃、眉

9. 下列各组字中没有象形字的一组是 （  ）
   A. 燕、春　　B. 蛇、水　　C. 鹿、金　　D. 旦、涉

10. "甘"的构造方式是 （  ）
    A. 象形　　B. 指事　　C. 会意　　D. 形声

11. "泉"的构造方式是 （  ）
    A. 象形　　B. 指事　　C. 会意　　D. 形声

12. 下列汉字中，笔画数为五的是 （  ）
    A. 为　　B. 会　　C. 凹　　D. 丞

13. 下列汉字中，笔画数为七的是 （  ）
    A. 近　　B. 好　　C. 红　　D. 隶

14. 下列汉字中，笔画数为十的是 （  ）
    A. 疯　　B. 哥　　C. 怒　　D. 驼

15. 下列汉字中，起笔不是点的是 （  ）
    A. 为　　B. 义　　C. 尖　　D. 忆

16. 下列汉字中，末笔不是点的是 （  ）
    A. 我　　B. 赵　　C. 哭　　D. 渴

17. 下列汉字中，使用到相离的组合方式的是 （  ）
    A. 当　　B. 虫　　C. 车　　D. 和

18. 下列部首是"殳"的汉字是 （  ）
    A. 没　　B. 殴　　C. 投　　D. 役

19. 下列不属于独体字的是 （  ）
    A. 力　　B. 少　　C. 云　　D. 月

20. 下列汉字不属于包围结构的是 （ ）
    A. 区　　　　　B. 四　　　　　C. 勺　　　　　D. 亚

21. 汉字字体演变的过程是 （ ）
    A. 甲骨文、金文、篆书、隶书、楷书　　B. 甲骨文、金文、篆书、楷书、行书
    C. 甲骨文、金文、隶书、篆书、楷书　　D. 甲骨文、金文、隶书、行书、楷书

22. 标志着汉字统一的字体是 （ ）
    A. 甲骨文　　　B. 小篆　　　　C. 隶书　　　　D. 楷书

23. 作为古今汉字的分水岭的字体是 （ ）
    A. 大篆　　　　B. 小篆　　　　C. 隶书　　　　D. 楷书

24. 下列哪种文字不属于汉字系文字 （ ）
    A. 壮字　　　　B. 水书　　　　C. 竹书　　　　D. 白字

25. 下列汉字属于简化偏旁的是 （ ）
    A. 区——區　　B. 鱼——魚　　C. 门——門　　D. 铁——鐵

26. 下列汉字属于同音替代的是 （ ）
    A. 贝——貝　　B. 个——個　　C. 长——長　　D. 对——對

27. 从汉字形、音、义的关系上看，"熟"属于 （ ）
    A. 一形一音一义　B. 一形一音多义　C. 一形多音一义　D. 一形多音多义

28. 从汉字形、音、义的关系上看，"模"属于 （ ）
    A. 一形一音一义　B. 一形一音多义　C. 一形多音一义　D. 一形多音多义

29. 下列不属于异形词的是 （ ）
    A. 笔画——笔划　　　　　　　B. 推诿——推委
    C. 原原本本——源源本本　　　D. 精炼——精练

30. 1988 年公布的《现代汉语常用字表》共收字 （ ）
    A. 2 500 个　　B. 3 500 个　　C. 7 000 个　　D. 9 353 个

31. 1988 年公布的《现代汉字通用字表》共收字 （ ）
    A. 2 500 个　　B. 3 500 个　　C. 7 000 个　　D. 9 353 个

32. 现代汉字的基本笔画是 （ ）
    A. 点、横、竖、撇、捺　　　　B. 点、横、撇、捺、折
    C. 横、竖、撇、点、折　　　　D. 横、竖、撇、捺、折

33. 国家推荐的笔形的顺序是 （ ）
    A. 横、竖、撇、点、折　　　　B. 横、竖、点、折、撇
    C. 点、横、竖、撇、折　　　　D. 点、横、竖、折、撇

34. 下列没有错别字的一组是 （ ）
    A. 涣然一新　　B. 班门弄斧　　C. 精精业业　　D. 刮不知耻

35. 下列有错别字的一组是 （  ）
    A. 病入膏肓    B. 杳无音讯    C. 针砭时弊    D. 暗然失色

36. "《》"属于 （  ）
    A. 标号    B. 点号    C. 符号    D. 标识号

37. 下列句子中标点符号使用正确的一项是 （  ）
    A. 是去呢？还是不去呢？我实在拿不定主意。
    B. 我不知道前面是否有光明？但我一定要走下去。
    C. 到底怎么办？这件事。
    D. 这难道不值得我们认真反思吗？

38. 下列句子中标点符号使用正确的一项是 （  ）
    A. 我们深情地呼唤："周——总——理——！"
    B. 《国际书法展览》最近在省艺术博物馆隆重开幕。
    C. 他怀疑这件事会不会是有人在后面捣鬼。
    D. 报纸上都是些广告，电器的、食品的、厨房用品的、化妆品的……等等。

39. 下列句子中标点符号使用不正确的一项是 （  ）
    A. 我不讳言：前两年，我们确实放松过，但是我们马上就注意到了这个问题。
    B. 出来吧，你！
    C. "关于这个问题嘛，"他停了一下，"我们正在考虑当中。"
    D. 他就是《约翰·克利斯朵夫》的作者——法国著名作家罗曼·罗兰。

40. 下列句子中标点符号使用不正确的一项是 （  ）
    A. 费尔迪南·德·索绪尔（1857—1913），出生于瑞士日内瓦的一个学者世家，祖籍法国。
    B. 他颤动着嘴唇，低低地说道："你，你怎么来了？"
    C. 你的生日——四月十八日——每年我总记得。
    D. 我面前站着一位二、三十岁的年轻小伙子。

**答案：**

| | | | | | | | | | |
|---|---|---|---|---|---|---|---|---|---|
| 1. D | 2. C | 3. A | 4. D | 5. B | 6. C | 7. D | 8. A | 9. D | 10. B |
| 11. A | 12. C | 13. A | 14. B | 15. C | 16. D | 17. D | 18. B | 19. C | 20. D |
| 21. A | 22. B | 23. C | 24. C | 25. C | 26. B | 27. C | 28. D | 29. D | 30. B |
| 31. C | 32. C | 33. A | 34. B | 35. D | 36. A | 37. D | 38. C | 39. A | 40. D |

**二、多项选择题**（在每小题的五个备选答案中，选出二至五个正确答案，并将其填写在题干后的括号内，答案没有选全或选错的，该题无分。本大题共 20 小题）

1. 下列说法正确的有 （  ）
    A. 表音体系的文字可分为音素文字和语素文字。

B. 英文属于音素文字。
C. 汉字属于语素文字。
D. 表音体系的文字以字形对应语音，同字义无直接联系。
E. 表意体系的文字可分为语素文字和音节文字。

2. 下列哪些属于汉字的特点　　　　　　　　　　　　　（　　）
   A. 自源性文字　　　　B. 音节—语素文字　　　C. 表意文字
   D. 方块体文字　　　　E. 象形文字

3. 我国古代传统小学的研究主要包括　　　　　　　　　（　　）
   A. 音韵　　　　　　　B. 文字　　　　　　　　C. 语法
   D. 修辞　　　　　　　E. 训诂

4. 下列属于象形字的有　　　　　　　　　　　　　　　（　　）
   A. 龙　　　　　　　　B. 旦　　　　　　　　　C. 鸟
   D. 鱼　　　　　　　　E. 羊

5. 下列属于指事字的有　　　　　　　　　　　　　　　（　　）
   A. 木　　　　　　　　B. 林　　　　　　　　　C. 本
   D. 末　　　　　　　　E. 朱

6. 下列属于会意字的有　　　　　　　　　　　　　　　（　　）
   A. 明　　　　　　　　B. 从　　　　　　　　　C. 莫
   D. 家　　　　　　　　E. 美

7. 下列属于形声字的有　　　　　　　　　　　　　　　（　　）
   A. 闲　　　　　　　　B. 间　　　　　　　　　C. 问
   D. 闺　　　　　　　　E. 闷

8. 下列汉字中，哪些是左形右声的形声字　　　　　　　（　　）
   A. 跑　　　　　　　　B. 刻　　　　　　　　　C. 精
   D. 迢　　　　　　　　E. 相

9. 下列汉字中，"礻"用作形旁的有　　　　　　　　　　（　　）
   A. 神　　　　　　　　B. 祸　　　　　　　　　C. 视
   D. 祖　　　　　　　　E. 祥

10. 关于独体字，下列说法正确的有　　　　　　　　　（　　）
    A. 独体字由一个笔画构成。
    B. 独体字由一个基础部件构成。
    C. 独体字主要来源于古代的象形字和指事字。
    D. 独体字在汉字系统中所占的比例不大。
    E. 独体字常作为合体字的构字部件，有极强的构字能力。

11. 关于合体字，下列说法正确的有 （　　）
    A. 合体字由多个笔画构成
    B. 合体字由两个或两个以上基础部件构成
    C. 合体字主要来源于古代的会意字和形声字
    D. 合体字在汉字系统中占大多数
    E. 合体字的构字部件即形旁和声旁

12. 关于隶书，下列说法正确的有 （　　）
    A. 隶书分为秦隶和汉隶
    B. 汉隶是汉代通行的正式字体
    C. 隶书是古代汉字演变为现代汉字的转折点
    D. 隶书形成了点、横、竖、撇、捺等基本笔画
    E. 隶书将汉字改造成扁方形字体

13. 现代汉字常见的印刷体有 （　　）
    A. 宋体　　　　　　B. 仿宋体　　　　　　C. 简体
    D. 黑体　　　　　　E. 楷件

14. 下列简化笔画的方式中，属于符号替代的是 （　　）
    A. 后——後　　　　B. 欢——歡　　　　　C. 鸟——鳥
    D. 凤——鳳　　　　E. 飞——飛

15. 汉字的标准化包括 （　　）
    A. 定量　　　　　　B. 定音　　　　　　　C. 定形
    D. 定性　　　　　　E. 定序

16. 下面哪些不属于异形成语 （　　）
    A. 名副其实——名符其实　　B. 变本加厉——变本加利
    C. 浑水摸鱼——混水摸鱼　　D. 黯然失色——暗然失色
    E. 按部就班——按步就班

17. 下列没有错别字的是 （　　）
    A. 阪上走丸　　　　B. 贻笑大方　　　　　C. 默守成规
    D. 一促而就　　　　E. 题纲挈领

18. 下列属于点号的是 （　　）
    A. 逗号　　　　　　B. 引号　　　　　　　C. 句号
    D. 冒号　　　　　　E. 问号

19. 下列属于标号的是 （　　）
    A. 分号　　　　　　B. 括号　　　　　　　C. 着重号
    D. 感叹号　　　　　E. 书名号

20. 下列标点符号使用不正确的有 ( )
　　A. 风,总想掀开斗笠,看看下面遮着什么。
　　B. "我的花园就是我自己的花园,"巨人说:"谁都清楚,我不准外人来这里玩。"
　　C. 我不知道天上有我的什么游伴把这些船放下来同我的船比赛!
　　D. 燕子动了好奇心,想要看看骆驼到底寻到了什么"宝"?
　　E. 你何等激昂地同她争,说"瞻瞻要上去,宝姊姊在下面看!"

**答案:**

| | | | | |
|---|---|---|---|---|
| 1. BCD | 2. ABCD | 3. ABE | 4. ACDE | 5. CDE |
| 6. ABCDE | 7. CDE | 8. AC | 9. ABDE | 10. BCDE |
| 11. ABCD | 12. ABCDE | 13. ABDE | 14. BD | 15. ABCE |
| 16. ABDE | 17. AB | 18. ACDE | 19. BCE | 20. BDE |

### 三、判断改错题(在你认为正确的题后括号内打"√",错误的打"×",并改正。本大题共 20 小题)

1. 文字超越了有声语言在时空上的限制,有效地扩大了语言的交际功能。 ( )

2. 文字是人类社会最重要的交际工具。 ( )

3. 文字是人类告别蒙昧、进入文明时代的标志。 ( )

4. 古人有"仓颉造字"的说法,说明汉字是由仓颉创造的。 ( )

5. 汉字记录的语音单位是音节,因此汉字同日文的假名一样,是音节文字。 ( )

6. 汉字不实行分词连写。 ( )

7. 自源性文字是不依赖其他文字而独立创造出来的文字,汉字属于自源性文字。 ( )

8. 一般认为,"六书"中的象形、指事、会意、形声是用字法,转注和假借是造字法。 ( )

9. 由会意、形声造出来的字都是合体字。 ( )

10. 在形声字的组合方式中,右形左声的最多。 ( )

11. 笔画是现代汉字最小的结构单位。 ( )

12. "沛"的笔画数是 8。 ( )

13. "区"是左三包围结构,第二笔为折,笔画数是 4。 ( )

14. "求"、"去"、"曲"、"民"、"灭"都是独体字。 ( )

15. 楷书是从隶书演变而来的,它继承了隶书的许多特点。 ( )

16. 汉字是记录汉语的书写符号系统,也是汉文化的重要载体。 ( )

17. 汉字简化就是指简少汉字的笔画。　　　　　　　　　　　（　）

18. 1988 年公布的《现代汉字通用字表》收字 3 500 个。　　　（　）

19. 标点符号不仅可以辅助文字记录语言，还能表示停顿、语气等。（　）

20. 点号的作用主要是标明词语、句子的性质和作用。　　　　　（　）

### 答案：

1. √
2. ×（改"最重要的交际工具"为"最重要的辅助性交际工具"）
3. √
4. ×（改"是由仓颉创造的"为"是由汉语使用者集体创造的，仓颉有可能起到收集、整理的作用"）
5. ×（改"同日文的假名一样，是音节文字"为"同日文的假名不一样，不是表音体系的音节文字"）
6. √
7. √
8. ×（改"象形、指事、会意、形声是用字法，转注和假借是造字法"为"象形、指事、会意、形声是造字法，转注和假借是用字法"）
9. √
10. ×（改"右形左声"为"左形右声"）
11. √
12. ×（改"8"为"7"）
13. ×（改"第二笔为折"为"第二笔为撇"）
14. ×（改"'求'、'去'、'曲'、'民'、'灭'都是独体字"为"'求'、'曲'、'民'是独体字，'去'、'灭'是合体字"）
15. √
16. √
17. ×（改"简少汉字的笔画"为"简化笔画、精简字数，以及整理异读词和异形词"）
18. ×（改"3 500"为"7 000"）
19. √
20. ×（改"点号"为"标号"）

### 四、术语解释题（本大题共 10 小题）

1. 文字　　2. 汉字　　3. 自源性文字　　4. 笔画　　5. 指事

6. 部件　　7. 独体字　　8. 行书　　9. 印刷体　　10. 标点符号

### 五、分析运用题（本大题共 20 题）

1. 分析下列词语中汉字、音节和语素的数目，并填入相应的表格内。

| 词语 \ 分析项 | 汉字 | 音节 | 语素 |
|---|---|---|---|
| 儿童 | | | |
| 小曲儿 | | | |
| 小两儿口 | | | |
| 沙子 | | | |
| 沙暴 | | | |
| 沙文主义 | | | |

2. 指出下列汉字的造字方法。

来_____ 闪_____ 朱_____ 泪_____ 田_____ 暮_____

凸_____ 采_____ 菜_____ 美_____ 末_____ 手_____

攻_____ 衣_____ 脏_____ 恭_____ 歪_____ 牛_____

3. "众"表示"许多（人）"，"磊"形容"石头很多"。这时采用了哪种造字法？请再举出 5 例。

4. 分析下列形声字声旁和形旁的组合方式。

裹_____ 辩_____ 究_____ 赏_____ 瘦_____

视_____ 福_____ 灸_____ 欣_____ 姜_____

胜_____ 慈_____ 颗_____ 闷_____ 魄_____

5. 请根据给出的声旁，各组成三个形声字。
   (1) 方（　）（　）（　）　　(2) 心（　）（　）（　）
   (3) 勺（　）（　）（　）　　(4) 玄（　）（　）（　）
   (5) 交（　）（　）（　）　　(6) 免（　）（　）（　）
   (7) 先（　）（　）（　）　　(8) 尧（　）（　）（　）
   (9) 甫（　）（　）（　）　　(10) 宛（　）（　）（　）

6. 请根据提示，各写出五个形声字。
   (1) 左形右声（　）（　）（　）（　）（　）
   (2) 左声右形（　）（　）（　）（　）（　）
   (3) 上形下声（　）（　）（　）（　）（　）
   (4) 上声下形（　）（　）（　）（　）（　）
   (5) 内形外声（　）（　）（　）（　）（　）
   (6) 内声外形（　）（　）（　）（　）（　）

7. 根据括号内的提示，说出笔画名称。

   义（第1笔）_____   乃（第1笔）_____   及（第2笔）_____
   方（第3笔）_____   比（第2笔）_____   长（第1笔）_____
   凹（第2笔）_____   丹（第4笔）_____   巨（第2笔）_____
   凶（第3笔）_____   毋（第3笔）_____   阵（第1笔）_____
   延（第5笔）_____   载（第7笔）_____   敝（第4笔）_____

8. 请写出下列汉字所属的部首。

   带_____   式_____   是_____   事_____   产_____
   看_____   蛮_____   哭_____   考_____   谷_____
   关_____   习_____   叉_____   本_____   比_____

9. "化"、"什"、"仆"、"仍"、"仇"、"仁"同属"亻"部，笔画数也相同，请按照笔形顺序将它们排列顺序。

10. 分别运用部首法和音序法，在《新华字典》（商务印书馆，第11版）中查找下列汉字在哪一页。

    邕　龇　衮　爿　阜　隹　齁　黪　鼟　縻

11. 分析下列独体字的组合方式。

    川_____   上_____   虫_____   乡_____   羊_____
    丈_____   丑_____   万_____   目_____   小_____

12. 分析下列合体字的组合方式。

    向_____   寇_____   魔_____   例_____   截_____
    兼_____   后_____   壶_____   噩_____   品_____

13. 分析下列汉字印刷体的类型。

    （1）今天天气真好！
    （2）**今天天气真好！**
    （3）今天天气真好！
    （4）今天天气真好！

14. 分析下列汉字简化笔画的方式。

    （1）灯——燈　（2）区——區　（3）谷——穀　（4）奋——奮　（5）惊——驚
    （6）东——東　（7）医——醫　（8）论——論　（9）凤——鳳　（10）当——當

15. 请给下列加点的汉字注音。

    瑕疵（　）   破绽（　）   急躁（　）   包庇（　）   猝死（　）
    呆板（　）   戎马（　）   压轴（　）   作坊（　）   老挝（　）
    锁钥（　）   轧钢（　）   呜咽（　）   旋风（　）   呼吁（　）
    踏实（　）   体己（　）   月氏（　）   刷白（　）   胡同（　）

16. 请指出下列词语中的错别字，并改正过来。

    甘败下风（　）　　吊以轻心（　）　　功亏一匮（　）　　甜言密语（　）
    风尘扑扑（　）　　侨装打扮（　）　　美仑美奂（　）　　蛛丝蚂迹（　）
    防碍交通（　）　　阴谋鬼计（　）　　一愁莫展（　）　　搔首弄资（　）
    遗笑大方（　）　　谈笑风声（　）　　人情事故（　）　　趋之若鹜（　）
    发任之作（　）　　烂竽充数（　）　　竭泽而鱼（　）　　莫中一是（　）

17. 根据下列各字的形、音、义的关系，在相应的空格中画"＋"。

| 汉字＼类别 | 异体字 | 异读字 | 繁简字 | 同音同形字 | 同音异形字 | 多音多义字 |
|---|---|---|---|---|---|---|
| 章：zhāng 张：zhāng | | | | | | |
| 花：huā 鲜花 huā 花钱 | | | | | | |
| 书　書 | | | | | | |
| 打：dá 一打 dǎ 打球 | | | | | | |
| 熟：shú　shóu | | | | | | |
| 峰　峯 | | | | | | |

18. 下列异形词应该选用哪一个，请用横线标出来。

    倒霉——倒楣　　卤莽——鲁莽　　谋划——谋画　　按语——案语
    辈分——辈份　　笔画——笔划　　搀假——掺假　　百废具兴——百废俱兴

19. 请改正下列各句中使用不当的标点符号。

    （1）古代美洲玛雅人留下了极发达的文化，可是在他们的始于大洪水之前的《编年史》中，人们奇怪地发现，里面竟然没有关于月亮的记载？
    （2）中国关于月亮的神话最早载于"山海经"、"楚辞"、"淮南子"等古籍中。
    （3）北宋大文学家苏东坡说明月几时有？把酒问青天。现在，让我们对这颗神秘的星球，也进行一番追问吧！
    （4）月球的奥秘非常多，诸如月球的起源、地质构造、月食、潮汐等等……

20. 请在括号里填上恰当的标点符号。

    （1）天上的云（　）真是姿态万千（　）变化无常（　）它们有的像羽毛（　）轻轻地飘在空中（　）有的像鱼鳞（　）一片片整齐地排列着（　）有的像羊群（　）来来去去（　）有的像一床大棉被（　）严严实实地盖住了天空（　）还有的像峰峦（　）像河流（　）像雄狮（　）像奔马（　）
    （2）我早已把狗调教好了（　）我说（　）大狗叫（　）大狗就汪汪叫几声（　）我说（　）小狗叫（　）小狗也立即叫几声（　）

(3) 我们纪念老子（　）首先要了解老子的学说宗旨（　）老子说（　）言有宗（　）事有君（　）老子学说的宗旨何在（　）就是（　）自然（　）无为（　）汉书（　）艺文志（　）说道家学说是（　）人君南面之术（　）于是有人认为老子是宣扬阴谋权术的（　）更有人认为（　）老子（　）是一部兵书（　）这都远离了老子思想的宗旨（　）

(4)（　）是的（　）那一定很痛快（　）母鸡说（　）你简直是在发疯（　）你去问问猫儿吧（　）在我所认识的一切朋友当中（　）他是最聪明的（　）你去问问他喜欢不喜欢在水里游泳（　）或者钻进水里去（　）

**答案：**

1.

| 分析项<br>词语 | 汉字 | 音节 | 语素 |
|---|---|---|---|
| 儿童 | 2 | 2 | 2 |
| 小曲儿 | 3 | 2 | 3 |
| 小两儿口 | 4 | 3 | 4 |
| 沙子 | 2 | 2 | 2 |
| 沙暴 | 2 | 2 | 2 |
| 沙文主义 | 4 | 4 | 3 |

2. 来 象形　　闪 会意　　朱 指事　　泪 会意　　田 象形　　暮 会意
　 凸 象形　　采 会意　　菜 形声　　美 会意　　末 指事　　手 象形
　 攻 形声　　衣 象形　　脏 形声　　恭 形声　　歪 会意　　牛 象形

3. 采用了会意造字法。例如：晶、森、淼、犇、焱。

4. 裹 内声外形　　辩 内形外声　　究 上形下声　　赏 上声下形　　瘦 内声外形
   视 左声右形　　福 左形右声　　灸 上声下形　　欣 左声右形　　姜 上声下形
   胜 左形右声　　慈 上声下形　　颗 左声右形　　闷 内形外声　　魄 左声右形

5. (1) 方（妨）（房）（芳）　　　(2) 心（芯）（沁）（吣）
　 (3) 勺（钓）（灼）（芍）　　　(4) 玄（炫）（弦）（眩）
　 (5) 交（较）（胶）（绞）　　　(6) 奂（换）（唤）（涣）
　 (7) 先（冼）（宪）（跣）　　　(8) 尧（浇）（侥）（烧）
　 (9) 甫（捕）（哺）（铺）　　　(10) 宛（碗）（腕）（婉）

6. (1) 左形右声：杨、样、瞪、防、胶
　 (2) 左声右形：剔、放、郊、劲、切

(3) 上形下声：露、竿、花、覆、空
(4) 上声下形：袋、忝、姿、烈、驾
(5) 内形外声：问、闻、闷、辩、瓣
(6) 内声外形：裹、园、闺、疹、匡

7. 义（第1笔）<u>点</u>　　乃（第1笔）<u>横折折折钩</u>　　及（第2笔）<u>横折折撇</u>
   方（第3笔）<u>横折钩</u>　　比（第2笔）<u>竖提</u>　　长（第1笔）<u>撇</u>
   凹（第2笔）<u>横折折</u>　　丹（第4笔）<u>横</u>　　巨（第2笔）<u>横折</u>
   凶（第3笔）<u>竖折</u>　　毋（第3笔）<u>撇</u>　　阵（第1笔）<u>横折撇弯</u>
   延（第5笔）<u>横折折撇</u>　　载（第7笔）<u>提横</u>　　敝（第4笔）<u>横折钩</u>

8. 带　巾部　　式　弋部　　是　日部　　事　一部　　产　亠部
   看　目部　　蛮　虫部　　哭　犬部　　考　耂部　　谷　谷部
   关　丷部　　习　乙部　　叉　又部　　本　木部　　比　比部

9. "仁"、"什"、"仆"、"化"、"仇"、"仍"。

10. 邕599；龀56；衮175；爿373；阜143；隹664；鹋417；黥584；馨166；糜341。

11. 川 <u>离散组合</u>　　上 <u>连接组合</u>　　虫 <u>综合组合</u>　　乡 <u>连接组合</u>　　羊 <u>综合组合</u>
    丈 <u>交叉组合</u>　　丑 <u>综合组合</u>　　万 <u>连接组合</u>　　目 <u>连接组合</u>　　小 <u>离散组合</u>

12. 向 <u>包围结构</u>　　寇 <u>上下结构</u>　　魔 <u>包围结构</u>　　例 <u>左右结构</u>　　截 <u>包围结构</u>
    兼 <u>上下结构</u>　　后 <u>包围结构</u>　　壶 <u>上下结构</u>　　噩 <u>框架结构</u>　　品 <u>品字结构</u>

13. (1) 楷体；(2) 黑体；(3) 宋体；(4) 仿宋体。

14. (1) 简化偏旁；(2) 符号替代；(3) 同音替代；(4) 保留局部；(5) 全部更换；
    (6) 草书楷化；(7) 保留局部；(8) 简化偏旁；(9) 符号替代；(10) 草书楷化。

15. 瑕疵（cī）　　破绽（zhàn）　　急躁（zào）　　包庇（bì）　　猝死（cù）
    呆板（dāi）　　戎马（róng）　　压轴（zhòu）　　作坊（zuō）　　老挝（wō）
    锁钥（yuè）　　轧钢（zhá）　　呜咽（yè）　　旋风（xuàn）　　呼吁（yù）
    踏实（tā）　　体己（tī）　　月氏（zhī）　　刷白（shuà）　　胡同（tòng）

16. 甘<u>败</u>下风（拜）　　<u>吊</u>以轻心（掉）　　功亏一<u>匮</u>（篑）　　甜言密语（蜜）
    风尘<u>扑扑</u>（仆仆）　　<u>侨</u>装打扮（乔）　　美<u>仑</u>美<u>奂</u>（轮）　　蛛丝蚂迹（马）
    <u>防</u>碍交通（妨）　　阴谋鬼计（诡）　　一<u>愁</u>莫展（筹）　　搔首弄<u>资</u>（姿）
    遗笑大方（贻）　　谈笑风<u>声</u>（生）　　人情<u>事</u>故（世）　　趋之若<u>鹜</u>（鹜）
    发<u>任</u>之作（轫）　　<u>烂竽</u>充数（滥）　　竭泽而<u>鱼</u>（渔）　　莫中一是（衷）

17.

| 汉字＼类别 | 异体字 | 异读字 | 繁简字 | 同音同形字 | 同音异形字 | 多音多义字 |
|---|---|---|---|---|---|---|
| 章：zhāng<br>张：zhāng | | | | | + | |
| 花：huā 鲜花<br>　　huā 花钱 | | | | + | | |
| 书　書 | | | + | | | |
| 打：dá 一打<br>　　dǎ 打球 | | | | | | + |
| 熟：shú　shóu | | + | | | | |
| 峰　峯 | + | | | | | |

18. 倒霉——倒楣　　卤莽——鲁莽　　谋划——谋画　　按语——案语
　　辈分——辈份　　笔画——笔划　　搀假——掺假　　百废具兴——百废俱兴

19. (1) 古代美洲玛雅人留下了极发达的文化，可是在他们的始于大洪水之前的《编年史》中，人们奇怪地发现，里面竟然没有关于月亮的记载。
　　(2) 中国关于月亮的神话最早载于《山海经》、《楚辞》、《淮南子》等古籍中。
　　(3) 北宋大文学家苏东坡说："明月几时有？把酒问青天。"现在，让我们对这颗神秘的星球，也进行一番追问吧！
　　(4) 月球的奥秘非常多，诸如月球的起源、地质构造、月食、潮汐，等等。

20. (1) 天上的云（,）真是姿态万千（,）变化无常（。）它们有的像羽毛（,）轻轻地飘在空中（;）有的像鱼鳞（,）一片片整齐地排列着（;）有的像羊群（,）来来去去（;）有的像一床大棉被（,）严严实实地盖住了天空（;）还有的像峰峦（,）像河流（,）像雄狮（,）像奔马（……）
　　(2) 我早已把狗调教好了（,）我说（"）大狗叫（,"）大狗就汪汪叫几声（,）我说（"）小狗叫（,"）小狗也立即叫几声（。）
　　(3) 我们纪念老子（,）首先要了解老子的学说宗旨（。）老子说（:"）言有宗（,）事有君（。"）老子学说的宗旨何在（?）就是（"）自然（""）无为（"。）《汉书（·）艺文志（》）说道家学说是（"）人君南面之术（",）于是有人认为老子是宣扬阴谋权术的（,）更有人认为（《）老子（》）是一部兵书（,）这都远离了老子思想的宗旨（。）
　　(4) （"）是的（,）那一定很痛快（!）母鸡说（,"）你简直是在发疯（。）你去问问猫儿吧（——）在我所认识的一切朋友当中（,）他是最聪明的（——）你去问问他喜欢不喜欢在水里游泳（,）或者钻进水里去（。"）

## 六、简述题（本大题共 10 小题）

1. 表音体系的文字和表意体系的文字有何区别？请举例说明。

2. 请举例说明汉字形、音、义之间的理据性。

3. 什么是"六书"？请举例说明。

4. 现代汉字的基本笔画"折"包括哪些派生笔画？请举例说明。

5. 在汉字教学中，部件和偏旁各有什么功能和作用？

6. 请举例说明合体字的组合方式。

7. 常见的汉字排序方法有哪些？请举例说明。

8. 举例说明省略号的使用功能。

9. 简述句末点号和语气的关系。

10. 举例说明符号的具体用法。

# 【实践与研究平台】

### 项目一：小学语文教师汉字书写情况调查

目的与要求：

本项目要求运用汉字标准化和规范化、语言文字调查等相关知识，通过问卷分析和实地访问等形式，对一定区域内中小学语文教师的书写情况进行调查，并根据调查情况和调查结果有针对性地提出一些建议和对策。本项目要求完成一篇调查报告，字数为 4 000。

知识原理：

汉字书写教育对学校教育而言，是推进素质教育、传承传统文化的重要载体。教育部《基础教育课程改革纲要（试行）》特别强调："在义务教育阶段的语文、美术课中要加强写字教学"。《义务教育阶段语文课程标准》也指出："规范、端正、整洁地书写汉字，是学生终身学习能力的基础。"尤其在小学阶段，"识字和写字"是语文教学的主要内容，这对小学语文教师的汉字书写能力提出了严格的要求。本项目应对小学语文教师的汉字书写情况进行实地调查，内容可涵盖书写态度、书写能力、笔画笔顺规范、书写姿势、书写速度等方面，并制作相应调查问卷进行调查。

研究方法：

1. 查阅《基础教育课程改革纲要（试行）》和《义务教育阶段语文课程标准》等文件，明确小学阶段汉字教学的相关规定；2. 采用问卷调查法，制作目的明确、可操作性强的调查问卷；3. 运用 SPSS 软件整理和分析调查结果。

注意事项：

1. 问卷调查实施分层抽样的方法，充分考虑到不同地域、性别、年龄、民族、教育背景等因素对调查结果的作用和影响；2. 问卷调查必须亲自到达调查对象所在地，在规定的地点、时间内完成问卷调查的发放和收取、填写说明和指导等工作；3. 做好调查问卷有效性的检查工作、访谈资料的保管工作。

参考文献：

1. 国家语委标准化工作委员会. 现代汉语通用字笔顺规范. 北京：语文出版社，1997
2. 语文课程标准. 北京：北京师范大学出版社，2001
3. 语言文字工作手册. 北京：语文出版社，2006
4. 苏培成. 现代汉字学纲要（增订本）. 北京：北京大学出版社，2001
5. 王宁. 汉字学概要. 北京：北京师范大学出版社，2001 年
6. 程郁缀. 请把汉字书写好. 北京大学学报（哲学社会科学版），2011（3）
7. 韩盼山. 书法艺术教育. 北京：人民出版社，2001
8. 寇学臣. 书法教育学引论. 北京：中国文联出版社，2008

**项目二：汉字游戏的辞趣分析**

目的与要求：

通过本项目，运用汉字与汉语、汉文化等相关知识，归纳汉字游戏的具体类型，并依据语境，分析不同类型的汉字游戏所具有的辞趣，培养对汉字表达效果的分析和品鉴能力。本项目要求完成一篇小论文，字数 3 000。

知识原理：

汉字是形、音、义相统一的符号系统。汉字游戏就是通过对汉字形、音、义的灵活运用所创作出来的艺术形式。汉字游戏的辞趣是对汉字的形、音、义的灵活运用而造成的修辞效果，主要分为形趣、音趣、义趣等类型。汉字的特点特别适合用来构成文字游戏，如传统修辞里的顶针、回环、回文、析字、联边、藏词、双关等辞格，其本身就带有一定的"文字游戏"特点。对汉字游戏的辞趣进行分析，有助于进一步了解汉字形、音、义的关系和特点。

研究方法：

1. 阅读相关文献资料，为项目研究奠定理论基础；2. 收集不同语体中汉字游戏的使用现象；3. 采用归类分析法，针对不同的辞趣，选取适当例子进行分析。

注意事项：

1. 查阅近年来出版的汉字游戏、辞趣研究的相关论著，做好文献资料的查阅、索引和整理工作；2. 注意将汉字游戏的辞趣分析与汉民族文化相结合；3. 关注汉字游戏在语言生活中的使用情况，结合语用实际展开研究。

参考文献：

1. 陈望道. 修辞学发凡. 上海：上海世纪出版集团，2006
2. 陈新，黎东. 中国谐趣文字奇观. 苏州：苏州大学出版社，1994
3. 刘志诚. 汉字和华夏文化. 成都：巴蜀书社，1995

4. 王希杰，（日）加藤阿幸. 汉字、汉语和汉字文化圈及其修辞. 广西大学学报，1998（1）

5. 程千帆. 对联、诗钟及游戏文体和幽默文学. 程千帆全集（第十二卷）. 石家庄：河北教育出版社，2001

6. 周春林. 语言文字游戏的辞趣. 齐齐哈尔大学学报（哲学社会科学版），2009（3）

7. 谭永祥. 汉语修辞美学. 北京：北京语言学院出版社，1992

8. 何九盈等. 汉字文化大观. 北京：人民教育出版社，2009

**项目三：新闻标题中标点符号使用情况分析**

目的与要求：

通过本项目，运用标点符号使用规范化、标点符号的语用功能等相关知识，结合具体的新闻标题，分析新闻标题中标点符号使用的不同情况，培养标点符号使用规范化和艺术化的实践能力。本项目要求完成一篇学术小论文，字数3000。

知识原理：

标点符号是书写体系的重要组成部分，也是现代书面语言中，表达意思情感的重要辅助工具。从修辞的角度看，某些标点符号同句式的选择和调整，有着密切的关系。在新闻标题中，准确而又巧妙地使用标点符号，对于凸显标题，表达作者的思想感情，体现编辑的谋略意图，增加版面的说明性及表达的凝练性等方面都起到一定良好的作用。但是，在一些新闻标题中，标点符号的使用也存在一些不规范的情况。本项目应对新闻标题中标点符号的使用情况进行调查和分析，区别出使用不规范的情况和使用效果良好的情况。

研究方法：

1. 阅读相关文献资料，为项目研究奠定理论基础；2. 采用定量和定性结合的方法，先搜集一定数量带有标点符号的新闻标题，建立新闻标题语料库，再逐一分析其使用的规范性和艺术性；3. 采用比较法，对比新闻标题中标点符号使用不规范的情况和使用巧妙的情况，总结其原因和制约条件。

注意事项：

1. 做好文献资料的查阅、索引和整理工作；2. 注意新闻标题中不同标点符号的使用频率、分布等情况；3. 既关注纸质媒体，也关注网络传媒中新闻标题的标点符号使用。

参考文献：

1. 冯英. 标点符号在标题中的修辞效果. 修辞学习，1998（6）

2. 潘继成. 标点修辞赏析. 北京：商务印书馆国际有限公司，2005

3. 尹世超. 标题中标点符号的用法. 语文研究，1992（3）

4. 郭攀. 标点符号规范的二个原则性问题. 语言文字应用，2005（2）

5. 苏培成. 标点符号实用手册. 北京：中国社会科学出版社，1994

6. 袁晖等. 汉语标点符号流变史. 武汉：湖北教育出版社，2002

7. 郑兴东，陈仁风，蔡雯. 报纸编辑学教程. 北京：中国人民大学出版社，2001

8. 赵刚健. 标点符号在标题中的活用. 新闻记者，2008（4）

# 参 考 文 献

(按姓氏音序排列)

曹炜:《现代汉语词汇研究》,北京大学出版社,2003年。
岑运强:《语言学基础理论》,北京师范大学出版社2005年。
陈昌来:《现代汉语句子》,华东师范大学出版社,2000年。
程祥徽、邓骏捷、张剑桦:《语言风格学》,广西教育出版社,2000年。
戴昭铭:《规范化——对语言变化的评价和抉择》,《语文建设》,1986(6)。
戴昭铭:《规范语言学探索》,上海三联书店,1998年。
董为光:《汉语词义发展基本类型》,华中科技大学出版社,2004年
范开泰、张亚军:《现代汉语语法分析》,华东师范大学出版社,2000年。
符淮清:《现代汉语词汇学》,北京大学出版社,2004年。
高更生:《汉语语法问题试说》,山东人民出版社,1981年。
高明:《中国古文字学通论》,北京大学出版社,1996年。
葛本仪:《现代汉语词汇学》,山东人民出版社,2004年。
国家语言文字工作委员会标准化工作委员会:《现代汉语通用字笔顺规范》,语文出版社,1997年。
国家语言文字工作委员会普通话培训测试中心:《普通话水平测试实施纲要》,商务印书馆,2005年。
何兆熊:《语用学概要》,上海外语教育出版社,1989年。
胡裕树:《现代汉语》,上海教育出版社,2004年。
黄伯荣、廖序东:《现代汉语·增订四版》,高等教育出版社,2007年。
孔祥卿、史建伟、孙易:《汉字学通论》,北京大学出版社,2006年。
李军:《<现代汉语>学习辅导与习题集》,齐鲁书社,2006年。
刘叔新:《现代汉语理论教程》,高等教育出版社,2004年。
卢英顺:《现代汉语语汇学》,复旦大学出版社,2007年。
陆俭明、沈阳:《汉语和汉语研究十五讲》,北京大学出版社,2004年。
陆俭明:《现代汉语语法研究教程》,北京大学出版社,2003年。
骆小所:《现代汉语引论·修订版》,云南大学出版社,2005年。
齐沪扬:《现代汉语》,商务印书馆,2007年。
钱玉莲:《现代汉语词汇讲义》,北京大学出版社,2006年。
邵敬敏:《汉语语义语法论集》,上海教育出版社,2007年。
邵敬敏:《现代汉语通论·第二版》,上海教育出版社,2007年。
施春宏:《语言在交际中规范》,中国经济出版社,2005年。

苏培成：《现代汉字学纲要》，北京大学出版社，2001年。
索振羽：《语用学教程》，北京大学出版社，2000年。
王艾录、司富珍：《语言理据研究》，中国社会科学出版社，2002年。
王德春、陈瑞端：《语体学》，广西教育出版社，2000年。
王铁琨：《新词语的规范与社会、心理》，《语文建设》，1988（1）。
王希杰：《汉语修辞学·修订本》，商务印书馆，2004年。
王希杰：《修辞学通论》，南京大学出版社，1996年。
温端政：《汉语词汇学》，商务印书馆，2005年。
伍铁平：《普通语言学概要》，高等教育出版社，2006年。
邢福义、汪国胜：《现代汉语》，华中师范大学出版社，2005年。
邢福义、吴振国：《语言学概论》，华中师范大学出版社，2002年。
邢福义：《复句与关系词语》，黑龙江人民出版社，1985年。
邢福义：《现代汉语》，高等教育出版社，1991年。
邢福义：《现代汉语》，华中师范大学出版社，2003年。
许宝华：《现代汉语导论》，复旦大学出版社，2006年。
杨锡彭：《汉语外来词研究》，上海人民出版社，2007年。
姚亚平：《中国语言规划研究》，商务印书馆，2006年。
叶蜚声、徐通锵：《语言学纲要》，北京大学出版社，2000年。
殷启明、汪汝东：《现代汉语文字学》，复旦大学出版社，2007年。
袁晖、李熙宗：《汉语语体学》，商务印书馆，2005年。
张斌：《＜现代汉语＞教学参考与训练》，复旦大学出版社，2002年。
张斌：《简明现代汉语》，复旦大学出版社，2004年。
张斌：《现代汉语》，中央广播电视大学出版社，1996年。
张斌：《新编现代汉语·第二版》，复旦大学出版社，2008年。
张登岐：《现代汉语》，高等教育出版社，2007年。
张小平：《当代汉语词汇发展变化研究》，齐鲁书社，2008年。
中国华东修辞学会、复旦大学语言文学研究所：《语体论》，安徽教育出版社，1987年。
周芸：《新时期文学跨体式语言的语体学研究》，云南人民出版社，2006年。
周祖谟：《汉语词汇讲话》，外语教学与研究出版社，2006年。
宗守云：《修辞学的多视角研究》，中国社会科学出版社，2005年。